ちくま学芸文庫

民藝の歴史

志賀直邦

JN178432

筑摩書房

目次

民藝の歴史

図版提供　日本民藝館

1 「民藝」誕生前夜

「民藝」という言葉が近年広く知られ、あるいは用いられてもいます。しかし、「民藝」という文字が柳宗悦《やなぎむねよし》とその友人たち、河井寛次郎、濱田庄司、富本憲吉によって公式に用いられたのは、今から九十年前の一九二六（大正一五・昭和元）年四月の、『日本民藝美術館設立趣意書』の発表によってでした。その三か月ほど前の一月のこと、柳、河井、濱田の三人は高野山の西禅院に宿し、徹底した議論の末、それまで下手物《げてもの》とか雑器、粗物と呼ばれてきた庶民の日用の器物を、民藝品と名付けたのでした。

しかし柳における「民藝」という言葉あるいは概念が、明確に自覚されるに到るその道程には、さらに一〇年という年月が必要でした。それらの事柄についてはこのあと順次述べたいと思いますが、柳の生涯をかけた「民藝」の哲学の深化と、民藝運動といわれる同志集団の実体験をともなった活動は、戦前、戦後を通して幾つかのエポックを生み出しています。

広く知られているように、柳宗悦は一九一〇（明治四三）年四月に創刊された雑誌「白樺」創刊者の一人で、もっとも若い二〇歳という年齢でした。「白樺」とその周辺についてては次章で詳しく述べたいと思いますが、「白樺」発刊の前後に同人として加わったバーナード・リーチ、富本憲吉、高村光太郎、岸田劉生ら学習院以外のメンバーの果たした役割の大きさも特筆しなければなりません。

とくにリーチ、高村はロンドンの美術学校での同期であり、富本はやはり留学からの帰朝の際、B・リーチと同船したという奇遇に恵まれたのでした。のちに富本、リーチが陶芸を志したのも、上野千駄木の陶匠五代目尾形乾山《けんざん》に楽焼を学んだのがきっかけであり、また高村が、新進の美術家のために画廊「琅玕洞《ろうかんどう》」を開き、それをもっとも利用したのが白樺の同人であったということからも、柳が後年、自分が若い頃にすぐれた友人たちに巡りあえたことの幸運を語ったことの一端を偲ぶことができます。

さて、民藝運動といわれた柳たちの活動は、その発足当初から当時の社会に対する一種のアンチテーゼとしての側面を持っていました。日露戦争に勝利したあと朝鮮を強権的に併合し、さらに幸徳秋水《こうとくしゅうすい》の「大逆事件《たいぎやく》」のように証拠もなく反対者を抹殺するような国権主義に対し、当時の青年たちには強い反発があったと思います。

明治末期から大正へ――「白樺」とその時代

民藝運動の起点を、いつの時点でとらえるかについては、視点によってあるいは異なりますが、やはりその揺籃期として文芸雑誌「白樺」の刊行と、同人たちの活動を挙げないわけにはいきません。「白樺」は明治四三（一九一〇）年四月、武者小路実篤《さねあつ》、志賀直哉、有島武《たけ》郎《お》、生馬《いくま》、柳宗悦、里見弴《とん》、長与《ながよ》善郎《よしろう》、児島喜久雄、木下利玄《りげん》ら主に二〇歳代の青年たちによって創刊されました。

この年代は日本が日清戦争（一八九四～九五年）、日露戦争（一九〇四～〇五年）に勝利し、西欧列強に伍してアジアにおける支配権を確立しようとした時期でした。他方で隣国朝鮮は、「一八九七年、高宗は内外の世論に力を得て、ロシア公使館より慶運宮に還宮し、国号を大韓帝国、年号を光武、王を皇帝と称し、自主独立の近代国家であることを内外に宣布しました。しかし進歩的政治改革運動を弾圧したため、国民的結束を得ることはできませんでした」（『国定韓国高校歴史教科書』日本語版、明石書店）。

そこで日本は、西欧による開国圧力への対応に一歩後れを取った朝鮮に対し数年間に及ぶ周到な準備のうえで、その軍事、警察権を解体し明治四三年八月二二日、国家主権を奪い併合します。これはまさに「白樺」発刊の四か月あとのことでした。

そしてさらに「土地調査令」、「土地収用令」などを発布して、近代的な土地所有制の確立していなかった朝鮮で、なかば詐取的に古くからの公私有の土地を接収し、また「教育令」を公布して日本語教育を義務化し、日本式氏名に改める創氏改名を行なうなど、朝鮮の日本化を急速におしすすめていきました（山辺健太郎『日韓併合小史』、『日本統治下の朝鮮』岩波新書ほか）。この強権的ないわゆる日韓併合が、朝鮮の国民多数の支持を得なかったことは明らかでした。これについては後ほどあらためて考えたいと思います。

さてこの時代、心ある日本の青年たちは、明治維新以降の近代化のなかで国力をはるかに超えた軍事費の増大と国民の義務とされた徴兵制度に疑問を抱き、あるいは西欧の新思潮に強い関心をもつなど、個性と自由を求める新しい行動をみせるようになります。そのひとつの例が、青年たちによる文芸や社会評論をテーマとする月刊雑誌のあいつぐ発行であります。

これらの代表的なものを次に記しましょう。まず婦人雑誌では、羽仁もと子（自由学園創設者）による「婦人之友」（一九〇八）と平塚雷鳥による「青鞜」（一九一一）があげられます。文芸雑誌では「アララギ」（伊藤左千夫、斎藤茂吉ほか、一九〇八）、「スバル」（与謝野鉄幹、北原白秋ほか、一九〇九）、「白樺」、「三田文学」（永井荷風ほか、一九一〇）、「ロシア文学」（昇曙夢ほか、一九一〇）、「近代思想」（大杉栄、荒畑寒村《あらはたかんそん》、一九一二）、「新思潮」（小山内薫、谷崎潤一郎ほか、一九一四）などで、その多くは二〇代、三〇歳前後の青年たちの編集、執筆によりました。

なかでも、のちに雑誌「白樺」からとって「白樺派」と広く通称されたグループの特色は、同じころ刊行された他の文芸雑誌とはちがって小説、戯曲、文芸評論にとどまらず美術評論、オペラ論、哲学、思想、それに翻訳など多岐にわたりました。創刊後間もなく、大冊の特集「ロダン号」（第一巻第八号）や大正九（一九二〇）年と一二（一九二三）年には「バーナード・リーチ」特別号を出すなど、海外の美術、彫刻、陶芸の紹介では比類するものがなく、日本各地に幅広い読者をもちました。

のちに岸田劉生《りゅうせい》は当時の空気をこう回想しています。「白樺をはじめて買ったのは第二巻か三巻の四月号だったと思う。丁度その頃印象派というものが解り出してそれに興味を持っていた。その年の秋、赤坂の三会堂で白樺主催の版画の展覧会があった。そしてはじめて見

「白樺」（全160号、1910～23）のうち6冊。表紙は白樺同人や周辺の仲間たちが担当し意匠を凝らした。上段右より、児島喜久雄、バーナード・リーチ、岸田劉生。下段右より、2冊は岸田劉生、富本憲吉。

る版のいい西洋の新しい美術の複製に肝をうばわれた。十年も前の僕たちには、実に尊いめずらしいものだった。そこに出ているゴオホには全く感心した」（今井清一『大正デモクラシー』中央公論社）。そして、この「白樺」の編集の中心に民藝の創唱者柳宗悦がいました。

「白樺」の同人は当初は学習院在学か出身の青年が中心でしたが、間もなく高村光太郎（彫）、富本憲吉（陶）、岸田劉生（絵）、山脇信徳《しんとく》（絵）、バーナード・リーチ（陶、絵）、梅原龍三郎（絵）、中川一政（絵）らの美術家が加わり、大正時代の半ばには、柳を通して陶芸家の河井寛次郎、濱田庄司も親密になって、その後の民藝運動の展開に広く影響を及ぼし

白樺新年会　神田にて　1912年1月4日。前列左より田中雨村、志賀直哉、里見弴、柳宗悦、園池公致、青木直介、有島生馬／後列左より武者小路実篤、小泉鐵、高村光太郎、木下利玄、正親町公和、長與善郎、日下諗。

ました。

さて明治四五（一九一二）年七月三〇日、明治天皇が崩御し、元号が大正元年に変わります。今から一〇四年前のことになります。そして九月、明治天皇の国葬の当日、日露戦争の英雄乃木希典《まれすけ》大将夫妻が「殉死」し、国民多くの熱狂的尊敬を受けました。

日清戦争のころから「万朝報《よろずちょうほう》」をはじめとする多くの新聞が、日本の対外進出を煽り、乃木大将の殉死についても六千万国民の一致した賛美を求めたといいます。こういった時、心ある青年たちや、ヨーロッパの新しい社会思想を学んだ若者が、軍国主義に急速に傾斜しつつある日本の現状に距離をおき、警鐘を発するのは当然の成り行きでした。

志賀直哉の明治四五年七月の日記にも、箱根で道路工夫をしていた友人庄司某（共産党に入ったということで学習院を退学）と会い、数日議論などしたという記載がありますが（実吉英子『志賀家の想い出』私家版）、その時代、社会主義に関心をもった知識層子弟が少なくなかったことは、あらためて研究されてよいと思います。

直哉の日記（一九一〇年一月）や武者小路実篤の小文（一九一四年九月「白樺」雑感）に、日本平和協会（江原素六《そろく》、根本正らによって一九〇六年一二月に設立）に入会したこと、一九一四年に大隈重信（同年二度目の首相となる）が会長になったので二人とも脱会したことが記されています。これは自律的な平和運動が、当時の支配層に取りこまれていったことへの抗議だったと思います。またアナキストの大杉栄なども ある意味で白樺派に期待を寄せ「トルストイやクロポトキンは、白樺の連中のような若い貴族が、さらにもう一つ改宗した人たちじゃあるまいか」（今井清一、前掲書）と書いたといいます。

しかしこのような社会的反発を先んじて制圧するために、明治四三年五月、藩閥政府によっていわゆる大逆事件（明治天皇暗殺の容疑という）が摘発され、幸徳秋水ら二六人が

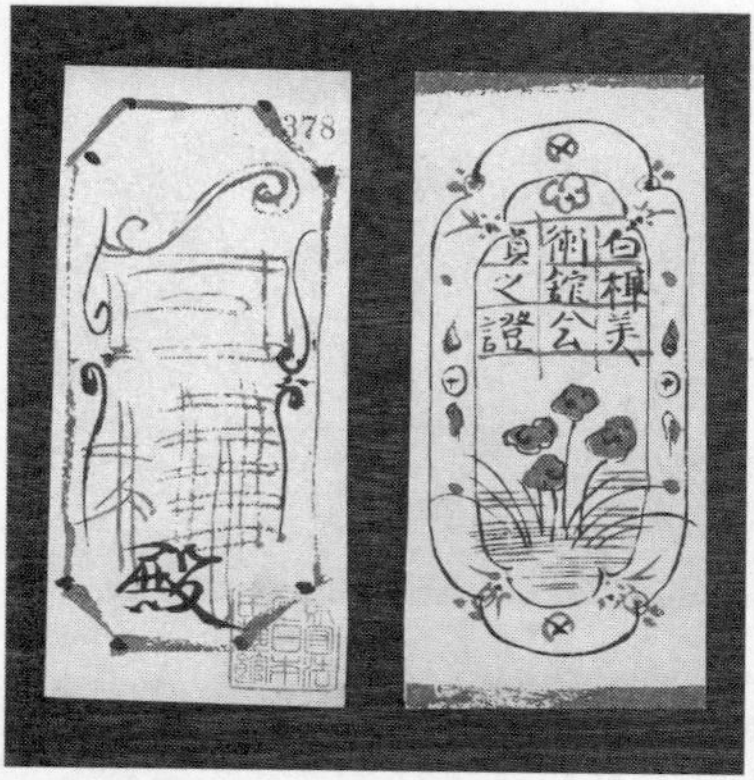

白樺美術館会員証（木版画）。図案・岸田劉生。1920 年。

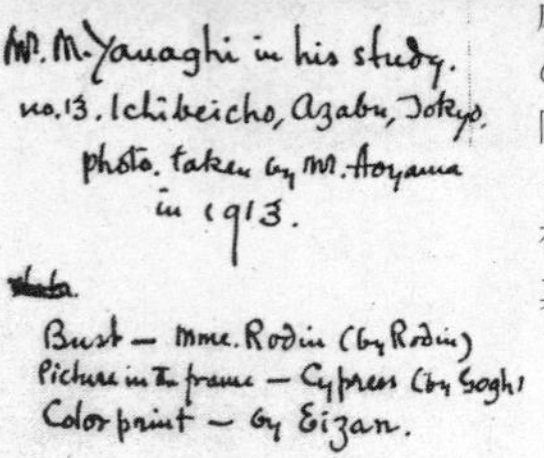
Mr. M. Yanagi in his study.
no.13. Ichibeicho, Azabu, Tokyo.
photo. taken by Mr. Aoyama
in 1913.
Bust — Mme. Rodin (by Rodin)
Picture in the frame — Cypress (by Gogh
Color print — by Eizan.

麻布区市兵衛町の書斎の柳宗悦、1913年。「ロダン夫人胸像」やゴッホの「二本の糸杉」複製画が写る。左は写真裏面の柳直筆。

検挙されます。そして充分な審議をしないまま明治四四年一月、被告二四名に死刑判決（一二人は無期に減刑）が下り、時をおかずに処刑されるという、まさに日本国の言論の自由を凍結させる事態が起きたのであります。

この大逆事件の摘発という形で行われた国権による暴挙は、まさに「白樺」創刊の翌月のことであります。なんの客観的証拠もないこの事件への批判的感想で知られるのは、石川啄木の日記などありますが、さきほどのべた心ある青年たちによる自由なメッセージの発信が、なぜその後政治的、社会的な形をとることなく、大正デモクラシーなどという実体のないイメージで語られるようになったのか、このことについてもぜひ検証しなければなりません。

柳宗悦の生い立ちと、父楢悦のこと

さて、民藝運動のはじまりについて具体的に述べるまえに、やはり柳宗悦の生い立ちと人となりについて触れないわけにはいきません。柳は明治二二（一八八九）年三月二一日、東京市麻布区市兵衛町に生まれました。宗悦の誕生のとき、父楢悦《ならよし》は満年齢で五六歳という高齢でした。そして二年後、海軍少将、元老院議官、貴族院議員の現職のまま病を得て逝去しました。

楢悦は三重県の津藩の士族の出で、一四歳で元服し、関流の和算を学び、若くして和算の専門家として頭角を現し、二一歳のおり伊勢湾沿岸の測量図を作成しています。その後安政二（一八五五）年、幕府の長崎海軍伝習所において三年間学び、勝海舟の知己を得、明治維新ののち海軍に入りました。その明治三（一八七〇）年四月には、海軍創立計画について問われて、海軍の創立はまず航海・測量を基礎とするとして、航海術、測量術、操機術など海上算術等の諸技術を習熟させることが海軍創立の基本であると、兵部卿あてに建議したといいます（鶴見俊輔『柳宗悦』平凡社）。

宗悦にとってほとんど覚えのない父楢悦の人格や事績が果してどのように彼に血肉化されているのか、そうでないのか分かりませんが、やはり宗悦を語る場合に楢悦を忘れることはできません。

柳宗悦の経歴についての年譜的記述はすでに多くの評伝（水尾比呂志『評伝　柳宗悦』筑摩

書房ほか）に詳しく記されていますので省略します。彼が学習院の高等科を優等で卒業し、恩賜の銀時計を授与されたことは知られていますが、その翌月「白樺」が創刊されます。その同人のなかで柳はもっとも若い一人でした。「白樺」への執筆や編集実務についてもまめにつとめながら、なにかにつけて頼られる存在であったようです。

柳は大正二（一九一三）年七月、東京帝国大学哲学科を卒業。卒業論文は「心理学は純粋科学たり得るや」でした。翌年二月、学生時代から交際のあった中島兼子と結婚。また「白樺」四月号に「ヰリアム・ブレーク」を発表します。そしてその年九月、千葉県我孫子町天神山に家を建て転居します。

2　東西の架け橋　バーナード・リーチ

バーナード・リーチの来日と「白樺派」の人びと

「白樺」創刊の前後数年間、つまり明治末から大正時代への転換期は、政治的にも思想的にも、また西欧文化の吸収や若い世代の急速な成熟という意味でも期を画する時代でした。それとともに本書の主題である柳宗悦による民藝運動の、ある意味で萌芽期でもあった時期でした。

その最初のエポックとなるのが、明治四二（一九〇九）年四月、ロンドンの美術学校を出たばかりのバーナード・リーチの来日であり、次の転機となったのが、大正四（一九一五）年一二月二四日の浅川伯教《のりたか》、巧《たくみ》兄弟の、我孫子の柳宗悦訪問であったと私は思います。

B・リーチは一八八七年に香港で生まれ、すぐに母親が亡くなったため、同志社の英語教師だった母方の祖父母に、一時期、京都や彦根で育てられました。

そのころの想い出も深かったのでしょうか、リーチは、ラフカディオ・ハーン（小泉八雲）の作品に憧れて日本をめざします。ロンドン美術学校でエッチングを学び、そこで高村光太郎を知り（リーチ来日の際、高村は六通の紹介状を書いた）、来日の時の船で、帰朝する富

リーチ作「ゴシックの精神（セントルーク教会）」エッチング、1907年。日本民藝館蔵。

本憲吉と知己になるなど、日本との縁の深さは初めからのようでした。

　来日したリーチ（当時二二歳）は、高村の父光雲を通して美術学校の北村校長へ紹介され、新婚の夫人と上野の桜木町に新居をもち、エッチング（銅版画）の公開教室を開きました。その教室に「白樺」の仲間たち、柳、志賀、里見、児島や岸田劉生らが通い、交友を重ねるうちに、終生変わらぬ友情を温めました。

　ロンドン美術学校時代、リーチは自ら「自分の作品の中で、最良のエッチングの一つ」と述べている「ゴシックの精神」を制作します。彼の自伝的記述（式場隆三郎編『バーナード・リーチ』建設社）によれば、この作品が展覧会に出品されたのは日本に来てからで、明治四四（一九一一）年一一月、赤坂で開かれた「白樺主催洋画展覧会」が最初でした。そして翌一九一二年二月の「白樺主催第四回美術展覧会」には、日本で制作した油絵、エッチング、素描、木版、陶器などを含め、百余点の出品で話題をよびました。

　一九一一年の三会堂（赤坂にある大日本水産会の関連施設、柳の長兄悦多《よしさわ》が関係していた）での出品作は柳宗悦が求め、現在日本民藝館に所蔵されている作と思われます。それ以外はウェールズ国立美術館所蔵の作、さらにリーチの伯父（カーチフ国立美術館長だった人）が一九一四年にリーチから求めています。さらにもう一点、東京で存在が確認されていますが、この作品もまた、リーチが一九〇九年に来日した際にエッチングの印刷機と共にイギリスから持参したものと推測されます。

さて明治四五（一九一二）年、リーチはある会合で楽焼に興味をもち、洋画家石井柏亭の紹介で富本とともに六世尾形乾山を訪ね入門、二人は後に皆伝免許を受け、ともに七世乾山を名乗ることを許されます。

B・リーチの日本における初期作品は、楽焼から始まりますが、富本による「千九百拾参年頃」（『製陶余録』昭森社）というエッセイによると、たいへん興味深い話が出ております。富本が大和の実家に帰省する間際に、丸善で『フェーント・オールド・イングリッシュ・ポタリー』という英国の陶器の本、とりわけ当時はイギリス本国でもあまり知られていなかったスリップ・ウェア、とくにトフト・ウェアについて豊富な図版入りで紹介した書物を求めました。

二三円という当時としては大金を明日までに支払うあてがなく、富本は上野桜木町のリーチを訪ねました。リーチは一目書物を見るなり、お金は貸すが「充分見て仕舞うまでは、自分が預かるという条件でなければいやだという。何しろリーチ夫人が次男の臨月で苦しんでいる夜に、その窓の下で楽焼を焼くリーチのことである。私もついに茶の間に上りこんで如《い》何《か》にしてスリップを試みるべきかを夜おそくまで語り明かした」。

この本がリーチのこれ以後の作陶にどれほど影響を与えたか想像がつきますが、リーチは翌年、桜木町の窯で、数点の楽焼の蓋壺を制作します。年譜によればB・リーチは大正三

我孫子の柳邸内に建てられた窯でのリーチ。1918年（式場隆三郎『バーナード・リーチ』より）。

（一九一四）年四月以降、三回ほど作品を展観しておりますが、しかしその年の制作として確認されるのは、桜木町窯での作という「楽焼葡萄文蓋付壺」だけであります。この楽焼の蓋壺は富本の記録によれば（式場隆三郎編『バーナード・リーチ』所収）三点あり、全く同じ模様ながら、寸法がわずかに異なります。

富本によれば「一九一二年、二人が陶器のことを何も知らなかった頃、リーチが油絵具で描いた図案をモチーフにした。リーチが中国へ行く時、仕事の記念にと作り、富本、柳、リーチ自身のために遺した。リーチの数多い楽焼作品の内でも名品といって差しつかえない」とあります。箱書はリーチの自筆で、いずれも「1914・BL」と墨書されています。

リーチ作「楽焼葡萄文蓋付壺」。東京・上野桜木町、1913年。日本民藝館蔵。

一つは柳の手にわたり後に日本民藝館の蔵品（径二五、高二六）となり、二つ目は富本に譲られ後に京都国立近代美術館の所蔵（径二五、高二六・五）となりました。三つ目はリーチ自身の手元に残されました。

さてリーチはそのころ柳宗悦とも親交を深め、雑誌「白樺」へも寄稿し、明治四四（一九一一）年、「白樺」主催の「洋画展」（三会堂）以来、翌年二月の「白樺」主催の「第四回美術展」（三会堂）にも作品を出品し、大正三年一〇月には京橋の田中屋と三笠で初の個展を行なっています。

リーチは日本での仕事にひと区切りつけたかったのでしょうか。三年一〇月、最初の著作『回顧』（*A Review*）を柳の訳文をつけて出版します。そして友人ウェストハープ（宣教師）との仕事を始めるために単身北京に向かい、翌年七月、家族と共に移住します。

ところで、柳は五（一九一六）年九月、北京にリーチを訪れ、しばらく滞在し、再来日を勧めていますが、その前後のエピソードをふたつ紹介しましょう。

その年（一九一六）一〇月一三日付の柳からリーチ宛ての手紙に、志賀直哉の紹介で、ある資産家の青年が新旧美術品の画廊を開く計画があり、彼は我われ（主として「白樺」の面々）に対して、万事その助言に従うことを約束したと記し、さらにそれが貴兄や富本、山脇氏の作品を売り出す格好の場所ともなってくれればと願っている、と書き送っています。

画廊といえば高村光太郎がイギリスからの帰京後、神田淡路町一丁目に開いた画廊「琅玕洞」についても触れないわけにはいきません。明治四二（一九〇九）年六月、三か年の留学を終えて帰った彼は、日本の美術界の閉鎖性、封建的な体質にあきれかえったといいます。日本には青年芸術家が自由に作品を発表できる小さなギャラリーが一つとしてなかったのです。文展などのいわゆる官展にでも入選しない限り、画廊、美術商は相手にはしてくれませんでした。

そこで光太郎は父の光雲を説得し、古家を改造して「琅玕洞」画廊を開いたのでした。「琅玕洞の広告は、「スバル」に数多く出ているが、……「白樺」の人たちほどに、琅玕洞を愛好し、その意義をみとめたものはいなかった」と瀬沼茂樹は書いています（『日本文壇史19　白樺派の若人たち』講談社）。

このささやかな画廊は、正宗得三郎、柳敬助、斎藤与里《より》、南薫造《くんぞう》、山脇信徳、岸田劉生ら同世代の新進作家の小個展など開きましたが、資金的に続かず、一年ほどで閉鎖するにいたります。明治末から大正時代にかけて、「白樺」の刊行だけではなく、新しい美術、工芸、文芸、思潮について、文字だけではなく、具体的な行動をとおして主張と支援を試みた白樺派の人びとの思いは、その後、確実に柳宗悦に受け継がれていったと思います。

さて、もう一つのエピソードを紹介しましょう。先ほどの柳からリーチ宛ての長文の手紙の続きに、「この手紙と一緒にお金を送ります。ご好意に甘えて、志賀、三浦（直介）と僕のためにこれで中国の美術品を購入して下さるよう、お願いいたします。

三浦——三十円　品物はおまかせします。（以下略）

志賀——二十八円　八円で六神丸、二十円でガラスの瓶、小さな磁器の香水瓶を二、三個、その他

柳——百円　二十五円—家具の送料、三十円—踊る人形、五円—ガラス瓶、十円—赤絵のいいのを一つ　五円—中国の布地と刺繡作品　二十五円—何でも結構です。（以下略）」

これらの品々の詳細は分かりませんが、直哉の没後、民藝誌の追悼号に日本民藝館の田中豊太郎常務理事が書いた文に、このときの品という赤ワイン色の乾隆ガラス瓶が写真入りで紹介されています（次頁写真参照）。

B・リーチはこのあと一二月に北京を引きあげ、乾山の本窯を譲り受けて、柳の勧めで我孫子の柳邸内に窯と仕事場を作ります。そして大正六（一九一七）年早春から、リーチは毎週四日間、精力的に制作を行いました。その前後の、各画廊での展覧会の内容を見ても、我孫子の窯での制作の量はたいへんなもので、式場の記録（前掲『バーナード・リーチ』）によれば、その年一二月の神田「流逸荘」での個展では、我孫子窯の陶器五百点、デッサン数十点とあります。

しかし不幸なことに、その後、大正八（一九一九）年五月二六日、我孫子の窯の一一回目の窯は原因不明の失火で一夜の内に全焼し、多くの貴重な資料も失われました。

リーチの失望も大きかったのですが、幸いにも火災の熱が、製陶の窯焚き温度より低いため、作品は全部焼け残り、その年六月の流逸荘展に間に合わせることができました。この時の会は、陶器だけではなくエッチングや素描も含め、またリーチ・デザインの家具なども出品され好評だったといいます。

リーチはその後、黒田清輝の好意で、麻布の黒田邸内に本窯を築き東門窯と名付け、四か月の間に七回窯を焚き、作陶活動を続けました。

大正九（一九二〇）年、リーチはコーンウォールのセント・アイヴスの芸術家村から、陶器の制作指導を依頼され、濱田庄司を伴ってイギリスへ帰る決心をします。

　そこで柳宗悦は、「白樺」の五月号を「リーチ特集」にあて、さらに、大阪高島屋美術部画廊で五月一五日よりリーチの個展が開かれました。そして六月一日からは、柳宗悦と仲省吾（流逸荘主人）の肝いりで「帰英告別リーチ展」が開かれました。この会は、出品作品二千点、「白樺」のリーチ特集号の発行などもあって空前の盛況であったと記録されています。

　ところでリーチは帰国に際して、日本で制作した作品を中心に、在庫のほとんどの自作品を神田の流逸荘に預けて帰ったのでした。しかしその後、リーチを支援するためのこれらのあと始末は、柳が担当することになります。

　大正一二（一九二三）年四月、柳はリーチ帰英中の流逸荘での「リーチ氏製陶展」を開催しますが、セント・アイヴスから送られてきた新作二百点に加えて、流逸荘が預かっていた旧作品の在庫についても販売しました。この会は「白樺」のさらなる特別号など、柳の力添えもあって大盛況であったといいます。

乾隆時代の硝子瓶。「民藝」1971年12月号より。

　柳のリーチあての報告によれば、預かっていた「楽焼は、すべて売り切れました」とあります。その売り上げも柳の説得によって流逸荘の販売手数料は無料となり、税金や諸経費を引いて、三千円前後（今日の時価にすると九百万円位か）がイギリスで経済的に苦境であったリーチの元に送られました。

3　朝鮮半島との出会い

終生の友・浅川伯教、巧兄弟

さて次に、柳宗悦にとってバーナード・リーチとともに、民藝運動初期の、もっとも理解しあい心ゆるした友、浅川伯教、巧兄弟についてのべたいと思います。

浅川伯教は明治一七（一八八四）年八月、弟巧は二四（一八九一）年一月に山梨県北巨摩郡高根町五丁田で生まれました。明治二二年生まれの柳をはさんで同世代といっていい年柄でした。

その後伯教は山梨県師範学校を卒業、巧は山梨県立農林学校を出てそれぞれの道を歩みますが、二人は在学中、甲府郊外の池田村で自炊し、同村の小宮山清三、浅川政蔵ら土地の有力者と親交を結びました。小宮山はのちに自ら蒐集の木喰上人作の二体の仏像を、巧の紹介で柳宗悦に見せ、柳の木喰研究のきっかけを作ります。

熱心なキリスト教徒であった巧は明治四〇（一九〇七）年メソジスト教会で洗礼を受け、二年後、秋田県大館営林署に就職します。その後二人は大正二（一九一三）年から三年にかけてあいついで朝鮮に渡ります。

染付秋草文面取壺。日本民藝館蔵。

浅川兄弟の業績に関する研究家高崎宗司によれば、「学生時代から美術に関心の深かった伯教は、朝鮮の美術に惹かれて朝鮮に渡ったのである。そして京城府南大門公立小学校に訓導として就職した。母・けいも、家屋敷、田畑を整理してこれに従った」。そして巧も、「兄を慕って、翌年の五月に朝鮮に渡り、京城府独立門通り三―六に居を定めた」と書いています（「解説」『浅川巧全集』草風館）。

このあと、大正三年九月、彫刻家志望であった伯教は、「白樺」所有のロダンの彫刻を見るために我孫子に柳を訪ね、その折り朝鮮李朝時代の「染付秋草文面取壺」など数点の磁器を土産に持参し、美と真実への対話に時を忘れ、終生の友となるのでした。当時朝鮮総督府山林課の林業試験場の職員であった巧の柳訪問は、この折りとも翌年ともいわれます。

さて、柳は大正五（一九一六）年、北京にバーナード・リーチを訪ねる際、真夏の八月に朝鮮に先行しましたが、伯教の文によれば、朝鮮の陶器や工芸について「柳氏は大分熱を上げて来たので釜山で先ず鉄砂の壺を一つ買い、……京城に着くと毎日夏の炎天の下を骨董屋漁りをやったものだ。これが小弟、巧に伝染し」（高崎宗司、前掲書）とあります。

朝鮮陶磁の研究家としてすでに一家をなしていた兄伯教はのちに「李朝陶器の価値及び変遷に就て」のなかで次のように書いています。

「朝鮮の青磁にしろ白磁にしろ染付けにしろ其《その》形や色や画から受ける感じは、中国と全く別のものである。……中国のものは理性が勝って居るが朝鮮のものは人情味が勝っている。……そして朝鮮のものには柿右衛門もなければ、仁清《にんせい》もない、誰が作ったか判るものは一つも無い。……朝鮮の陶器には秘伝も目利《めきき》も急所もない、只佳《よ》いものが平気でそこらに並んで居るのだ」（「白樺」別冊「李朝陶磁器特輯」大正一二年九月号所収）。

大正時代の半ば頃には、柳宗悦と浅川兄弟の間には、こののち柳によって明らかにされる民藝の思想の根幹部分についての共通認識がすでにあったということを思わざるをえません。

さて柳は巧宅に滞在し、彼らの案内で美術館や古美術商などを訪ね歩きました。そしてその間に八万一千枚の高麗版大蔵経の収蔵で知られる海印寺（慶尚南道）をたずね、九月一日には慶州の仏国寺と石窟庵を訪れました。

このときから伯教、巧兄弟は、ともに、朝鮮における柳の同志として、朝鮮の美術や工芸、より明確にいえば、彼の地の民藝の発見と探索、研究のために自らの生涯を尽くすことになります。

ところで、柳は次の書き出しではじまる論稿「石仏寺の彫刻に就《つい》て」を、大正八年（一九一九）の「芸術」六月号に寄稿しています。これはその三年前に浅川兄弟の案内で訪れた石窟庵と仏国寺の追憶として書かれ、「京城での半月の想い出に、此《こ》の一篇を浅川伯教、同巧

慶州仏国寺紫霞門前にて同志社女学校専門学部学生と。1927年10月。

両兄に贈る」という献辞が添えてあります。

「九月一日午前六時半、うららかな太陽の光が海を越えて窟院の仏陀の顔に触れた時、余は彼の側に佇《たたず》んだのである。それは今も忘れ難い幸福な瞬間の追憶である」(「石仏寺の彫刻に就て」『柳宗悦全集』第六巻、以下『全集』と略)。

石窟庵は古くは石仏寺ともいわれ、新羅三十五代の景徳王の時代の七五一年に創建されたといわれます。自然の巨石を削り、また石を積み上げた高さ一〇メートルの石窟の中に、高さ四・八四メートルの釈迦如来とそれを囲む二四の石仏群があり、前室など合わせると三八体の石仏が安置されています。李朝時代は儒教全盛でしたから、一般には全く知られてはいなかったのでした。

柳は朝鮮の古文献の研究により、その歴

石窟庵内部。1916年（「石窟庵自作写真帖」より）。

史的な経過を明らかにしていますが、とくに石仏寺が創建されたこの時代が新羅の全盛時代であり、そして中国には「呉道子があり李白があった。日本は諸国に国分寺を建て、東大寺に大仏を建て、最澄が入唐し、……実に東洋の全土を貫いて、治世は固定し、学術は隆盛し、宗教は勃興し、藝術は卓越し、民族は繁栄し、類ない文化が此の世に来たのである」と書いています。

さて、大正八年六月に発表された「石仏寺の彫刻に就て」は先にも書いたように、浅川兄弟と同行した三年前の体験でした。その時の感動と、その後の研究が、柳をしてこれほどの感銘深い文章を書かせたのにはもう一つ訳があると私は思います。

朝鮮における三・一独立運動

それはまさにこの年、一九一九年三月一日に勃発した、朝鮮全土における独立運動、いわゆる三・一運動であります。この発端と背景について、日韓併合史の研究者山辺健太郎の言葉を借りましょう。これは「高宗の葬式を機会におこった朝鮮独立を要求する朝鮮全土におよぶ大暴動のことである。……高宗は日本の侵略にたいしてある程度の反抗もしているし、その妃である閔氏が日本人に殺されたこと、「韓国併合」をまえにして、退位を強制されたことなどにたいして朝鮮人は非常に同情し、痛憤していた。だからこの人の死を哀悼するということは同時に独立への熱望ともなった」（山辺健太郎『日本統治下の朝鮮』）。

また三・一運動の原因として、併合以来ずっと続いていた義兵運動といわれる武装抗日運動にたいして、もし一般村民が彼らをかくまうことでもあれば、男女を問わず全員処罰するという、仮借のない弾圧への反発がありました。

もう一つ、国外からの原因では、第一次世界大戦の余波を受けて起きたロシア革命とドイツ、ハンガリーの革命（皇帝の廃止）、東ヨーロッパにおける民族国家の成立がありました。またアメリカのウィルソン大統領の民族自決の綱領の発表などに期待したアジア諸国では、アフガニスタンやインドの独立運動や中国の国権回復運動などが続発して、朝鮮でも国際的な支援への過大な期待感があったと思います。

しかし海外在住の同志も含めて、それなりに周到に準備された独立の宣言でした。その独立宣言書の冒頭の一部を記しましょう。

「われらは、ここに朝鮮の独立と、朝鮮人民の自由民であることを宣言する。これをもって世界万邦に告げ、人類平等の大義を明らかにし、且つこれを子孫におしえ、民族独立を天賦の権利として永遠に保持させるものである」。

この独立宣言書に署名をした天道教、キリスト教、仏教の幹部三三名（四名は欠席）は、三月一日午後二時、集合場所に集まり、「座についた各人に独立宣言書がくばられ、これをもって朗読にかえ、韓竜雲が挨拶をして、一同朝鮮独立万歳を三唱した。彼らはすぐに、総督府の警務総監部に電話をかけ、自首したのである」（山辺健太郎、前掲書）。宗教家を中心とした指導者たちはこのときの独立運動を、同時進行で準備されていた大衆蜂起に直ちに結びつけることは、望んでいなかったのかも知れません。

しかし総督府警察に幹部たちが逮捕され、自動車で連行されるのを見た、パゴダ公園に集まった民衆は、朝鮮独立万歳を叫んでこれを見送ったのでした。そして数千人を超える群衆は学生たちの主導のもとに「日本軍と日本人は日本へ帰れ」などと叫びながら示威行進を行ないました。

おりから高宗の葬儀で、全国から約五〇万人の朝鮮人が京城に集まってきており、彼らのほとんどが示威行進に参加し、日本陸軍の記録によっても、「混雑名状すへからす、依って総督は軍隊を以て」鎮圧をしたと書いています。その後次第に群衆は地方に戻りますが、今度は朝鮮全土での独立蜂起の様相を呈し、民衆の側に、万を超える死者に加えて多数の負傷者や検挙者をだしました。

老人、女性の区別もなく二九名の信徒を教会に閉じ込めて焼き殺した事件など、海外へも

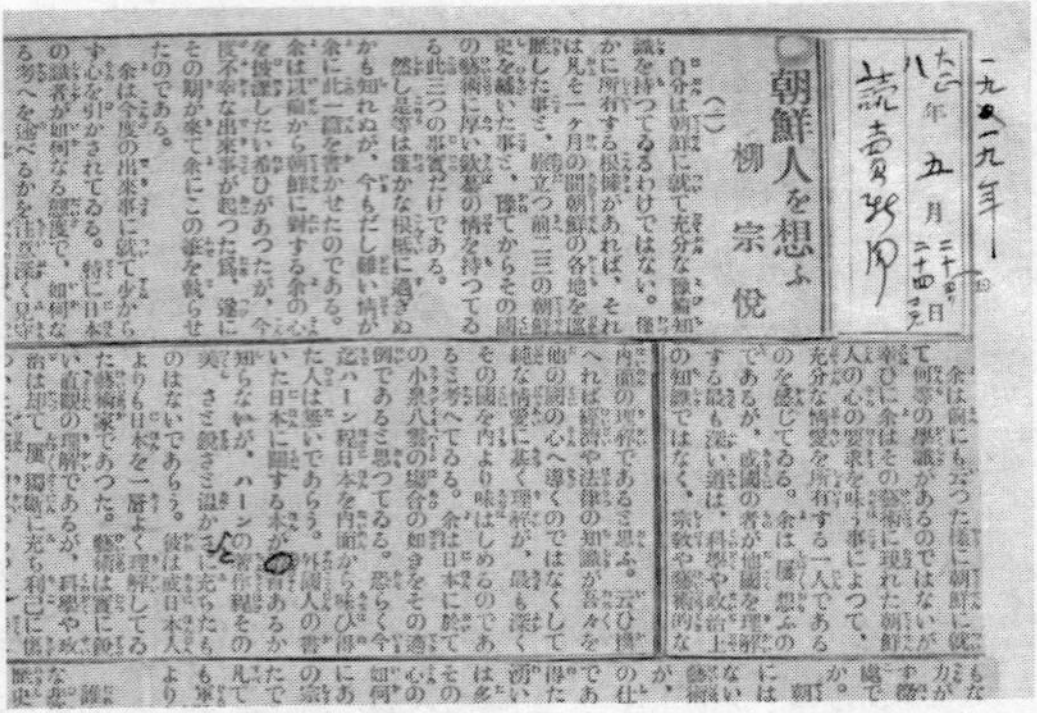
一九一九年
大正八年 五月 二十日
読売新聞

朝鮮人を想ふ
柳 宗悦
(一)

自分は朝鮮に就て充分な豫備知識を持つてゐるわけではない。僅かに所有する根據があれば、それは凡そ一ヶ月の間朝鮮の各地を巡歷した事と、旅立つ前二三の朝鮮史を繙いた事と、歸てからその國の藝術に厚い敬慕の情を持つてゐる此三つの事實だけである。

然し是等は僅かな根據に過ぎぬかも知れぬが、今もだし難い情が余に此一篇を書かせたのである。

余は以前から朝鮮に對する余の心を披瀝したい希ひがあつたが、今度不幸な出來事が起つた爲、遂にその期が來て余にこの筆を執らせたのである。

余は今度の出來事に就て少からず心を引かされてゐる。特に日本の識者が如何なる態度で、如何なる考へを述べるかを注意深く見守

余は前にも云つた様に朝鮮に就て何等の學識があるのではないが、幸ひに余はその藝術に現れた朝鮮人の心の要求を味ふ事によつて、充分な情愛を所有する一人であるのを感じてゐる。余は屢々想ふのであるが、或國の者が他國を理解する最も深い道は、科學や政治上の知識ではなく、宗敎や藝術的な

内面の理解であると想ふ。云ひ換へれば經濟や法律の知識が吾々を他の國の心へ導くのではなくして純な情愛に基く理解が、最も深くその國を内より味はしめるのであると考へてゐる。余は日本に於ての小泉八雲の場合の如きをその適例であると想つてゐる。恐らく今迄ハーン程日本を内面から味ひ得た人は無いであらう。外國人の書いた日本に關する本が幾何あるか知らないが、ハーンの著作程その美しさと鋭さと温かさとに充ちたものはないであらう。彼は或日本人よりも日本を一層よく理解してゐた藝術家であつた。藝術は實に鋭い直觀の理解であるが、科學や政治は却て屢々理解に充ち利己に

「朝鮮人を想ふ」。1919年5月20日付「読売新聞」。

報道されましたが、しかし、この独立闘争の具体的な経緯や参加者、逮捕者、死傷者の数などについては、一九四五年の日本の敗戦までいっさい明らかにされませんでした。

しかし上海にあった大韓民国臨時政府の指導者朴殷植によってその後編集された記録『朝鮮独立運動の血史』（東洋文庫、平凡社）は、今日でも貴重な資料であります。この本の末尾の「結論」のなかで朴は、当時海外でも烈しく行われていた独立運動、とくにエジプトやアイルランドの例を挙げて、国民全部が一致して抵抗すれば、イギリスといえどもなすすべがなくなるのだ、と書いていますが、その二つの国も完全独立を達成したのは第二次世界大戦終了後のことでした。それにしても人の口はふさぐことはできず、日本官憲による強圧的な朝鮮支配の破綻は、日本でも多くの有志の人びとの心を動かすことになります。

その一人柳宗悦は、この年五月、論稿「朝鮮人を想ふ」を「読売新聞」紙上に連載し、ま

た翌年六月、雑誌「改造」に「朝鮮の友に贈る書」を発表（内容の主要部分を削除される）、日本の朝鮮支配に対する自らの批判的立場を明らかにしました。

4　民族の美を見出す

ジャーナリスト石橋湛山の「日韓併合」批判について

明治から大正への移行というまさに百年前のこの時期は、世界的にも欧米列強による植民地再分割（第一次世界大戦）と、ロシア革命などの影響による民族解放思想のはざまで、こんにちの世界と変わらない混迷と軍事力競争のただ中にありました。

しかし政、軍、官が急速に軍国主義に傾斜していったこの時代に、実に的確に、醒めた目で現状を分析し、日本が本来あるべき姿を説いた人物がいました。当時「東洋経済新報」の若手記者であり、のちに第二次大戦後に鳩山一郎のあとを受けて第五五代内閣総理大臣（一九五六〜五七年）となった石橋湛山であります。

この湛山という人は、実父の杉田湛誓が日蓮宗総本山身延山久遠寺の第八一世法主をつとめ、彼自身も一一歳のときに得度し、明治四〇（一九〇七）年、早稲田大学哲学科を首席で卒業しました。そして東京毎日新聞社を経て東洋経済新報社に入社、大正元（一九一二）年以降、戦前戦後にわたって平等、平和を根底においた自由主義者として健筆をふるいました。

彼の思想と事績については、案外知られていませんが、鶴見俊輔が「当時の新聞雑誌で読むかぎり、三・一運動弾圧の残虐さをとりあげた」数少ない日本人の一人として吉野作造、石橋湛山、宮崎滔天《とうてん》、柏木義円《ぎえん》、柳宗悦と五人の名を挙げた、その一人であります(「解説」『全集』第六巻)。

石橋湛山は、大正元年から雑誌「東洋時論」に執筆していますが、まず彼の歴史認識についてみましょう。

「多くの人は、明治時代の最大特色をその帝国主義的発展だという。なるほど陸海軍は非常な拡張を見た。大戦争も幾度かした。台湾も樺太も朝鮮も版図となった。しかし国民は軍事費の圧迫に青息吐息である」(「東洋時論」大正元年九月号)と書いています。

湛山はまた対外政策遂行についても、いっさい反対意見を認めない「盲目的挙国一致」の時代風潮を一貫して批判し、「しかし僕は日本にも主義として相反する政綱を取る政党が欲しい」(「東洋時論」大正元年一〇月号)といいます。

湛山は、「東洋時論」の同じ号に「満州放棄論」を書き、また翌年四月の論稿「植民地財政と国庫負担」(「東洋経済新報」に五回連載)においても朝鮮、満州、台湾、樺太の各植民地の財政を分析し、これの維持、運営が国家財政にとってきわめて重い負担になっていることを説いています。そして将来の日本のビジョンについても、民主主義を推進し、植民地を放棄し、近隣諸国との善隣友好を国是とすること、すなわち「小日本主義」を強調しています。

湛山はまた朝鮮における大正八(一九一九)年三月一日の対日蜂起、いわゆる万歳事件についてもすぐれた理解と政権批判をしています。この年四月八日、陸軍省は朝鮮全土に広がった独立運動を鎮圧するために、日本内地から六個大隊と憲兵四百人の増派を発表しましたが、この事件に対する湛山の公憤は大きく、翌五月一五日付の社説「鮮人暴動に対する理解」のなかで、次のように述べています。

およそ、「いかなる民族といえども、他民族の属国たることを愉快とする如《ごと》き事実は古来ほとんどない。故《ゆえ》に鮮人は結局その独立を回復するまで、我が統治に対して反抗を継続するは勿論《もちろん》、しかも鮮人の知識の発達、自覚の増進に比例して、その反抗はいよいよ強烈を加うるに相違ない」。

また「聞く処によれば合併以来幾年にもならぬ今日、朝鮮の富は既にほとんど邦人（日本人）に壟断《ろうだん》され、いわゆる事業は挙げて邦人の手中に帰せる有様らしい。畢竟《ひっきょう》、鮮人を自治の民族たらしむるほかにない」。

「民族自決」に関する石橋湛山の認識と同じ考え方は、二〇世紀初頭において日本の要人に無かったわけではないと思います。大久保利通の次男で農商務、外務、内大臣などを歴任した牧野伸顕《のぶあき》の大正一五（一九二六）年二月一〇日付の日記「大正末年の政争と大正天皇崩御」に、「副島（道正・貴族院議員）伯入来。朝鮮の自治論を発表したる為め、総督府と面白からざる行掛《いきがかり》を生じ」と相談があり、これに対し「自治論或いは可ならんも極めて重大問題なれば」と慎重な対応を求めています（『牧野伸顕日記』中央公論社）。

私見ではありますが、牧野、副島、樺山愛輔《あいすけ》など、明治時代初期から中期にかけての一〇代からの欧米留学経験のある、リベラル派といわれた政治家たちは、超大国に対する弱小国のナショナリズムの実態を、その生活体験からもよく知っていたと思います。

朝鮮の三・一運動のあった一九一九年は、第一次世界大戦が終結しパリ講和会議が持たれた年でもありますが、一月、アイルランドがイギリスに対し独立を宣言、ただちに決起し、二年半後に一部を残しての自治を獲得。また第三次英アフガン戦争で、アフガニスタンがカイバル峠でイギリス植民地軍を破り、独立を獲得した年でもありました。

インドでもイギリスの政治、産業支配に対する抵抗として行われた、マハトマ・ガンジーによる伝統的な糸車を紡ぎながらの千キロに及ぶ大行進の成功など、民族自決への国際的な激動は世界各地で頻発し、相互に影響を与えていたのであります。

また柳宗悦もB・リーチ宛ての書簡で、アイルランドに対するイギリスの仕打ちについて、日本と朝鮮のそれと同じではないかと書いています。

柳宗悦と朝鮮民族美術館設立への想い

さて、学生時代から朝鮮の陶磁器を手許におき、愛着を感じていたといわれる柳宗悦でしたが、これまでに述べてきたように、正邪にきびしい彼の、朝鮮への心情を推し量ることができます。

その後彼は浅川伯教、巧兄弟を知り、朝鮮へ訪れ、その国の民族の質実で簡素な美に満ちた生活文化や、人びとの穏やかな心根を深く知るに及び、大正八年三月一日に起きた独立運動と、それへの仮借のない弾圧にはとりわけ心を痛めたのでした。

柳はこの三・一運動たけなわの、その年五月二〇日から五日間にわたり、「読売新聞」紙上に「朝鮮人を想ふ」を連載しました。そこで、彼の国の固有な芸術と文化がどれほどわが

朝鮮民族美術館の外観と展示室。景福宮内緝敬堂。

国に恩恵をもたらしたかについて敬意を表し、それを権力によって同化しようとする日本政府の行為について詫びの言葉を綴っています。

また翌年（一九二〇）には雑誌「改造」六月号に、より詳しく自らの心情を述べた「朝鮮の友に贈る書」を発表しました。このとき改造社の編集部では、柳の論稿を巻頭へ載せようという熱心な動きもあったといいますが、結果的には内務省警保局特別高等警察部（思想警察、一九四五年の敗戦まで強力な権力を保持した）の検閲により柳の文章の主要部分が削除されました。

このあと柳は「彼の朝鮮行」を一〇月号の「改造」に発表します。この論稿は、三・一運動の翌年五月に、妻、兼子とバーナード・リーチをともなって二回目の朝鮮旅行を行なったあとに書かれました。柳は、二度目の朝鮮行きの動機について次のように書いています。「日本がその政治や軍隊によって代表された日本であると思われる事を彼は残念に考えていた。彼は彼の旅行によって異なる日本を人々に伝えようとの希願があった。此事は彼の許に届いた幾多の人々の手紙によって立証する事が出来た」。

そして前年五月の「朝鮮人を想ふ」とその翻訳文（横浜の英字新聞「ザ・ジャパン・アドヴァタイザー」に一九一九年八月一三日に掲載され、さらに翌年四月一二日より、その朝鮮語訳の一部が京城の「東亜日報」に掲載された）を読んだ友人や白樺や読売新聞の読者ほか朝鮮の人たちからの感謝、励まし、同意の温かい言葉を紹介しています。そのなかには名前を明記していませんが、浅川巧、B・リーチ、インド人の友人シングなどからのものもあり、柳は大いに勇気づけられたことでしょう。

さて、柳による二回目の朝鮮行きは、四月初めからのひと月にわたる準備を要しましたが、それは渡鮮するにあたって、妻柳兼子の音楽会（独唱会）を開き、その収益を朝鮮文化のために役立てたいという思いからでした。そしてそのために「趣意書」を宗悦、兼子の連名で作り、白樺の同人や読者ほか多くの人に彼らの手で郵送しました。それにはこうあります。「吾々は朝鮮のことに心を引かれています。吾々は隣邦の人々に対するかねがねの信頼と情愛のしるしに今度渡鮮して音楽会を開きその会を朝鮮の人々に献げるつもりです」。そして「それを遂行するために資金を集めたく思い、内地の各所で最初に音楽会を開き、来てくださる方々の浄財に待とうと思うのです」。音楽会は北海道、新潟、阪神地方、岡山で催され、多くの人たちの志による基金が集まりました。

さて、大正九（一九二〇）年五月、釜山経由で京城駅に着いた柳は、友の紹介で早くも見知らぬ朝鮮の人びとのなかに囲まれました。「彼はまた依頼によって滞在の間、四度の講演会を開き」、また「彼の妻の企てた音楽会は、京城に着いた翌日から開催され、彼女の滞京十日の間、七度の音楽会が」依頼されたと記しています（柳宗悦「彼の朝鮮行」『全集』第六巻）。

その年早くも柳は、浅川伯教、巧や親しい友人たちとかねてから打ち合わせをしていた「朝鮮民族美術館」設立のための準備に取りかかります。そしてこのとき「白樺」に発表された「「朝鮮民族美術館」の設立に就いて」(「白樺」大正一〇年一月号)は、まさに柳のそれまでの思考と行動の、より統一されたものとしての第一歩だったのではないでしょうか。その文章の一節から彼の深い思いを紹介したいと思います。

朝鮮民族美術館展示室。1924年4月9日(開館日撮影)。

「一国の人情を解そうとするなら、その芸術を訪ねるのが最もいいと私は常に考えている。……芸術はいつも国境を越え、心の差別を越える。……私は今朝鮮の芸術を、もっと人々に近づけねばならぬ任務を感じている。……私はこの希望と信念とを果たす為に、朝鮮民族美術館の設立を遂に計画した。……私は先ずここに民族芸術・Folk Artとしての朝鮮の味いのにじみ出た作品を蒐集しようと思う。如何《いか》なる意味に於いても、私はこの美術館に於て、人々に朝鮮の美を伝えたい」。

私たちは、右の文から柳宗悦が朝鮮の芸術を探求することを通して、民族、そして民衆の生みだす美の本質、つまり「民衆的工藝」についての確かな確信を得つつあったことを知ることが出来ます。また、大正五（一九一六）年の柳の初の朝鮮行きにおける浅川兄弟との民芸品探索と、前に記した「誰が作ったか判るものは一つも無い。……只佳いものが平気でそこらに並んで居るのだ」という浅川伯教の言葉からも、柳たちの「民藝」についての認識が深まりつつあったことが判ります。

5 「白樺」が紹介した美術

柳宗悦と大正期における展覧会活動について

いままでみて来たように、柳宗悦は自らが関心をもつ哲学や宗教的真理、芸術や社会のさまざまな問題について、文献的な思索だけではなく、常に日常において、彼自身が関わりをもつことで体験的な実感を得る努力をしたと、私は思います。

「白樺派」の仲間たちのあいだでは、自らの実感に基づかない意見や議論は書生論として軽蔑されたといいます。実感とは、他人の意見の受け売りや思いつきではない、自己の思索と体験による主体であります。この主体の確たる強さが、いかなる時代にも一貫してゆるぎない柳の思想の特質でした。そして柳において、白樺時代の「実感」という概念が、その後、「直観」（対象を先入観なしに直に見ること）という言葉に昇華されていったと私は考えます。

さて「白樺派」のグループの芸術とのかかわりについていえば、お互いの交友と作品の批評について、この集団ほど自由で多様だったのは当時なかったと思います。バーナード・リーチが上野でエッチングの教室を開いたおり柳、志賀、武者小路、里見弴、児島喜久雄らが早ばやと訪ね親交を結んだ話は前に書きましたが、のちにリーチが書いた思い出に、「自分は日本でエッチングを教えるつもりで教室を開いたのに、教えることは何もなかった。むしろ私が彼らから教わらねばならぬことに早く気づいたことに感謝する」といっています（式場編著『バーナード・リーチ』）。

これはリーチを訪れた若者たちが、丸善などから入るヨーロッパでの新しい芸術思潮に通じ、リーチもまた日本や東洋の文化について謙虚に学ぶことで、お互いがフランクに交際出来たことにもよりましょう。リーチについては、いくら書いても書き足りませんが、日本の陶芸が彼から学んだものの大きさについては、またあらためて述べたいと思います。

ところで、次に「白樺派」が主催し、そして柳宗悦の関わった明治四三（一九一〇）年から大正一〇（一九二一）年までの展覧会についてその概要を見てみましょう。

「白樺」の同人たちは、論稿や紙面の挿図による作品紹介だけではなく、実物やすぐれた複製画、また原寸に近い写真で、同人の作品や西洋の美術、つまり油絵や水彩画、エッチングなどを見せたいと考えていました。そしてその第一回として明治四三年七月、「白樺社主催・有島生馬・南薫造滞欧記念絵画展」を上野で開催しました。

このあと、同人皆の総意を代表して、オーギュスト・ロダンと知己であった有島から「白樺」のロダン号と、浮世絵三〇枚が送られ、翌年一二月、あこがれのロダンから彫刻三点が芝浦の埠頭に届き、柳が受け取りに行きました。その年、一〇月と一一月に赤坂・三会堂で「白樺主催・泰西版画展」と「白樺主催・洋画展」が開かれました。

「白樺」主催の美術展はそれからも一〇回近く開かれています。白樺主催ということは、そのころの日本では、美術団体は出来はじめていても、作家を育てる画商や画廊はまだ未成熟だったということでしょう。B・リーチの展覧会の多くも柳が仕切ったということも前に述べたとおりであります。またこの年代に、柳を訪ね、あるいは柳の企画した展覧会や兼子夫人の音楽会に親しんだ人たちは多く、その名は枚挙にいとまがないほどでした。

朝鮮民族美術館設立への準備と光化門のこと

大正一〇年一月、二回目の朝鮮行きのあと、柳宗悦は「朝鮮民族美術館設立の計画」を発表、ひきつづいてその準備のために渡鮮し、その年五月「白樺」主催による「朝鮮民族美術展覧会」を、東京の流逸荘で開催しました。この会は、柳の三回にわたる朝鮮半島への旅のおり、主に浅川兄弟の協力を得ての蒐集の成果によるものでした。

この年三月、柳はほぼ七年近く住んだ我孫子の住まいを去り、東京市赤坂区高樹町一二番地へ転居します。そして三回目の渡鮮のあと、我孫子在住の志賀直哉あてに流逸荘の朝鮮民族美術展出品の依頼をしています。

柳は手紙の冒頭で、奈良博物館での法隆寺展の「聖徳太子孝養の像」を絶賛したのち、「朝鮮の展覧会を来月七日から流逸荘でやる事になった。君の所にある辰砂入八角壺、鉄砂(ムカデ)壺、りす壺、灘隠画竹、その他今度僕の買ってきたもの等出してほしい、橋本の上京の時、一つずつでも持ってきてもらおうかと思う。その内ボクも行く」と書き送っています。

墨竹図、李霆筆、絹本墨画、朝鮮時代。日本民藝館蔵。

ところで、直哉蔵となっているこれらの李朝時代の工芸品は、やはり柳が朝鮮で蒐集したもののなかから譲られたとみるべきでしょう。とくに私は「灘隠画竹」となっている墨竹画に注目します。というのは雑誌「民藝」の二〇一一年九月号の「特集・朝鮮時代の絵画」のなかで、日本民藝館学芸部白土慎太郎氏の研究論稿が載っていますが、その本文頁掲載の「⑤墨竹図・絹本墨画」がそれにあたることが確認されるからです。

日本民藝館の記録では、一九三八年に李霆筆「墨竹図」（志賀直哉寄贈）と記されています。さらに文末の註をみると、「李霆（生没年不詳）朝鮮時代中期の文人画家　（中略）号は灘隠。世宗の玄孫にあたる。墨竹画に優れ、朝鮮時代の第一人者とされる。また詩書も能くした」とあります。想像をたくましくすれば、大正一〇年五月の朝鮮民族美術展覧会に出品されたあと直哉に戻され、昭和一一（一九三六）年一〇月の日本民藝館開館の前後に直哉から柳あてに寄贈され、それから一、二年後に民藝館の収蔵品台帳に記載されたということでしょうか。

ところでこの墨竹画は、いわゆる李朝民画ではありません。一九三〇年代ころまでは、宮廷や両班《ヤンバン》(支配階級)の絵画と民衆画の区別は、柳たちの間ではあまり問題にされていなかったようです。しかし近世以降の朝鮮民画については、戦後の一九五〇年ころから日本民藝館のコレクションに次々と加えられていった、と学芸部の白土は記録しています(「日本民藝館の朝鮮絵画コレクションの形成」「民藝」七〇三号)。

さて、流逸荘での「朝鮮民族美術展覧会」に出品された工芸品は、前に述べたようにいずれも柳が浅川兄弟の協力を得て集めたものですが、その内容は李朝陶磁器を中心とし、各地の膳や家具、室内調度、金工、刺繡、屏風などに描かれた絵画など、日々に朝鮮の人びとの暮しのなかで親しまれてきた全ての器物にわたりました。

柳宗悦はこのあとすぐ、朝鮮民族美術館の設立資金のための音楽会と講演会を開くために、五月末日、妻の兼子と伴奏者の前田美根子を伴って四度目になる朝鮮への旅に発ちます。そして六月二日夕方京城に着き、翌三日から講演会、四日から兼子の音楽会と、連日の活動でした。柳の記すところによると「吾々は殆《ほとん》ど寧日《ねいじつ》なく旅役者のように働きつづけた。然《しか》し吾々は是等の講演会や音楽会を主催して被下《くださ》った方々に心に余る感謝を持つ」とあります。そしてこのわずか半月の旅行で、多くの人々の無私の協力を得て、「これらの会から凡《およ》そ三千三百円(筆者註・今日の時価でいうと一千万円近い)の純益を得た」。これは「在鮮の多くの友の、美術館に対する理解が進んだ」からである、と柳は書いています（「六号雑記」「白樺」第一二巻第九号、『全集』第六巻所収）。

この美術館設立のための募金活動はそれ以降も続けられ、大正一〇年九月には日本国内でも、赤羽王郎、一志茂樹、小林多津衛ら小学校教師を中心とした信州の熱心な「白樺」の読者のグループによって、朝鮮民族美術館設立資金募集と銘打って、「柳兼子独演音楽会」が長野、上田、松本、伊那で開催されました。会はどこでも盛況で、約三百円の寄金が柳の許に届けられたといいます（水尾比呂志『評伝 柳宗悦』筑摩書房）。

さて、柳は翌大正一一（一九二二）年一月、六度目となる朝鮮行きで、さらに民族美術館設立の準備に努め、また浅川兄弟の手引きで冠岳山窯跡の調査を行なっています。さらに七月、それまでの何回かの京城滞在のころから心を痛めていた問題、光化門取毀しに反対する文「失われんとする一朝鮮建築の為に」を執筆します。かつての王宮であった景福宮の正門・光化門を取毀して、総督府の建物を建てるという暴挙は蔭では非難されてはいても、まさに実行寸前だったのでした。この文章は、八月に朝鮮の「東亜日報」にその朝鮮語訳が掲載され、さらに「改造」九月号に発表されました。その本文の一部をつぎに記しましょう。

「光化門よ、光化門よ、お前の命はもう旦夕《たんせき》に迫ろうとしている。お前が嘗《かつ》て此世にいたという記憶が、冷たい忘却の中に葬り去られようとしている。（中略）併《しか》し今お前を死から救おうとする者は反逆の罪に問われるのだ。（中略）おお、光化門よ、光化門よ、雄大なる哉《かな》汝の姿、今から凡そ五十有余年の昔、汝が王国の力強い摂政大院君が、彼の躊躇を許さぬ意志によって、王宮を守れよとて、南面する素敵な場所に汝の礎《いしずえ》を動くなと固めたのである。此処《ここ》に朝鮮があるとばかりにもの云う諸々の建築が前面の左右に連ねられ、広大な都大路を直線に、漢城を守る崇礼門と遥かに呼応し、（以下略）」

柳の右の文は、単に文化財としての一建築を守るためではなく、明らかに朝鮮の自立を促す意図を含んでいるとは見えないでしょうか。光化門は王宮景福宮の正門でしたが、いずれも秀吉による朝鮮侵略の際焼かれたままであったのを、一八六五年から七二年にかけて高宗の父大院君によって再建されたのでした。

柳による光化門取毀し批判文が、別の場所への移築という形で処理され、当時それほどの政治問題にならなかったことについて私はこう考えます。それは三・一独立運動鎮圧のあと穏健派として就任した斎藤実《まこと》総督（海軍大将）が、柳の父楢悦《ならよし》の後輩であり、宗悦とも知己であったこと。妹千枝子の夫今村武志が当時朝鮮総督府の内務局長であったこと。斎藤の直かの要請で総督府直轄の京城日報社長となった副島道正が、元学習院高等科英語教授（「志賀直哉日記」）であり朝鮮自治論で知られていたことなど、限られた資料ですが、三・一独立運動のあとのいわゆる文民統治のなかで、朝鮮の自治容認派がまだ一定の影響力をもっていたことによると思います。

6 「白樺」読者と民藝

柳の新しい仲間たち①「信州白樺派」のこと

明治四三（一九一〇）年四月からの「白樺」の発行が、都会の青年たちにとどまらず、地方の知識欲と向上心旺盛な若者にとって限りなく魅力的であったことは、先にも述べた「信州白樺派」といわれた長野県の青年たちの活動によってもわかります。

のちに長野県の民藝運動の中心的な一人となった小林多津衛の回想によれば、「信州の白樺愛読者は、大正四、五年ころからふえはじめて、八年の白樺一〇周年記念号が出た時分が最も多かったのではないかと思う。記念号は六百ページの大冊で、白樺の人々のすべてが書き、尊敬するワグナー、トルストイ、ロマン・ロラン等一二人の写真をのせ、敬愛する画家の複製二〇枚をのせてあるもので、白樺がいかなるものかをもっとも端的に語ってくれるものと思う」（『平和と手仕事』ふきのとう書房）。

さらに同号に出ている白樺美術館寄付金の累計を紹介しています。寄付会員一二二四人のうち東京五四二、長野一九一、京都七八、その他四一三であり、これは全国の読者のおよその数を示している、としています。地方では長野が際立って多いことがわかります。

小林多津衛によれば長野師範学校の学生、教師に「白樺」の読者、理解者が多く、とくに柳宗悦とも懇意であった赤羽王郎を中心とした自由教育で、皇紀ではなく西暦を用い、キリストの言葉を引いて西洋文化を教えるなど、当時としては先進的な教育方法でした。それが「国家を無視し、子供に宗教教育を施す」、「極端な民主主義やアナーキズムを教える」、「ロシアのレーニン派」などと「信濃日々」や「長野新聞」などの地元メディアに叩かれ、その結果、赤羽、滝沢戸次郎、羽田武邦ら三人が大正八（一九一九）年に教職を追われます。これがいわゆる戸倉事件であります。

さらに翌年には親友中谷勲ら数人が転退職を余儀なくされました。中谷の有賀喜左衛門《あるがきざえもん》（文化人類学者、柳の友人）宛ての手紙によれば、「警察では新村忠雄を出した（戸倉）郡だから毎日のように刑事、探偵、巡査、新聞記者が学校に来るのだ」と書いています。

大正八年、九年といえば朝鮮における三・一独立運動の直後にあたり、日本の政府・官憲が反体制の言動に対して最も神経をとがらしていた時期でもありました。そのころのことを柳の夫人兼子は次のように語っています。「我孫子時代のことでござんすけどね、宗悦、だいぶ朝鮮人の世話しました。東京へ行って我孫子に帰ってくるでしょ。そいで門を入りますと角袖《かくそで》（私服刑事のこと）が来てるんです。そしたらそれが特高課から派遣されて来てたんです。四人、五人ぐらいずつ来てました」（聞き手水尾比呂志、「月報」『全集』第三巻）。

赤羽王郎は大正一〇（一九二一）年に朝鮮に移住し、浅川伯教、巧兄弟とともに「朝鮮民族美術館」設立のために力を尽くしています。またその年、柳夫妻、有賀喜左衛門も朝鮮を

1921年11月4日、親潟市にて。右から吉田璋也、柳宗悦、式場隆三郎。

訪れています。

さて信州白樺グループの活動は、その後当局の監視下にありながらも、大正一〇年一月には柳を招いて長野市でウィリアム・ブレークの詩「無垢の歌」、「経験の歌」などの原書での講義があり、一二月には「朝鮮の美術」についての講演会を開きました。大正一一年、昭和九年には柳や赤羽を招き講演会や集会を催しています。そして日本の敗戦後の昭和二一年、小林多津衛は長野県北佐久教育会会長に選ばれ、早速教育会として柳宗悦を招き講演会「民藝について」を催しています。このあと昭和に入ってからの長野県の民藝同人の活動については、別項をもうけたいと思います。

柳の新しい仲間たち②新潟の白樺青年たち

新潟もまた、「白樺」の読者、そして協力者として比較的早くから柳宗悦と関わりをもった青年たちがいました。それは式場《しきば》隆三郎《りゅうざぶろう》、吉田璋也《しょうや》、田中豊太《とみた》郎《ろう》、吉田正太郎、吉田小五郎たちであります。

式場隆三郎は、ゴッホの研究や山下清を見出した精神科医として知られ、柳の民藝運動の初期からの協力者でもありました。式場は明治三一（一八九八）年七月、新潟県中蒲原郡五泉町に生まれ、中学時代から文学に親しみ同人文芸雑誌などを発行しました。大正六（一九一七）年、新潟医学専門学校に入学、このころより「白樺」を愛読し、西欧、ロシア文学に傾倒しました。

大正八（一九一九）年、学友の吉田璋也、堀確、橋本敬三らと文化団体「アダム社」を結成、文芸雑誌「アダム」を編集発行します。翌年、吉田璋也とともに我孫子在住の武者小路実篤、志賀直哉、柳宗悦を訪ね、交友がはじまり、白樺関連の泰西美術展、音楽会、文芸講演会を盛んに開きます。また「新しき村」建設運動に共鳴し、新潟支部を作ります。

新潟医専卒業後は、東京府大井町に神経科医院を開業、かたわら柳の木喰五《もくじきご》行上人《ぎょうしょうにん》の研究に協力、とくに研究誌の編集、単行本の発行などに力を尽くしました。

その後の式場の研究で特筆されるものとしては、『ファン・ゴッホの生涯と精神病』、『バーナード・リーチ』、『アイヌ書誌』など評伝、目録を網羅した書誌的なものに優れ、式場の名を不朽のものとしています。

吉田璋也は、式場と同い年で、鳥取市立川町に生まれました。大正六年、新潟医学専門学校入学、式場と共に「アダム社」を作り、雑誌の発行、「新しき村」支部、我孫子への柳、志賀、武者小路ら白樺作家の訪問など、すべてに式場と行動を共にしました。このおり六月一日からの「帰英告別リーチ展」（神田流逸荘）でリーチのエッチング「天壇」を購入しています。

新潟医専卒業後は、各地で医業（耳鼻咽喉科）に従事するかたわら河井寛次郎、大原孫三郎の知遇を得、また当時京都、奈良に転居していた柳や志賀と交友、奈良の赤膚焼で日用の器を作らせるなど、のちの鳥取での新作民藝運動の胎動期ともいえる時期を過ごしています。

式場と吉田は、いずれも医博・臨床医師でありながら大正中期から昭和の初期にかけての初期啓蒙期にとどまらず、その後の展開期、戦後の復興期を一貫して民藝運動の指導的立場にありました。これらについてはその時代の記述のなかで具体的に紹介したいと思います。

田中豊太郎は式場、吉田の一つ下の明治三二年、新潟市の生まれで、老舗の事業家でした。「白樺」を読み若くして朝鮮陶磁器を蒐集し、柳の知遇をえて『李朝陶磁譜』を編纂します。柳の晩年、昭和三三年から日本民藝館の、主として雑誌「民藝」の編集を委嘱され、以後五四年までの二一年間、日本民藝館常務理事、日本民藝協会専務理事として柳宗悦、濱田庄司の二代の館長に仕えました。田中の業績と人となりについては、戦後の民藝館の項で述べることになります。

吉田正太郎、小五郎と黒船館のこと

柳と吉田兄弟との交友は、やはり「白樺」の読者として、また蒐集の品を介しての、手紙のやりとりからはじまったとみられます。その初見は柳全集の第二一巻書簡篇によると、大正九（一九二〇）年七月五日であります。そのころ正太郎は幕末や文明開化期の文物のコレクターとして知られ、その幅広い蒐集品は柏崎で黒船文庫、または黒船館と称して知られました。

大正一一（一九二二）年九月一日付の柳から正太郎宛ての葉書で「按摩の図、中々の優品ならんと推量致し候、……明後日渡鮮……」、また「小生所蔵の物写真なく、お送りできない」と断っています。この按摩図は大津絵とみられますが、柳と吉田はこれ以後大津絵や江戸末期の泥絵、またガラス絵について再三にわたり情報の交換を行なっています。またその年末の、吉田からの私家版『陶磁器の美』注文に対する返事に、今回の出版が大損したこと、来る五日までに御返事がなくば他の人に廻します、と記し当時の二人の間には手紙のやりとりだけで、直接の面識はなかったことが窺えます。

そのころ吉田正太郎は、新潟の地域文化の牽引的存在として知られた友人の勝田加一（美術商）らと週刊新聞「越後タイムス」を発行していました。そして柳は、翌一二年八月ごろ柏崎を訪ね、彼らのグループの歓待を受け、次のような礼状を出しています。八月一九日付の書簡で、柏崎での一方ならぬもてなしを謝し、「東都を離れた一小市に、貴兄らの様な方々が大勢おられるのを嬉しく思いました。貴兄が中々の議論家であることは意外でした」と書いています。吉田兄弟はその後柳の親密な同志として、終始柳に協力をします。ここで簡単に二人の略歴を記しましょう。

兄正太郎は明治二〇（一八八七）年、新潟県中部の柏崎に生まれ、慶応義塾普通部、予科で学び、父の死によって家業の呉服屋（花田屋）を継ぎます。大正一二（一九二三）年八月、柳が、佐渡での木喰仏調査の帰途田中豊太郎の案内で来訪。このあと同地における木喰仏調査に協力し、生涯唯一の師と仰ぎます。

弟小五郎は明治三五（一九〇二）年、柏崎に生まれ、慶応義塾予科、本科文学部史学科卒業。第一〇代幼稚舎長、文学部教授を歴任し、また切支丹大名の研究で知られ、柳に対し終生の弟子をもって任じました。

白樺読者と『ヰリアム・ブレーク』

さて、大正時代（一九一二〜二六）、「白樺」を読み、西欧や朝鮮の思潮、美術、工芸に親しみ、柳宗悦に接し語りあい、行動をともにするなかで道を見出した青年たちは大勢いたと思います。

それぞれにきっかけは異なると思いますが、前に書いた信州の小林多津衛の言葉を借りましょう。

「私が白樺同人のものにふれた第一は、柳さんの『ヰリアム・ブレーク』であった。あの七百ページ余の驚くべき内容の本を、師範の図書室で初めて見た。それは深い感銘であり驚嘆であった。その後ブレークのものおよび『彼の前後』に出てくる人々のものは出来るだけ読み知ろうとつとめた」（前掲書）。

この柳による本格的な著作は、大正三（一九一四）年一二月に洛陽堂から刊行、柳が二五歳のときでした。柳のこの膨大なブレーク論から青年たちは何を読みとったのでしょうか。

ウィリアム・ブレーク「カルバリーからの葬列」複製画、縦 19.8 cm。日本民藝館蔵。

柳より若い純真な青年たちが受けた感動の一つに、私は次の文章を挙げたいと思います。

「詩人だった彼はその切実な経験によって神の示現が理性にあるよりも直観の中にあることを熟知していた」。また「近世の哲学が明らかに説いたように実在を把握するものは知性ではない、直観である。ブレークは彼の芸術的経験によって此《こ》の真理を明瞭に指摘している。直観とは実在の直接経験である」（「思想家としてのブレーク」『全集』第四巻）。

また、その年の「白樺」第五号に寄稿したバーナード・リーチ「ヰリャム・ブレイクに就いて」もまた読者に影響を与えました。私は若者たちが、ブレークの詩や絵画（水彩、フレスコ、銅版画）からどのような励ましを受けたのか知るためにリーチの次の言葉を引用したいと思います。

「まづ、私の全くうれしく思うのは、諸君が後期印象派の洗礼をうけ、またウォルト・ホヰットマンを迎えたのち、ブレイクを知ったことである。なぜなら私にとってブレイクはこの両者と深く調和していると思われるからだ」(式場隆三郎編『バーナード・リーチ』)。

大工の子であったホイットマンが、三〇歳のとき内から湧き上がる「自己の歌」を、『草の葉』と題して出版し、一人エマソンの賛美を受けたことを、柳は「ホヰットマンとエマソン」に書いています。

思想家であり詩人、画家でもあったウィリアム・ブレークの全容は、日本での先駆的な研究者、柳宗悦やリーチ、寿岳文章たちを通して伝えられました。

またブレークの絵画についてより広く知ろうとするなら、中世イタリアの詩聖ダンテによる『神曲——地獄篇・煉獄篇・天国篇』(寿岳文章訳編、集英社)の、およそ百数十葉に及ぶ挿絵が参考になります。

7　河井寛次郎と濱田庄司

河井寛次郎、濱田庄司との出会い

柳宗悦によって興された民藝運動の萌芽期において、偶然というか必然というか、四人の陶藝家が柳の元に集ったことを私は重く見たいと思います。

その一人はバーナード・リーチであります。もう一人はデザインをイギリスで学び、帰京後、リーチとともに尾形乾山に弟子入りし、陶芸で名をなした富本憲吉で、あとの二人が河井寛次郎と濱田庄司であります。その後イギリスに帰国したリーチを除く三人が、柳とともに「日本民藝美術館設立趣意書」を連名で発表し、民藝運動の口火を切ります（大正一五年四月）。

そのころ柳の周辺には、今まで述べてきたように、「白樺」の同人の作家、美術家、地方の読者や知識青年はいても、工芸の実作者はほとんどいませんでした。朝鮮での浅川兄弟や、工芸品の蒐集家や愛好家はいても、それらを自ら制作するという行為は、世襲の陶工のすることだというのが当時の常識だったのでした。その職人のする仕事、陶芸を天職として、これからの新しい創造的な仕事として志したのが、河井寛次郎と濱田庄司であります。二人の年次は異なりますが、いずれも東京高等工業学校（今の東京工業大学）で陶芸を専攻し、卒業後、前後して京都市立陶磁器試験所に入所します。次に二人の青年期の略歴を記しましょう。

河井寛次郎は明治二三（一八九〇）年八月、島根県の安来の生まれで、家職は代々大工の棟梁でした。

明治四三年、東京高等工業窯業科に入学。翌年「白樺」主催の「ロダン展」（三会堂）と、併催のB・リーチ展を見て、壺を予約し、後日リーチを上野桜木町の居宅へ訪ねます。

大正二（一九一三）年秋、後輩の濱田庄司を知ります。

大正三年七月、同校を卒業。京都市立陶磁器試験所に入所。各種の釉薬《ゆうやく》研究に従事します。

大正四年一〇月、第三回農展（農商務省主催）に花瓶を出品、以後毎年出品します。

大正五年、同試験所に濱田庄司が入所。

大正六年一二月、同試験所を辞し、二年間清水六兵衛の顧問をつとめ、各種の釉薬を作ります。

大正七年夏、濱田とともに九州、沖縄の各窯を巡る。

大正八年夏、濱田とともに朝鮮を旅行、帰路満州の大連に滞在、東京高等工業の先輩である小森忍の、宋、元などの中国古陶磁を技術的に再現した仕事を視察します。

大正九年、五条坂鐘鋳町のもと六兵衛の持窯を譲り受け、鐘渓窯《しょうけいよう》と名付けて住居、陶房を構えます。また濱田を伴ってイギリスに帰ることになったB・リーチが、大阪高島屋での河井の個展に来訪します。

大正一〇年二月、高島屋東京店宣伝部長川勝堅一と知り合い、以後生涯を通しての親交を結びます。そして河井の初の個展「第一回創作陶磁展」(五月八～一二日)が南伝馬町の高島屋東京店で開催されました。その会期中、柳たちによる白樺主催「朝鮮民族美術展覧会」(五月七～一一日、神田流逸荘)を見て、中国陶磁とは異なる朝鮮陶磁の静かな美しさに心を打たれます。

さて同年一一月号の「高島屋美術画報」によれば、東京での出品作品は百余点とあり、この後大阪の心斎橋店で一一月一二日から開かれた「創作陶磁展」には百七十余点とあります。その「画報」掲載の作品写真や朝日、読売新聞などの会評を見ると中国各時代の多様な釉薬や技法の駆使に加えて、三島手や絵高麗など朝鮮の手法もみられ、河井の天才的な技として、奥田誠一ら評論家や愛好家の絶賛を浴びたことはよく知られた話であります。

しかしそういった世評に対し、「河井の仕事は海外の古陶磁の巧みな模倣に過ぎず、あたら才能を無駄にしている。技巧と美とは違う」、として柳宗悦は批判しました。その柳の批評を知ってか知らずか、河井はその年秋の心斎橋店での個展に際し、「両手に土を握った時には」と題する随想を書いています。そこで河井は、「ことさらに衒《てら》うということのない、もっと自然に本能的に、無心に造り上げたい。また中国の物で仮に銘があっても「萬暦年製」をいうように一時代を表すのであって、狭い個人の銘などには囚われてはいないようです。私はいつになったらほんとうに自分のものが作り得られるのだろう」と記しています。

河井はその後、東西の高島屋で毎年「作品展」を開きますが、その作風は次第に技巧に過ぎたものから、河井独自の作風に変化し、また制作点数も実用的な器が多くなって、初期の上流貴顕の愛好家だけではなく、広く人々に愛されたのでした。

大正一一（一九二二）年五月、『鐘渓窯第一輯』刊行。奥田誠一がその序文に賛辞を記します。また四月から六月まで開催された「日本美術展覧会」（パリ・グランパレ）に「鶉羽文盃」（練上手の鉢）三点を出品。

大正一二年秋、大阪毎日新聞の岩井武俊（後に京都支局長）を知り終生の親交を結びます。その年九月一日昼、東京、神奈川を中心にマグニチュード七・九の関東大震災が襲い、未曾有の大災害となります。

後に濱田庄司がリーチとの対談で語った回想記によれば、その時リーチとともに英国のセント・アイヴスで作陶に励んでいた濱田に届いた河井からの手紙に「首都東京は壊滅し、国中の均衡が転倒してしまったので非常に案じられる」とあり、当分帰ってくるな、という忠告でした。ところがそのあとの河井からの手紙に、岩崎男爵（小弥太）と細川侯爵（護立）が河井の窯出しにきて作品の半ば以上を買い上げたとのこと。つまり彼らは地震で多くのものを失ったので、座右に好きな物を再び蒐めたかったのだろう、日本人にはそういうエネルギーがある、と濱田は回想しています。

大正一三年三月末、イギリスから濱田が帰り、真っすぐ河井家を訪ね三か月滞在します。そして二人は毎日語りあい、京都の窯や道具屋を歩き、瀬戸の行燈皿や馬の目皿を手に入れ、

「大文字の夜」京都柳宗悦邸にて。前列左より柳、寿岳文章。1928年。

濱田がイギリスから持ち帰ったスリップ・ウェアの皿や塩釉のピッチャーを前に議論に花を咲かせました。

そのころ大震災で被災した柳宗悦が、京都市上京区吉田に転居しており、濱田の仲立ちで河井は柳を訪ねます。そのおり柳宅で木喰上人の木彫仏を見て感動、河井は柳の終生の友となります。

大正一四年四月、河井は柳、濱田と伊勢を旅行。七月には木喰仏を訪ねて柳と丹波を旅行します。

さて次に、濱田庄司の青年期の略歴を紹介しておきましょう。

濱田庄司は、明治二七（一八九四）年一二月、神奈川県橘樹郡高津村溝ノ口（母の実家）で生まれました。

明治四一年、東京府立一中へ入学。

明治四三年、板谷波山《いたやはざん》を尊敬し、波山が教

える蔵前の東京高等工業学校へ進む決心を固めます。

明治四五年、銀座三笠画廊でリーチや富本憲吉の楽焼を見て心を惹かれます。

大正二（一九一三）年、東京高等工業学校へ入学。板谷波山に学び、先輩河井寛次郎を知ります。

大正四年、夏休みに美濃、瀬戸、万古、信楽、伊賀、九谷、京都の窯場を巡ります。

大正五年、東京高等工業学校を卒業、京都市立陶磁器試験所に入所、河井と釉薬などの研究に従事します。奈良県安堵村の富本憲吉を訪ねます。

大正六年、河井とともに沖縄を旅行（濱田関係年譜による）。

大正八年五月、B・リーチを千葉県我孫子窯に訪ね、柳宗悦、志賀直哉とも知己となります。そのあと河井と中国東北地方（旧満州）を旅し、冬には、窯の火災のため我孫子から麻布黒田清輝邸内に移された、リーチの東門窯を手伝います。

大正九年、はじめて栃木県益子を訪れます。六月、リーチの誘いによりイギリスに同行し、セント・アイヴスの築窯を手伝い、リーチと作陶を行ないます。

大正一〇年、リーチ・ポタリーで作陶。はじめは日本で学んだ楽焼を試みましたが、陶土や灰、焼成方法などすべてが新しい試みで失敗も多く、濱田の回想によれば、「われわれは伝統的なガレナ釉を試してみることにしました。三片作ってみましたが、驚いたことに最初の試みで釉は成功したのです。私にとっての大きな教訓は、〝その土地のものでないとうまくいかない〟ということでした。土と釉は、仕事をするその場所の産でなければなりません」。

この年、濱田、リーチの二人は、ロンドンから西へ鉄道でほぼ一時間の、サセックス州ディッチリングを訪ねました。この村は芸術家たちが静かな環境で思索し、創作する場所として作られ、最初にエリック・ギルが、次いでエドワード・ジョンストンや、ラリー・ヘブラーが移り住みました。この三人はロンドン郊外にあった、ウィリアム・モリスの出版工房ケルムスコット・プレスに集まった工芸家たちでした。

またエセル・メイレのグループも一九一七年に入村し、村の中心に染織工房を作り制作指導を行ないました。濱田とリーチは版画家ギルやメイレ夫人と親しみ、その自然に即した暮し方と、イギリスの農家の頑丈なたたずまい、家具や食器の簡素な美しさに感心します。そのころの体験が、帰朝後の濱田の益子移住と仕事の在り方に影響を与えたことは当然のことでした。

さて、その頃のセント・アイヴスは鰊《にしん》の漁港として知られ、燻製や塩漬け鰊に加工されていました。余った鰊は農民の手で肥料として畑にまかれ、その畑では鷗が群がって魚を食べながら土を掘り起こすのでした。濱田とリーチはその土の中から古いスリップ・ウェアの破片をたくさん集め、研究に励みました。

時は速やかに過ぎて二度目の秋がきたころ、ある日のティータイムで、パンにバターを塗り、ジャムをのばし、それを固いクリームで覆い、その重なりを切り終えたとたん、私とリーチは、「これだ、これがスリップ・ウェアだ」と気づいた、と語っています。

三年が経ち大正一二（一九二三）年の春、濱田はロンドンのパターソン・ギャラリーで初めての個展を開きます。それは大成功でリーチも後にここで展覧会を開きます。この年九月の関東大震災のあと濱田は帰国することになり、一二月に同じギャラリーで再び展覧会を開き、この会も成功で三点しか残りませんでした。

そして濱田は暮れもクリスマス前にイギリスを発ち、フランス、イタリア、エジプトのカイロを廻って翌年三月神戸に着き、まっすぐ京都の河井寛次郎を訪ねたのは先に記したとおりです。後に濱田は、再会した時の河井の悦び方に、あとにも先にも二度とない河井の心からの悦び方で迎えられたと述べています。そして濱田と河井は、京都に転居した柳宗悦との親交を深め、庶民の日常の暮らしのなかで生まれ用いられてきた品々を集め、すでに彼らの間に共有されつつあった〝民藝〟についての思いをさらに強固なものとしていくのでした。

8　木喰仏の発見

関東大震災と「白樺」の終刊

大正一二（一九二三）年九月一日の昼、東京、神奈川を中心に関東地方を襲った大地震のことも、あらためて述べなければなりません。関東大震災の広範囲にわたる被害が物心両面で日本人と、居住する外国籍の人びとに与えた傷痕は、はかり知れないものがありました。その一端を柳のバーナード・リーチ宛て書簡から見ましょう。

「一九二三年十二月十四日（以下の文一部省略）

親愛なるリーチ御夫妻様

あの恐ろしい九月一日から三か月以上も経ちました。ちょうどそのとき、僕は自分の書斎にいました。地面が突如として恐ろしいうなり声を発しながら大きく持ち上がるのを感じました。この揺れはただ事ではないと察しがつくや、僕は母親と子供達が心配になり二階から階段を駆け降りていきました。振動はあまりに激しく、まともに立って歩けない程です。外では煉瓦やタイル、壁などが雨あられのように降ってくるので、家から一歩も出ることができません。震動はひっきりなしに続きました。机や棚にあったものはあらかた床にころげ落ち、その中には悔しいことに貴兄の葡萄文様の大振りの色楽焼の壺も含まれています。まさにこの瞬間に、無数の家屋が倒壊し、無数の人々が命を失ったのです。その一人として房州の北條にいた僕の兄の名もあげなくてはなりません（筆者註・長兄柳悦多《よしさわ》）。

数分後、そこかしこから空に立ち登る煙に気づきました。東京はたちまちにして火事に包まれたのです（横浜、鎌倉、小田原でも同じでした）。東京の八十八ヵ所で一斉に火の手が上がったともいわれています。地震の衝撃で水道管が破裂して使いものにならなくなり、火の手は恐るべき勢いでまわりはじめました。

炎は三日三晩燃え続けました。かくして東京だけで、最初の晩の死者八万人、焼失家屋は四十万以上で、被害者総数は二百万を下らないと思います。しかし火事の方が収まると、今度は食糧難と水不足のために再び生命が脅かされることになったのです。小さな蠟燭一本が何よりの貴重品で、「おかゆ」が「御馳走」、実に惨憺たる、しかし貴重な体験でした。岸田（劉生）の家も全壊しましたが彼は無事で今京都にいます。流逸荘は全焼しましたが、貴兄の作品は画廊ではなく僕の家にあったため難を逃れ本当によかったと思います」。

このほか柳は朝鮮における「民族美術館」の仕事が順調に進んでいることを記し、しかし「朝鮮問題はますます難しくなってきています。朝鮮は、いわば日本にとってのアイルランドです。震災の折に発生した朝鮮人大量虐殺事件は、我々が彼らに対して犯した最も馬鹿げた最大の犯罪です」と書き送っています。

もうひとつ、河井寛次郎の親友であり、当時高島屋東京店宣伝部長であった川勝堅一の体験記（『日本橋の奇蹟――デパート随筆』実業之日本社）から、震災の実相を見てみましょう（以下抄録）。

「さて関東大震災だが、記録では死者三十万、焼失家屋二十九万、三日間の地震計に感じた余震千七百余回、とあるが、京橋二丁目の高島屋呉服店は、ショウウインドーの硝子が壊れた程度の損害で、幸いお客は二百五六十名で、かすり傷一つ負った者もなかった。が、その時すでに市中のあちこちから火の手が揚がり、それが三昼夜も焼けつづく帝都壊滅の猛火に」なった。

そして高島屋では女子職員と家庭持ちを帰宅させ、鰹節三百本、玄米三俵を仕入れて泊まりこみに備えました。「一夜明くれば、日本橋、京橋、銀座一帯の大通りが紅蓮に呑まれ、逃げ遅れた死体が横たわっている目も当てられない惨状と化した。そういえば日比谷の警視庁が、消防本部と並んで水漫々の堀を前に焼け落ち、自動車ポンプが何十台となく、黒こげになっていたとのこと」と川勝は記しています。

川勝は九月三日朝、本店へ連絡のため大宮まで歩き、信越線，中央線の乗り継ぎで京都に向かいました。しかし、停電でラジオも聞けない情報断絶のなか、「火をつけたように拡がったのは朝鮮人が大集団を作っておしよせてくるという、途方もない虚説」でした（川勝、前掲書）。

同行の安川新平と「夜になって赤羽に着き荒川を渡る大鉄橋を越す段になって、先に述べた流言浮説がたたって、大男の安川さんが中国人、小男の私は朝鮮人ではないかといって、勝手に急設した関門につれていかれ、興奮に目の釣り上がった俄か番卒共に訊問をされ、「君が代」と「蛍の光」をうたいかけたら「よしッ！ 通れ」ときた。しかし赤羽から京都までは、私たちの汚れた姿に「あ、東京からの避難者だ」と誰もかれもが親切の限りを尽くしてくれた」といいます。

東京のデパートは、その後の火災による延焼で高島屋東京店、横浜店も含め三越、松坂屋など被災しましたが、市内の各所に応急の店舗を開き、全国の支店や取引先から食品や日常の品を集め、市民生活の便をはかりました。

ちなみにつけ加えれば、警視庁の焼け落ちた九月二日の夕刻、臆測と流言飛語から一部警察署から朝鮮人暴動の報が出され、また内務省警保局長後藤文雄名でも同様の電報が地方長官宛てに出され（今井清一『大正デモクラシー』）、ただちに戒厳令が敷かれ、治安維持という名分によって朝鮮人や社会主義者への検挙、暴行という事態を生み、多数の朝鮮人の犠牲者と、陸軍憲兵大尉甘粕正彦らによる大杉栄、伊藤野枝、六歳になる甥の橘宗一らの絞殺という民主国家にはありえない暴挙を生みました。さらに大正一四（一九二五）年、国体の変革や私有財産制度の否認を意図する団体・個人に対する罰則を定めた法律、治安維持法が公布され、国民の自由な言論が著しく制限されることになります。

さて雑誌「白樺」はこの年九月号をもって終刊となります。印刷、折本、製本などの業者が神田などの下町に集中していて多くが被災したこと、白樺同人も柳をはじめ何らかの被害を受け、また大学その他の職を失ったことによります。画家など美術家も顧客や画廊を失い故郷や京都、奈良などに伝手を求めました。

木喰上人とその木彫仏発見の縁起

先にも触れましたが、震災の翌年の大正一三（一九二四）年一月九日、柳宗悦は畏友浅川巧の誘いで甲州を旅することになり、その目的の一つ、池田村の小宮山清三の所持する朝鮮陶磁を見に訪れます。そこで偶然にも二体の木彫仏（地蔵菩薩と無量寿如来）が柳の目にとま

地蔵菩薩像、木喰明満、木造、江戸時代、高 70.0 cm、1801 年。日本民藝館蔵。

り、彼は即座に心を奪われました。その発見について、彼は「不思議な因縁に導かれた」と書き、上人に心を惹かれるまでに、三つの準備があったと記しています。

第一に、「私は長い間の教養によって、漸《ようや》く私の直覚（直観）を信じていいようになった」とし、「かくして之《これ》までこの世に隠れた幾つかの美を、多少なりとも発見して来ました」といっています。

「第二に私は民衆的な作品に、近頃いたく心を惹かれていました。一言でいえば極めて地方的な民間的なもの、自然の中から湧き上がる作意なき製品に、真の美があり法則があるということに留意してきました」。

「第三に私の専攻する学問は宗教の領域に関するものです。私の注意は究竟《きゅうきょう》の世界に最も強く惹かれているのです。そうして私が求めた宗教的本質が、上人の作に活々と具体化されているのを目前に見たのです」（「木喰上人発見の縁起」『全集』第七巻）。

それから間もなく小宮山から京都の柳宅へ、菰《こも》に包まれた一体の木喰仏・地蔵菩薩が贈られ、その日柳は発願し上人の研究に専念することを決心しました。

三月、柳は九回目の訪朝をし、四月にはかねてから準備をすすめてきた景福宮緝敬堂の朝鮮民族美術館を開館、それまでの仕事に一区切りをつけました。

そして柳は、「越えて丁度半年の後、大正一三年六月九日、願は満たされ私は再び甲州に入ったのです」。翌々日、柳は一人で上人の生家のあるという村を訪ねました。南沢という その部落のお堂には馬頭観世音ほか数体、しかし血縁という一族には文献などの記憶がなく、やむなく山を降りようとしたその時ひとりの若い農夫が古びた紙片を柳に手渡したのです。
「薄あかりの中に文字を辿ると、「クハンライコノ（元来この）木喰五行菩薩事ハ」と書き起こされた文句、それに奥書の自署花押、それが上人自筆の稿本であり、且《か》つ自叙伝であるということは疑う余地がなく、……その折の私の嬉しさは、今も忘れることが出来ませぬ。……幾度かの懇望の後これを写しとることになり、一夜をその村にあかすことになりました。筆を終えた時、すでに空は白んでいました」。

大正 14 年 1 月 8 日。宮崎県日向国分寺にて。

さらに柳は稿本の中に当村の寺の本尊五智如来のあることを知り、真夜中に燈火をつけて無住の廃寺に如来と四体の脇仏を確かめ、朝六時、稿本を返しに農家を訪れました。すると上人が旅に用いた背負箱が取りだされ、その中から『納経帳』、『御宿帳』、『和歌帳』など自筆の貴重な稿本が多数出てきたのでした。

柳は万全の調査・研究の段取りを整えるために帰洛し、すべての資料を借りるために柳と石部惟三、小宮山清三の捺印を要した証文（連帯保証）によって望みを達したと記しています（「木喰上人発見の縁起」前掲）。

この後、柳は資料調査に基づき、「山梨、佐渡、栃木、三河、駿河地方を廻り、さらに新潟地方に深く入りました。大正一四年（一九二五）には大分、宮崎を調査し、帰って四国に旅立ち、信州に行き、また最近には周防、長門を経て石見に入りました」。

さて柳の木喰上人研究はこの二年間集中的に行われ、木喰五行研究会の協力もあって上人自らによる幾多の文や和歌、木彫仏が発見されました。その内容と研究成果については順次研究会から刊行され、またのちに『柳宗悦選集』第九巻『木喰上人』に論稿「木喰上人発見の縁起」、「上人略伝」、「日本廻国」、「初期の供養仏」、「日州国分寺における上人の大業」、「故郷丸畑における上人の彫刻」、「越後における晩年の偉業」、「丹波における木喰仏」、「上人の和歌」などが収録されています。資料からだけではなく上人の足跡を実際に辿った上での柳の論稿は、上人の実像を描いて心に残るものがあります。

ところで、柳宗悦は自ら発見した木喰上人の自叙伝を、分かりやすく「木喰五行明満上人年譜」にまとめています。これによると上人は享保三（一七一八）年、甲斐国古関村丸畑に伊藤六兵衛の次男として生まれ、一四歳で故郷を出奔し江戸に出て流浪の日々を送ります。二二歳の時、相州大山不動尊に参籠し子易町において古義真言宗の大徳より道を説かれ仏門に帰し、四五歳のとき、常陸国羅漢寺住職木喰観海上人から木喰戒（草木しか食しないこと）を受け、終生この教えを守ったといいます。

その後、誓願を立て千体の仏の彫刻を志し、国々因縁ある所にこれをほどこすために北は松前（北海道南部）から、日本八州（東北、佐渡、北陸、関東、甲信越、東海、近畿、中国、四国、九州など）の回国修行に出ます。また八四歳（一八〇一年）の時には故郷丸畑に滞在、四国堂の建立と八十八体仏の彫像を志し、十一月末大願成就、村の衆一三人が上人を援けました。上人は文化七（一八一〇）年六月五日示寂、九三歳でした。

柳は全国にわたる木喰調査の際彼を援けた多くの人たちの名を、感謝の言葉とともに記録しています。その名を一部記しましょう。山梨の木喰五行研究会の小宮山清三、若尾金造、雨宮榮次郎、石部惟三その他。佐渡では若林甫舟、中川雀子、川上喚濤。新潟では吉田正太郎、勝田加一、式場隆三郎（以下略）。

その年（一九二五）四月、東京本郷の帝大仏教青年会館で「木喰五行上人木彫仏展覧会」を開催します。

そして一二月、そのころますますの親交を深めた柳、河井寛次郎、濱田庄司の三人は、木喰調査のため紀州へ旅行、その車中でこれまで恐らくは議論を尽くしてきたであろう〝正しい工藝〟への思いから「民衆的工藝」略して、「民藝」の新語を造ったのでした。

9　「民藝」の誕生

新作民藝運動への胎動と、工藝の協団への提言

関東大震災による「白樺」の終刊と柳の被災は、京都市上京区吉田への柳の転居をうながし、彼は活動の拠点を京都に移すことになります。

大正一四（一九二五）年、柳は同志社女子専門学校教授となり、また翌年には同志社大学英文科講師、関西大学英文科講師を兼任しています。そのころの柳の動静について、のちに彼が回顧した文章「京都の朝市」（昭和三〇年一〇月記）からみましょう。

「私は大正の終わりから昭和の八年まで足掛九年も京都に住んだが、今から想うと、もっとよくこの旧都やその周辺の文化の跡を見ておくべきであった。併《しか》し徒《いたずら》に怠っていたわけではない。京都に在住の間、私の心をいたくそゝったものの一つは朝市であって、私は中々勉強した。之《これ》には河井寛次郎が先達であった」（『全集』第一六巻）。

月日と所が決められて、朝六時ころから立つ市は、弘法、天神、壇王、北野などの寺社の「境内境外にぎっしり立つ大きな市である。何もかも、けじめなく売る是《これ》等の朝市は、私共には大いに魅力があった」と柳はいいます。柳たちが蒐めた品々は、そのころ市の売り手の

婆さんたちが〝下手《げて》もの〟といった丹波布の蒲団地や、古着の反物、裂き織の布。瀬戸の石皿や行燈《あんどん》皿、伊万里のそば猪口《ちょこ》、また当時は産地の判らなかった径二尺にも及ぶ肥前庭木の大鉢や二川《ふたがわ》の大甕など枚挙にいとまがなく、今なおその多くが日本民藝館に収蔵されています。

ところで大正一五（一九二六）年四月、柳、河井寛次郎、濱田庄司、富本憲吉の四名連名による『日本民藝美術館設立趣意書』が発表され、民藝運動は実践への第一歩を踏み出しました。さらにその年九月一九日、柳は新潟柏崎の吉田正太郎からのかねてからの依頼によって、「越後タイムス」に「下手もの、美」を寄稿します。この論稿はのちに「雑器の美」と名を変えて改訂版が出されました。このあと柳は立てつづけに民藝運動に関する重要な論稿を発表いたします。

のちに京都での柳宗悦の動静について記した門下の一人西郁辰三郎（戦後に同志社香里高校教頭、京都民藝協会会長を務める）は「柳が自らの直観により発見、提示した「美しい物」とは、庶民の生活用品から選ばれた物であり、日常の雑器の中から発見された無銘の品であった。それらは個人の美意識や作意によってではなく、自然の恵みや伝統の力や生活の知恵を内包した健康で簡素な実用品であった」と述べ、さらに「古都京都は、柳宗悦が、震災後、東京より移り住み、人類文化史上特筆すべき民藝文化論を、「物」に即して展開した民藝運動発祥の地である」（『うつくしい話』芸艸堂）と書いています。

さて、昭和二（一九二七）年二月、柳は『工藝の協団に関する一提案』を謄写版刷りの小

柳宗悦、京都神楽丘の自宅にて。1928年。

冊子で発表し、新作民藝運動に対するひとつの指針を示しました。その中で柳はこう書いています。

「私達はもう智慧の実を喰べたのである。昔の人のように無心でいるわけにはゆかない。又時代も認識の時期に達した。私達は知ることによって多くの新たな悦びを得ている」と。そ

して、

「だが私達は古作品の「美を味う悦び」と同時に、新しく作るという任務をおびている。此問題に入る時、知恵ある私達は、明かなディレムマに当面する」と。そして、

「いかにして知識的な吾々が、あの古作品に見らる、様な、自然な無心な美を産む事が出来るか」。

そう自ら問い、柳は、「私は希望を棄てない一人である」と明言します。

柳は、まことの工藝に達する道、あるいは三つの段階として、

一、修業による自力道

二、帰依による他力道

三、協団による相愛道

の三つを示しています。

柳は、正しい美しさの性格がもっとも工芸にあふれていた時代、ヨーロッパでいえば中世、日本でいえば明治初期までのギルドの組織、あるいは協業や分業によるもの造りのあり方を理想とし、そうした協団による制作への提案をしたのでした。

柳はまた、かつて自分たちと同じような運動を起こしたウィリアム・モリスについても言及し、英語の「アーツ・アンド・クラフツ」という言葉もモリスによる概念で、英国のオックスフォード英語新大辞典(一八八八年刊)にも出ていないモリス以降の言葉だといいます。そして日本語の「美術と工藝」という言葉も、それに依ったのだと書いています(柳宗悦

「美術と工藝の話」昭和九年三月、NHK放送原稿、桃山書林)。

「だがどうしてモリスは失敗したか。致命的な原因は、彼が正しき工藝の美を知らなかったのだと云う事に帰着する。之はその派に属する人々が、おもに美術家であって、工藝家ではなかったからであろう。之が彼のギルドの失敗の主因である」。

そして、自分の周辺において、正しい美への理解を共通にもつ幾人かの個人が(民藝の仲間の事)、同じ時代に、同じ国に、ほぼ同じ年輩に、しかも親しい友人として輩出するという事は、誰も歴史上に予想することは出来ない。私はこのような恩寵は歴史上に二度と繰返さないものだとさえ考えている。そう柳は『工藝の協団に関する一提案』のなかでのべています。

「上加茂民藝協団」と京都や各地の仲間たち

「白樺」の同人だけではなく、工芸家、すなわち陶芸の実作者であったバーナード・リーチ、富本憲吉、濱田庄司、河井寛次郎たちとの交友と研鑽が、互いにどれほどの恩恵となり、固い絆となったかはかり知れないものがありました。それとともに柳は、かくあるべき工芸の協団にとって、各種工芸の実作者だけでなく知識人や市民の幅広い協力も求めています。前章まで紹介をしてきた地方の「白樺読者」の医師、教師、青年たちのほか、京都における新たな友人たち、寿岳文章《ぶんしょう》(関西学院・京都大学・英文学)、中村直勝(京都大学・日本史)、外村《とのむら》吉之介《きちのすけ》(関西学院大学・京都YMCA主事)、能勢克男(同志社大学・法学)、村岡景夫(同志社大学・哲学）、岩井武俊（大毎京都支局長）、倉橋籐治郎（工政会理事）らも新たな民藝同人として、柳の力になりました。

また、そのころ柳と、彼に共鳴し支持する青年たちの交流は、かなり密なものになっていました。前の年に柳ら四名の連名で出された『日本民藝美術館設立趣意書』の呼びかけに対して、新潟の吉田正太郎からの五百円（今の価値で百万円位）の寄付に対し、「うれしくうれしくちょうど居合わせた濱田と喜びあった」と柳からの礼状が出されています。

柳はのちに、「その折時を待たず少なからぬ資金を贈られた」人として、吉田の名に続いて、野島康三、伊藤助右衛門、井関双山、内山省三、西村総太郎、石井恒、田中豊太郎の名を「工藝」六〇号の「民藝館の生立」に記し、その厚意を「今も忘れることが出来ない」と書いています。さらに事務方として青山二郎、石丸重治、内山省三の名を記し、これ以上の適任者はいなかったと労をねぎらっています。

ところで柳は、さらに引き続いて「新作工藝」の作者のための「工人銘」（昭和元年一二月稿）を発表し、また翌昭和二（一九二七）年四月、武者小路実篤によって発刊された雑誌「大調和」創刊号に「工藝の道」を連載します（翌三年正月号まで）。関東大震災を機に廃刊となった「白樺」の読者にとっては、大きな期待感をもって迎えられた柳の論稿でした。

この「工藝の道」を読んで、その後柳との縁を結んだ青年は、芹沢銈介《けいすけ》（静岡）、相馬貞三（弘前）、中村精（浜松）、内田六郎（浜松）、外村吉之介（京都、倉敷）、西郎辰三郎（京都）ほか数多くが記録されています。この「工藝の道」は長文にわたり、内容は「工藝の美」、「正しき工藝」、「誤れる工藝」、「来るべき工藝（工藝の基礎・工藝と個人作家・工藝と協団）」、「工藝美論の先駆者に就て」など、その確たる信念と美しいリズムある文体は、若者たちの心を捉えてやみませんでした。

昭和初めのこれらの工芸論の発表は、柳の周辺の若者たちにとって、工芸の制作集団としての工房、協団への大きな刺激となりました。工人としては木漆の黒田辰秋、新人ながら織物の青田五良《ごろう》（同志社教員）がいましたが、柳宗悦による民藝運動への明確な指針によって、それは次第に具体的な形をとりました。

西郁と黒田、能勢の三人の鼎談「上加茂民藝協団の設立」（西郁、前掲書）によると、柳と能勢、黒田、青田たちが鷹ヶ峰の光悦寺から上加茂まで歩いたおり、たまたま見かけた敷地三百坪ほどの貸家を見つけ、柳がそれを契約、民藝協団工房の出発地となったといいます。「昭和二年の秋である。青田五良は主として織物を、鈴木実はこれを補佐して糸染を、黒田辰秋は木工を、後に金工として青田七良が之に加わり、四人は悦びに満ちて仕事についた。名を「上加茂民藝協団」と呼んだ。実用を旨として、工藝の正しき過程を踏むことに努めた」（「工藝」六〇号、柳前掲文）。柳はのちにこう書いていますが、新作民藝運動の制作と流通のモデルケースとして出発したこの工房は、先ほど記した河井寛次郎らをはじめ多くの民藝愛好家の支援を得て、とくに黒田と青田五良は人気を博します。

そして民藝同人の一人、大阪毎日京都支局長の岩井武俊の斡旋で、昭和三（一九二八）年六月二二日、二三日、京都大毎会館で開催された「民藝協団作品展」は予想以上の盛況でした。大毎紙社説には「民藝復興」との小見出しでこの会の社会的意義を大きく報じ、さらに京都版では二日間の入場者が二千人を越え、出品物のほとんどが売約されたと記しています（吉田幸次郎「月報」『全集』第二巻）。

しかし工房の人たちに協業による制作や共同生活の経験が全くなく、評判を得るにつれて経済的な格差や女性問題による確執も表面化し、昭和四（一九二九）年四月からの柳宗悦の外遊（濱田庄司と同行、朝鮮行きのあとシベリア経由での欧州旅行）による不在も重なって、協団は瓦解し、解散します。

スタートから解散まで、この協団の実質的な活動は二年あまりで終わりました。青田五良と黒田はその後も制作、発表を続けますが、青田はその六年後、肺を病んで三七歳の若さで死亡し、民藝運動のなかで「上加茂民藝協団」が話題となることはなくなりました。

さて、昭和の年号に代って民藝運動はいっそうの展開を見せることになります。「昭和二年夏のことである。『雑器の美』の出版に付て少からぬ配慮を受けた工政会の倉橋籐治郎氏から次の相談を受けた。明春東京上野公園で御大礼記念国産振興博覧会が開かれるに就て、吾々に何か出品してはどうかと云うことであった。同氏は同会の事務総長であった」（柳「三国荘小史」「工藝」六〇号）。のちに三国荘の名で知られたこのパビリオン「民藝館」の構想と、当時の民藝同人の総力をあげた設計、制作、民藝品の集荷、展観、販売の全容については次章に詳しくのべたいと思います。

10　民藝のモデルルーム「三国荘」

大正から昭和へ――当時の社会と柳宗悦の想い

昭和初頭からの、柳宗悦を中心とする輝かしい民藝運動の胎動と出発を語る前に、大正デモクラシーといわれた時代と重なる、昭和初頭のきびしい社会状況に触れたいと思います。関東大震災から三年、丸の内や日本橋、銀座の復興、そして被災した住民の下町から山手への大量移住などで一部に活況を呈しましたが、他方で貧民の増加により社会運動は激化し、震災の年一二月二七日に起きた難波大助による摂政殿下の狙撃（虎ノ門事件）や震災手形の不渡りなどによる金融不安もあって、政府による大衆運動への弾圧はきわめて厳しいものになります。

そして国民長年の願望であった衆議院の普通選挙法が成立する直前の大正一四（一九二五）年三月には、治安維持法が成立します。この法案は治安警察法とは異なって、「国体もしくは政体を変革し、または私有財産制度を否認することを目的として」結社を組織したる者を対象とし、のちにはその最高刑を死刑と定めたのでした。

大正一五（一九二六）年一二月二五日、大正天皇が崩御され、ただちに摂政裕仁親王が践祚され、年号が昭和と改元されて、一週間後の新年からは昭和二（一九二七）年と表記されました。

その年三月、金融恐慌が起き、その翌年の三年には、共産党に対する全国一斉の検挙（三・一五事件）と日本労農党の結社禁止（三月）、中国山東半島への出兵（五月）、中国大元帥張作霖の日本関東軍による爆殺（六月）、そして敗戦まで思想警察として権勢をふるった特別高等警察の組織強化（七月）など、日本が軍国主義に急速に傾斜していく第一段階でした。

とくに内外ともに、大帝として崇められた明治天皇のあと、身体の虚弱が知られた大正天皇の時代に、社会主義思想やデモクラシーの拡がりに危機感を抱いた政権側が、天皇制を軸とした国体の厳守という日本的国家主義を背景に、初等教育からの国家主義教育や、西欧列強への対抗から、近隣諸国への積極的な植民地拡張政策に乗り出したのでした。

ところでこの時代、柳宗悦は社会の現状に対してどのような感想を抱いたのでしょうか。昭和二年四月から翌三年一月まで、彼は雑誌「大調和」に「工藝の道」を連載しますが、三八歳であった柳が、「工藝と協団」という文章の中で工芸と社会の関わりについて述べた言葉の一部を紹介したいと思います。

柳は「工藝と協団」の序節でこう書いています。

「嘲られつつもラスキンは美の問題より社会の問題へと転じた。ラスキンはかくする事によって彼の美に関する考察をいやが上にも深めた。……私は今来るべき工藝を論ずるに当たって、しみじみ彼の気持ちに活きる事が出来る。……彼の後を受けた詩人モリスは更に生涯を賭して、社会問題に入ったではないか。彼は工藝の美を保証する為に、正しき社会を組み立てようと欲した。工藝を個人の問題に止めてはいられない。…私はモリスの社会論者としての休息を知らない一生の努力に限りない敬念を感じる」(『全集』第八巻所収)。

さらに第一節ではこう述べています。

「私の心は今来るべき時代につながる。来るべき工藝とは、単に今後の工藝との意ではなく、かくあるべき時代に於ける工藝との義である」。

そして柳は、資本主義と社会主義を比べて、

「何《いず》れの道が工藝の美を保証するであろうか。私はラスキン・モリス等と共に、当然前者(筆者註・資本主義)から輝かしい未来を期待することが出来ぬ」。

そして時代の変革は、

「それは程遠い事ではあるまい。私はそれを信じ、力ある未来を待ち、輝かしい工藝の時代を感じる。それが今いかに批判されるにせよ、早かれ晩かれ社会主義的時代は来るであろう。――私は美に対する私の直観と理性とが、社会主義的結論と一致するのを発見する」。

さらに第四節ではこう述べています。

「私は資本下の社会に、工藝の美を再建する努力を徒労に感じる。同じように個人道に工藝の美を期待する根気を放棄する。そうして絶大な希望を協団に抱く事を禁ずる事が出来ぬ」。

昭和二年という時代に、社会主義を擁護するような文章を柳があえて書いたことの真意に

ついては、あらためて検証したいと思います。しかし日本のますますのファシズム化への道筋のなかで、彼のギルド社会主義への強い関心は、その後の彼の活動のなかで生かされていくことになります。なお右の「工藝の道」は、翌年（一九二八）一二月、書肆「ぐろりあそさえて」から刊行されました。

浜松の民藝同人と御大礼記念博覧会の「民藝館」

さて、大正十五（一九二六）年四月にわずか二十余名に頒布された『日本民藝美術館設立趣意書』を受け取った一人、浜松生まれの中村精（のち慶応女子高校長、三田評論、『民芸手帖』編集長）の尾張町の別荘で、翌一九二七年一月一二日夜、柳宗悦を囲む座談会が開かれました。中村の回想によれば、出席者は内田六郎（医師、泥絵、びーどろ絵のコレクター）、羽仁春（詩人）、鈴木肇（画家）、平松実（染織家）ほか一、二名。柳の話は「実に秩序整然たるもので、信と美の結合、茶祖の功績、工芸の社会的意義など、どれも吾々を心から首肯せしめずにはおかなかった。会が終り、柳氏が床につかれてから後、私はその夜の話を思い浮かべながら要領を筆記して、当時私達の発行していた「開発」第六号へ「工藝品の美」と題して掲載した。こうして、浜松へ民藝の種子が下されたのであった」（「民芸運動の誕生と浜松」「開発」昭和四九年、発行者平松実）。

そして座談会の翌日、中村は柳を積志村の素封家高林兵衛邸へ案内したのでした。

高林邸はすでにそのころ江戸時代初頭の名残をとどめる豪農屋敷として知られ、また氏は和時計や大津絵などの蒐集でも日本屈指とされる目を持ち、大正の頃には小作人にその農地を開放するなど進歩的な行動力の持ち主でした。「この柳氏の訪問によって、それ以後、高林氏は民藝運動の熱心なる支持者になった」（中村精、前掲書）と中村は書いています。

そういった中で、昭和三（一九二八）年三月から上野公園で開催される、「御大礼記念国産

三国荘内部。「工藝」第60号より。

振興博覧会」参加への勧誘は、柳にとって自らの美と真理への思いとその具体化を実現する、またとない機会となりました。

柳たち民藝同人と、そのころすでに工政会（工学者の団体）の朝鮮研究会をとおして柳と親密になっていた倉橋籐治郎（工政会理事）と山本為三郎（のち朝日麦酒会社社長）たちは数度の相談の上、民藝の本来の趣旨を生かすため、そこに「一棟の住宅を建て、之に器物を納め、それを総合的に出品することが一番本当であると思えた。倉橋氏は吾々の申出を即刻に受けてくれた。そうしてメて壱万円の予算を組んでわれわれに凡《すべ》てを依頼された」（柳宗悦「三国荘小史」「工藝」六〇号）。

そこで柳たちは予算の八割を木造平屋の小住宅に、二割を什器調度に割り当てることとし、ただちに日本各地の民藝品の集荷と新作工藝品の制作の準備にとりかかりました。

ところでまず予算の過半を占める家屋の建築について、当事者の中心であった柳の言葉を借りましょう。

「建物は容易ではない。吾々は図を重ね、間取りや外見、建具の桟組やその配置等しばしば計った。どこの大工に頼むかが問題であったが、建物や職人のことについてその折色々の便宜を計らわれたのは高林兵衛氏である。遂に大工を遠州から招くに至ったのも同氏の縁故による。大体の骨格は土地で整え、敷地にそれを運んで、実際に棟上したのは昭和三年の正月である。覚書によれば、次の様な工人の名が留めてある。

大工　浜松市外有玉　　吉田　徳十

瓦師遠州　曳馬村上島　川合梅次郎」（柳、前掲文）。

さて、このときの柳たちの行動について、戦後になって山本為三郎が「「民藝運動の初期」——三国荘の由来」と題して回想を記していますので一部を記します。

「同志の意気込みは大したもので、建物の外観、間取りも何度か案を練り、建具の桟組などは柳先生の意匠だから、職人達も随分手を焼いて苦労したらしい。什器類も各地から蒐めるために、柳、濱田、河井の諸君は、東北から北陸の各地へ、また翌年は京畿、山陰、中国、九州の果てまでも買い物に歩き廻った。この旅で先生方は各地の物産に対し大いに見聞を広くしたのです。それでもまだ新調しなければならぬ家具調度もあり、黒田辰秋とか、青田五良とか云う当時京都の上加茂にあった民藝協団の諸君が之を作り、更に朝鮮の浅川伯教・同巧両君の手で京城から荷物が三個も届けられる有様でした。

昭和三（一九二八）年三月二三日遂に落成し、翌二四日が開館、この建物を初めて「民藝館」と名づけました。同志が本当に心を合わせ情熱をこめて作りあげた、最初の綜合的な大試作で、竣工の時は皆感激して涙を流したものです」（「民藝」昭和三三年四月号所収）。

柳の記録によると、「総計費の予算は壱万円、内六千円は建物、瓦、垣等、二千円は建具、残りの二千円は家具、什器の類である。総建坪三十五坪七合五勺、瓦葺、柱及び建具は悉く拭き漆塗」（柳、前掲文）とあり、建物、建具に比べて、民藝品や什器などの蒐集、制作の費用が安く上がったことがわかります。

この博覧会は正味六五日間開催されましたが、これについての総括的な記録（柳「三国荘小史」「工藝」六〇号）を参考に一部を記しましょう。

この「民藝館」はパビリオンとしては他に類のない出陳物でしたから人々の注目を引き、来館者はおびただしい数に上ったと記録されています。そして閑院宮、同若宮、山階宮をはじめ各大臣や知名の方々の来臨を得たことは一同の感謝したところ、と記されています。また館外に隣接して十畳ほどの売店が設けられ、地方民藝品や上加茂民藝協団の同人黒田や青田らの作品もここで出品販売されました。

品物は高取の大鉢、出雲日出《ひので》団扇《うちわ》、小鹿田《おんた》窯の焼物、秋田の岩七輪、佐賀の赤櫃、益子の山水土瓶、花筵《はなむしろ》、琉球漆器、朝鮮の紙などが売れ筋で、売店の担当であった青山二郎によると大半が売り切れたと書いています。

なお余談になりますが、柳がこの「民藝館」の応接室に飾った長崎絵「和蘭陀船《オランダ》」はこのときの展観でもっともこだわったものの一つでした。柳は大正一五年二月、柏崎の吉田正太郎宛ての手紙で「長崎絵（和蘭陀船）入手、この種の図、私はこれ以上に美しいものはあまり見ない、表装も又いい」と書いています。

さて博覧会が終わりに近づいたころ、この「民藝館」を会期後どうするか関係者で議論が交わされました。しかし幸いにも山本為三郎の厚誼によって氏が購入し、大阪三国《みくに》町にある邸内に本普請で再築されることになり、その事業も柳たちにまかされました。この再築には正味半年ほどかかり多くの部分が改良されて、別邸「三国荘」として多くの人々に親しまれました。このことによって柳と山本との縁は深まり、その後の日本民藝館の建設にあたっても物心ともに大きな助力を受けることになります。

その第一段階として、新古民藝品の蒐集と、資金調達のための展観、販売の計画は継続的に行われました。しかしその当時から柳をはじめ民藝の運動体には余分な資金などまったく有りませんでした。資金調達のさらなる努力については、昭和四（一九二九）年二月八日付の柳から濱田庄司宛ての手紙から見ましょう。

「今度倉橋さんに相談の結果、民藝品蒐集の資金を山為（山本為三郎）さんが出してくれる事になり、月々五百円、凡《およ》そ三ヶ年継続（都合二万円）送金してもらう事になり、皆大に勇んでいる」とあります。今日の貨幣価値からして月々百万円以上、総計で四千万円以上になりますが、その具体的な相談のことで、柳は、その月一七日に山本邸に集まりたいと、数人の同人に通知しています。

11　まぼろしの「日本民藝美術館」

日本民藝美術館主催「民藝展」と、柳の外遊

　昭和三（一九二八）年三月からの「御大礼記念国産振興博覧会」の準備に先行して、柳たち民藝同人はそれまでに個人的に蒐集したものも含めて、最初の民藝展を開きます。柳は、「集めたものを一度世に問いたい希いを強めた。昭和二年六月二二日から二六日まで、東京銀座鳩居堂の楼上で、最初の民藝展が開催された。思い出は尽きない」とのちに回想しています（「民藝館の生立」「工藝」六〇号）。

　昭和四（一九二九）年は民藝同人にとって引き続いて忙しい年となりました。この年三月、柳の友人岩井武俊（大阪毎日新聞京都支局長）の斡旋で、日本民藝美術館主催「日本民藝品展覧会」が開催されました。会場は京都大毎会館で、それまでの民藝の蒐集と展示のなかでも、よく準備され、厳選された展観でした。

　またこの会では『日本民藝品図録』と『目録』が日本民藝美術館の名で刊行されましたが、この図録の序文で、柳は、「之《これ》は私達が解した、正しく美しい工藝品と見做《みな》すものの選集です。それ故《ゆえ》単なる図録ではなく、工藝品への統一ある見方の提出なのです」と書いています。

そういった意味で、柳たちの民藝への見方を物に即して知るうえでも、その内容を明らかにすることが参考になります。以下にその一部を記しましょう。

柳宗悦（大津絵青面金剛、泥絵黒船図、緑釉指掻き大鉢、印伝皮羽織、津軽刺子《さしこ》錦ほか）、河井寛次郎（船箪笥、瀬戸煮〆《にしめ》皿ほか）、濱田庄司（瀬戸鉄絵茗荷《みょうが》文徳利）、芹沢銈介（小絵馬・鷹図ほか）、山本為三郎（泥絵阿蘭陀船、指掻き片口）、志賀直哉（瀬戸行燈皿尾花に菊文）、岩井武俊（船箪笥、陶磁器ほか）、倉橋籐治郎（絵唐津茶碗、陶磁器ほか）、吉田正太郎（泥絵武州潮田）、吉田小五郎（泥絵婦人像）、高林兵衛（瀬戸行燈皿葦雁文、泥絵紅毛婦人像）、石丸重治（瀬戸行燈皿、ぼてぼて茶碗）、青山二郎（伊万里・藍絵番茶碗）、黒田辰秋（木工）、浅川伯教（伊万里・赤絵牡丹文徳利）、内田六郎（朱塗大皿）、井関源八郎（筑前・櫛掻き大鉢）、中村直勝（瀬戸煮〆皿馬の目文、朽木盆）、能勢克男（黒塗掛行燈）、青田五良（下野・益子山水絵土瓶、唐木矢立）などで、出品者は二十余名に及びます。

そして、三月二一日付の柳から濱田宛ての手紙によると、「今度の民藝展は非常な成功でした。それに大勢集まり、関東関西同人大会の観がありました」と記しています。

この展覧会の総出品数は三三九点に及びますが、その内柳の出品が六五点、そして日本民藝美術館所蔵として展観されたものが九六点に及びました。とりわけ筑前の大捏鉢《おおこね》、九州や信楽の壺類、瀬戸の行燈皿や船箪笥、丹波布、刺子錦、裂織《さきおり》の布、大津絵などは将来設立されるべき民藝館のために、この時期を逃す訳にはいかない蒐集品であったのだと思います。

そのおりのことでした。東京の帝室博物館の再築が大規模な計画で進められていて、そのなかに「民藝」の一、二室を設けることが出来ないだろうかという話が浮かびました。理解を示した関屋貞三郎宮内次官の計らいで、四年二月のある日、柳が博物館の大島館長を訪ね、民藝室の設置と運営の自分たちへの委嘱を願い出ました。そこで大島館長は翌三月の「日本民藝品展覧会」を直に見て判断するために京都まで出張しましたが、その後博物館からはなんの挨拶もありませんでした。しかし民藝館を創設するという自分たちの決意はそれによりいっそう強まったと柳はのちに書いています(柳、前掲文)。

さて、このあと四月二二日、柳宗悦は濱田庄司とともに朝鮮から満州、シベリアを経由してヨーロッパへ出発します。この洋行の経緯については柳からバーナード・リーチあての手紙から要約しましょう。

「親愛なるリーチ

ついに貴兄に英国でお会いする機会が出来ました。濱田と一緒に行きます。僕の心は、もう子供のように跳んではねて空を駆けます。ウォーナー氏の好意で突然思いもかけぬこのチャンスを与えられました。一週間前彼から、マサチューセッツ州ケンブリッジのフォッグ美術館が一年間の予定で僕を招聘するとの電報がきたのです」(『全集』第二一巻上)。

柳とは旧知であった東洋美術と仏教美術の泰斗ラングドン・ウォーナー博士(第二次大戦中、京都、奈良を米空軍の爆撃目標から除外する努力をしたことで有名)の肝いりでしたが、柳はこの機会を利用して、渡欧のプランをもっていた濱田庄司と同行して、朝鮮経由のシベリア鉄道で英国へ向かったのでした。

イギリスを中心としたヨーロッパでの三か月近い旅と暮しは、柳の民藝への想いをさらに熱く燃えさせたといっていいと思います。まずバーナード・リーチとの再会とセント・アイヴス窯の訪問、ロンドンでの濱田庄司展と河井寛次郎展の成功、そして鳩居堂から依頼された展覧会のための英国の古家具や古民具の蒐集（昭和五年四月、『英国の工藝』石丸重治編著として工政会より出版）、さらにディッチリングのホームスパン作家メレー夫人たちとの交友などに時を過ごします。

またその年の八月に、柳、濱田と現地合流の式場隆三郎を加えた三人で、世界的に知られたスエーデン・ストックホルムにある北方美術館を訪れ、その大規模な農民工芸の蒐集に感嘆し、そのスカンセンの丘に佇んで、しかしわれわれは量ではなく、その質において洗練しようと語りあったと回想しています。

もう一つ特筆したいことは、柳がアメリカでの講義や講演の際、各地で「日英現代工藝品展覧会」を開き、日常生活においていかに思想と生活に即した工芸が、不可分に結ばれているかということを、モノに即して語ったということであります。

そして五（一九三〇）年三月には柳の妻兼子が山本為三郎の援助で渡米し、ともにボストンに住みます。また五月にはフォッグ美術館で柳蒐集による「大津絵展」が催され、彼はその月、ハーバード大学での講義を終了し、七月、兼子夫人と帰国の途につきます。

ところで、一年三カ月余りに及ぶ不在中の日本国内の同志たちに対して、柳は決して無関心であった訳はなく、濱田、河井、外村、柏崎の吉田兄弟をはじめ多くの友人と常に相談を交わしています。その中で柳の温かい心情の溢れた挿話を一つ紹介しましょう。

柏崎の吉田正太郎からの四年一〇月の手紙で、吉田家の家業（呉服の花田屋）が、親族の失敗とその自死によって経済的破綻を来し、その処理のために永年にわたって蒐めた黒船文庫を手放したことなどが記されていました。柳は、それに対して自己の責任においてこの苦境を切り抜けたことに敬意を表し、ただちに吉田、柳にとって共通の友であった新潟の素封家伊藤助右衛門宛てに手紙を書いています。「一家の破綻を経済的に救うことはお互いに出来ない相談ですが、一人で苦境を背負う同君を、何か案でもあったら助けてくれ玉え」。これに対し伊藤がどう対処したか判りませんが、その後、黒船文庫が吉田の手許に戻り、今日も健在であることは柳の計らいあってのことと思います。

浜松の高林邸内「民藝美術館」開館と、民芸店の試み

さて、柳宗悦が中村精を介して高林兵衛を知ったことは先に書きましたが、その年柳は高林を介して静岡の染色家芹沢銈介を知り、一生を通しての友となります。芹沢の仕事については別項を設けますが、その前に高林邸が近世の豪農屋敷として知られるようになった事情について述べたいと思います。

高林邸が文献上初めて紹介されたのは志賀直哉編集による月刊建築写真集「聚楽」（昭和三年第九輯、発行者橋本基、座右宝刊行会）によってであります。我孫子時代の柳や志賀の日記や書簡には彼らの親密な助手としての橋本（雅邦の子息）の名がしばしば出てきます。直

昭和６年に開館した浜松の日本民藝美術館。

哉は大正一五（一九二六）年一月から橋本の手を借りて、東洋の古美術と日本の名建築、庭園に関する限定写真集「座右宝」を刊行していました。

そのころ我孫子から奈良、京都時代をとおして三人の間はきわめて親しく、昭和二（一九二七）年一月一三日の柳による高林邸訪問のあと、柳からその内容について志賀や橋本に伝えられなかった筈はなく、それが「座右宝」の後継誌「聚楽」への掲載となったと思います。

紹介の写真図版は五枚、正門、勝手口天井（江戸時代中期）、書院、雪隠外観（東山時代後期）などですが、三年三六号の発行のなかで、有名寺社、名家、名園に偏らず、京町家や豪農屋敷の居室や台所、雪隠などが紹介されているところに柳の影響をみるのです。

なお昭和六（一九三一）年四月、岩井武俊

の企画、河井寛次郎の監修、装丁で『京郊民家譜』が大阪毎日新聞京都支局から刊行されました。これには河井の五条坂の自邸も紹介され、九年には続編が出されています。またこれらに刺激を受けてでしょうか、八年には鳥取の医師吉田璋也によって『鳥取民家譜』が編纂されました。

三国荘（山本別邸）、河井邸、奈良の志賀邸、鳥取の吉田医院、益子の濱田邸、市川の式場邸、東京駒場の柳邸、日本民藝館など、初期民藝運動を背景として、伝統の民家様式と新しい洋風生活の利便を工夫しながら生まれたこれらの建築は、戦後のいわゆる民藝建築とはやはり一線を画すものだと考えられます。

ところで昭和二年一月の柳と高林の出会いは、発足したばかりの民藝運動を、もう一歩形あるものとして実らせることになります。前回述べたように、上野での博覧会に出陳された「民藝館」（のちの「三国荘」）の建築に絶大な協力をした高林が、常設の民藝館の開設に関心を寄せたのは当然のことでした。その経緯について柳の言葉を借りましょう。

「蒐集に特別の熱意を有った同氏はいつも吾々の仕事へのよい友達であった。幾多の援助を同氏から受けたが、遂にはその古格ある伝来の建物を民藝館として使用するよう申込を受けた。民家に民器を置き得るなら、之にもました必然さはない。その建物は真の意味で自然な茶室とも云えた。仕事の第一歩として吾々はそこに品物を列べることになった。蒐集品がそこに送られ、飾りつけを終わって公開したのは昭和六年四月のことであった」（柳、前掲文「工藝」六〇号）。

柳宗悦筆の芳名録。

そして「日本民藝美術館」の名で方々へ招待状が送られ、四月一八（土）、一九（日）の両日、開館披露が行われました。この時の模様を、列席した中村精の文章から紹介しましょう。

「樹木に囲まれた邸内の中門の側には柳氏の書いた「日本民藝美術館」という案内札が立ち、大福帳の芳名録が快い春光を浴びた縁側の寺小屋机の上に用意されてあった。そして自在鉤のかかった囲炉裏端には、柳、高林両氏をはじめ東西各地から集まった同志の人々が、喜びに溢れながら楽しい回想や将来の計画に時の移るのを忘れていた」（中村、前掲書）。

浜松を中心とした遠州地方の若い民藝同人たちが、この民藝美術館の開館に勇気を与えられたのはいうまでもないことでした。

さて、中村の実弟であった平松実は、実家が古くからの織屋でもあり彼自身も織物に従事していましたが、上加茂の民藝協団の影響もあって昭和四年に民藝織物として平松工房を設立します。平松の草木染、手織の仕事は柳宗悦にも評価され、六年春には国画展に入選し、その秋には銀座資生堂の二階で水沢澄夫、佐藤進三氏の主催で初の個展を催しました。

このころ柳たち民藝同人は将来の民藝館のための新古民藝品の蒐集だけではなく、縁を得た民藝の産地や工房を育てるための、新製品の販売つまり民藝品の流通という課題に迫られていたのでした。柳もこう書いています。「是等の製作は必然その販路を求める。若し店舗が経営せられ、此の運動に加わるならば大きな仕事になろう。だが最も現実的な事業として困難の大きいことを覚悟せねばならぬ」（柳、前掲文）。

日本最初の民藝店として「水沢」が東京京橋に開店したのは昭和六年五月二八日のことでした。経営者の水沢澄夫は当時二六歳、京都大学文学部を出て柳の民藝美論に共鳴し、民藝店を始めたといいます。しかし「水沢」は経営難におちいり半年で店を閉じます。

かわって翌年の昭和七年正月に高林の出資（六千円）で佐藤進三と秋葉啓によって「港屋」が西銀座五丁目に開店しました。この店は周囲からは高林の経営とみられた節もあって、数年後には古民藝専門の店になりました。

この時代には芹沢銈介、平松実、外村吉之介、柳悦孝《よしたか》ら浜松や静岡に縁をもった優れた同人作家がいました。また柳と昭和の初めから交流のあった中村精（戦後に「民芸手帖」誌編集長）、内田六郎（ガラス絵蒐集家）など人材も多く、昭和の初期には浜松を中心に次のような工藝の展覧会がたびたび催されました。その一部を記しましょう。

「びいどろ展」、「泥絵展」、「諸国新工芸展」、「織物染色展覧会」、「芹沢銈介型染講習会」、「芹沢銈介個展と指導の会」などであります（参考文献　鈴木直之「遠州の民藝運動とその群

像」「遠州民論」第一号、昭和五七年四月、種月文化集団発行、ほか）。

12　雑誌「工藝」発刊

芹沢銈介

柳宗悦の九年間にわたる京都時代（一九二四〜三三年）に、柳の著作を読み、訪ね、教えを請い、そして工芸の実作者の道を歩むことを決意した三人の青年について述べたいと思います。大正時代からウィリアム・ブレークに関する研究などをとうして柳と親交のあった寿《じゅ》岳文章《がくぶんしょう》は、のちに次のように回想しています。

「そのころ柳さんは、京都吉田神楽岡に、私は南禅寺山内に住んでおり、互いによく往き来し、話しこむことも稀ではなかった。そうした交遊から受けた私の印象では、やがて民藝運動へと展開結実する柳さんの、健康で素直な美発見のルートは、当初、東海道と縁がいちばん深かったのではないかと思われる。木喰五行上人作の木彫仏との出会いこそ、甲州であったが、やがて、柳さんの民芸運動に有縁の人と物は、東海道筋にあらわれた。その人のほうの随一が静岡の芹沢銈介君である。柳さんは、芹沢君の集めていた小絵馬にたいへん感心して、名もない地方画工の、疑いもよどみも知らぬ達筆が醸し出す、あの簡朴な美しさの出所を公案の一つとした。のちに、大津絵を中軸として、古今東西に振幅をひろげていく民画の

南部八戸の小絵馬。「工藝」第17号より。

柳美学体系は、記念すべき発端を芹沢蒐集の小絵馬にもつのではないかと私は見ている」（寿岳文章「芹沢銈介の人と仕事」「民芸手帖」昭和五二年一月号）。

小絵馬というのは陸奥の南部地方に特に盛んであった風習で、家人の病の治癒や願いごと、とりわけその地方に盛んであった農耕馬の成育を願った絵を板に描き、神社や絵馬堂に納めたもので、江戸時代には民衆の間に大いにはやったものでした。それが見る影もなく雨風にさらされているのを見かねて系統的な蒐集をしたのが岩手県八戸の小学校校長であった小井川潤次郎であり、もう一人が芹沢銈介だったのです。

その芹沢蒐集の小絵馬を見るために、昭和二（一九二七）年、柳は浜松の高林と内田六郎の案内で静岡北番町の芹沢宅を訪ねたのでした。そのとき芹沢は三二歳でした。のちに柳は雑誌「工藝」第一七号（七年五月）を「南部の小絵馬」特集号にあて、編集余録で「私が南部八戸の小絵馬を見て驚いたのも、芹沢君の家を静岡に訪ねた時であった。その日以来度々その美しさが私の頭を往来した」と記しています。

つづけて「もっとも是等の小絵馬が最初注意され広く集められたのは全く小井川潤次郎氏に依るのである」と述べ、本号の執筆も挿絵も、まったく小井川、芹沢両氏の賜物であると結んでいます。

ここで芹沢銈介の略歴を記しましょう。芹沢は明治二八（一八九五）年五月一三日、静岡市本町一丁目の呉服商、大石角次郎の次男として生まれました。柳宗悦の六歳年下になります。

大正二（一九一三）年五月、東京高等工業学校（現東京工業大学）図案科に入学。八年、県立静岡工業学校教授嘱託となり、年譜によればその年一〇月ころから、南部小絵馬の蒐集をはじめたとあります。

大正一〇年、大阪府立商品陳列所に入り、内外図案の調査研究、指導、講演を行います。また「白樺」一三巻九号の「李朝陶磁特輯号」を読み感動します。

一三年、ろうけつ染めを始め、染色教室「このはな会」を主宰、この会は彼の晩年まで活動を続けます。

昭和二（一九二七）年、朝鮮旅行。その旅の往路の船中で柳の「工藝の道」を読み、感動し生涯の転機となりました。この年、柳が浜松の高林、内田とともに北番町の芹沢を訪ね、蒐集品の選択眼に感心します。

三年三月、上野公園での博覧会に出陳の「民藝館」で沖縄の紅型風呂敷（うちくい）を見て感動。

四年三月、京都大毎会館での「日本民藝品展覧会」に所蔵の小絵馬、行燈皿、信楽大皿などを出品します。

四月、国画会展に「杓子菜文壁掛」を出品、国画奨励賞を受賞、翌年もO氏賞を受け会友となります。

六年四月、浜松市外の高林邸内に開館した日本民藝美術館開館式に参列し、静岡への移住間近の式場隆三郎を知ります。

七年四月、第七回国画会展で会員に推薦されます。一一月、京都大毎会館での「染織新作家展」に「伊曽保（イソップ）物語絵巻」を出品し好評を博します。一二月、「工藝」二四号が「芹沢銈介紹介号」として特集され柳、河井、式場が寄稿します。この年、鳥取の岡村吉右衛門が柳の紹介で入門します。

八年三月、倉敷で個展を開き、倉敷紡績の大原孫三郎《まごさぶろう》の知遇を得ます。同月、柳の勧めで倉敷緞通《だんつう》、花筵《はなむしろ》のデザインを行います。五月、松村南明堂階上で「芹沢銈介染色展」が催され、帯側、帯締、座布団、紙ばさみ、クッション、アルバム、壁掛、小屏風などを展示、壁掛けや額装の「伊曽保物語」も出品されました。そして一二月には、東京西銀座のたくみ工藝店の開店に際し、入口の大のれんの制作と内装の設計を行いました。

右に見たように、二〇年間の青年期に芹沢は着実に成長し、柳による民藝の美への理解と、その日常性、実用性と、仕事における協業性、反復性という必要条件を見事にわがものとしたのでした。とりわけ六年一月の雑誌「工藝」創刊から一年間の表紙装丁の担当は、芹沢にとってまたとない体験となりました。

「工藝」初年度の表紙は本染の手織木綿で、それに型染で文字と模様を手染めしたもの。発刊当初の月に五百部という部数がどれほどの修練を課したか彼は語りませんが、のちの「絵本どんきほうて」や「法然上人絵伝」、「型染カレンダー」などの作品がその恩恵を語っていますす。昭和九(一九三四)年以降の、芹沢の多様な仕事の展開については追って述べることになります。

外村吉之介と柳悦孝

つぎに柳に私淑し、キリスト教の牧師でありながら、柳の強い勧めで織物制作の道に入った外村吉之介について述べたいと思います。

外村は明治三一(一八九八)年九月二七日、滋賀県神崎郡五個荘村に生まれました。家は近江商人の流れを汲むといいます。

高校を卒業し、他者に尽くしたいという心が熟して、大正一〇(一九二一)年、日本メソジスト大阪両国橋協会で洗礼を受け、一三年に関西学院大学神学部に入学します。大学卒業後、日本基督教団教師となり、柳と出会ったころは京都ＹＭＣＡの主事を勤めていました。

外村はそのころ、説教台からイエスの教えを説く日常に悩み、絶対的なものへの帰依と

前列左より、舩木道忠、外村吉之介、柳宗悦、濱田庄司、鈴木繁男、坂本万七。沖縄・那覇にて。1940年1月。

人々の暮らしとの接点を求め、ささやかな陶業の炎を燃やしていた丹波立杭の窯場で、職人とともに暮すことを柳に相談します。それに対し柳は「私は君が立杭の窯を守りに行くのを遁世的なたよりなさにしか感じられない」といったといいます。外村は「私は非常な衝撃をうけて一言も言葉が出なかった」と書いています(外村吉之介『民芸遍歴』朝日新聞社刊ほか)。

柳は、これまでの研鑽と体験から、概念的、空想的ではない、実体験に裏づけされた主体の強さを外村に求めたのだと思います。そしてそのころ牧師として山口教会へ赴任していた外村に対し、柳は陶芸を始めるには三〇代では遅いが、織物ならば今からでも間に合うとして、高林兵衛を介して浜松のざざんざ織の平松実を紹介し、実技を学ばせました。

また柳は、京都の黒田辰秋のところで木工の修業をしていた亡兄の子息柳悦孝もあわせて織物を修業させることとし、昭和六（一九三一）年九月から七か月ほど、京都の染織研究家上村六郎の所で化学染料と植物染料の理論と実技を学ばせました。そして七年四月、悦孝も平松工房に入門します。また外村は、浜松の内田六郎の尽力で浜名郡積志村の西ヶ崎教会牧師への転任が決まり、五月、外村、悦孝はその教会に隣接して工房を造りました。このとき外村は三四歳、悦孝は二一歳でした。そして二人は毎日のように平松家に通い、染織の指導を受けながら織物の制作に励んだといいます。

そして早くもその年、七年一一月に京都大毎会館で、芹沢、平松、外村、柳悦孝四名による第一回「新興民藝展」が開かれ、一二月には大阪高島屋で、同じく四人による「染織新作家展」を開き、好評を博しました。そのころの一年半ほどの間に造られた作品の概数は、友人の式場隆三郎の記録するところによれば、カーペット三十枚、卓布二百枚、ネクタイ千本、帯締め二百本、ショール二百本に達するとし、ある時には青木紺屋の助けも借りたという記載もあることから、当初から上加茂民藝協団の失敗を踏まえた、志ある少数者の、新たな民藝協団への取り組みであったと思います。

また式場は、工房の織機について、小幅用、大幅用各一台、他に悦孝考案のネクタイと帯締め用の小機六台であったと記しています（参考資料「工藝」三八号所収・式場「西ヶ崎の教会工房」、同・村岡「外村、悦孝君のこと」、同・柳「同人雑録」及び鈴木直之『遠州の民芸運動とその群像』、『柳悦孝のしごと』女子美術大学美術館）。

さて、次は柳悦孝の略歴を記しましょう。

柳悦孝は明治四四（一九一一）年七月二五日、柳宗悦の長兄悦多《よしさわ》（日本水産界の創始的有力者であった）の長男として千葉県安房郡北條町に生まれました。学習院中等科一年のおり父が関東大震災で亡くなり、以後叔父の宗悦家の保護のもとに育ちます。

昭和七（一九三二）年五月、西ヶ崎に外村と共同の工房を開設し、織物の勉強と制作に励みます。

八年春、房州唐桟の斎藤豊吉を訪ね、木綿織物について教えを受けます。八月、及川全三の招きで、外村と岩手県下の村々にホームスパンの現状を視察します。

九年四月、国画創作協会展に外村と連名で卓布、着尺、帯地を出品、共に新会友に推されます。

なお、九年以降の外村、悦孝二人の動向については、戦前、戦後をとおして多岐にわたりますので、その時期の民藝運動の展開のなかで述べることとします。

雑誌「工藝」の発刊について

さてこの時代、民藝運動をより実体あるものにするために、定期刊行雑誌が企画されました。欧米に渡航していた柳宗悦の帰朝を待つかのように、昭和五年初秋のころから具体化し、六年一月に創刊号が刊行されます。それに先立って公にされた「雑誌「工藝」刊行趣意」（連名発起人・富本、河井、濱田、石丸、青山、柳）のなかで、彼らは、「美からしても社会性

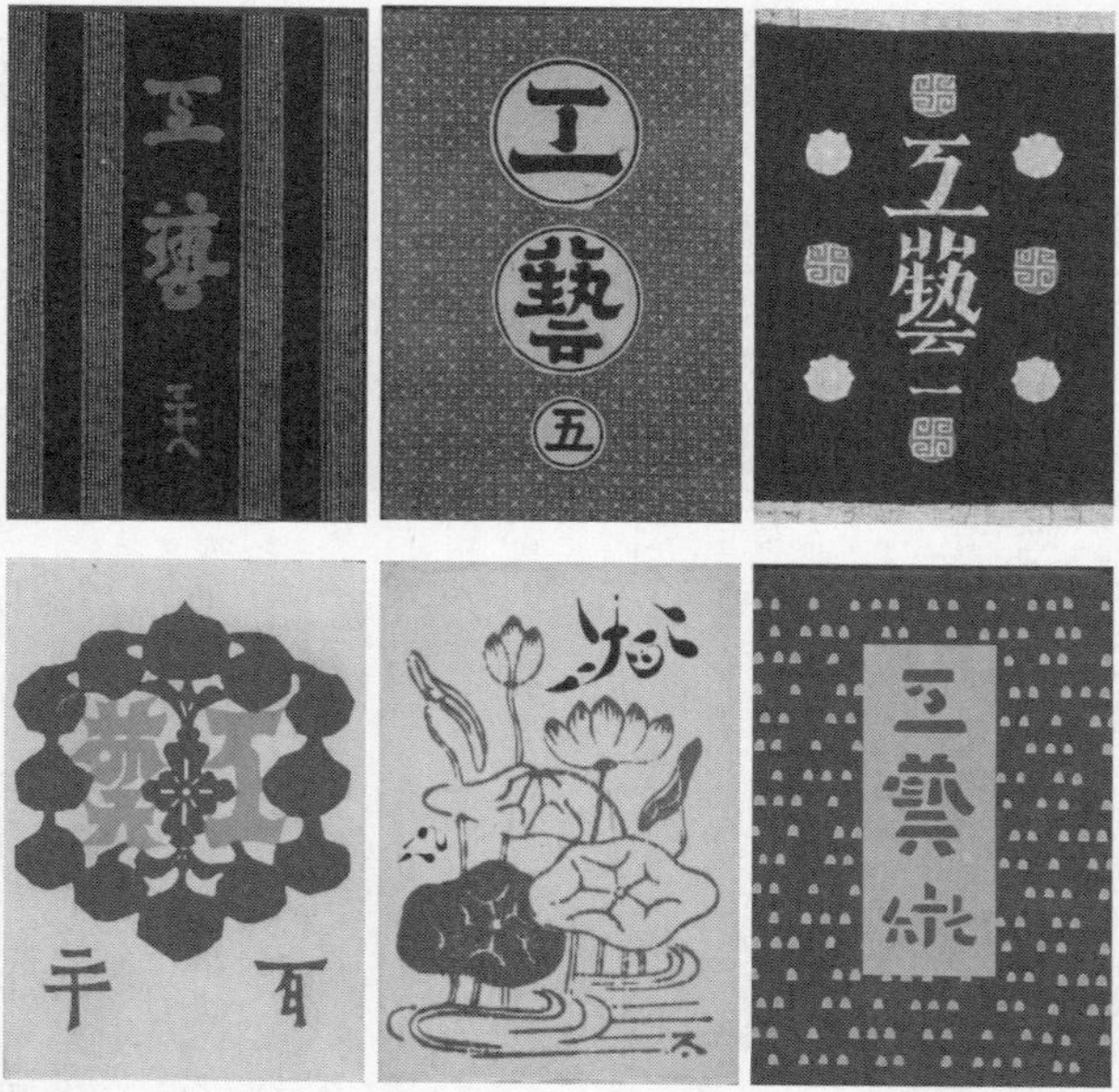

右上／「工藝」創刊号（1931 年 1 月）　中上／第 5 号（1931 年 5 月）
左上／第 38 号（1934 年 2 月）　右下／第 76 号（1937 年 6 月）　中下／
第 98 号（1939 年 7 月）　左下／第 120 号（1951 年 1 月）

からしても、民衆の日常生活に即した「民藝」が工芸の本流であること、従って雑誌全体が殆ど共通な体験の記録であり信念の主張である。単に寄稿からなる雑誌ではない」と明言しています。

柳はそのころ同時進行で、寿岳文章とともに月刊雑誌「ブレイクとホヰットマン」の刊行を企て、同じ月に創刊しています。柳と寿岳は、かねてから書物の装丁、用紙や活字に並々ならぬ関心を寄せていましたが、「工藝」の編集においてもそれは終始、活かされていきました。たとえば、表紙の意匠は芹沢銈介、鈴木繁男、岡村吉右衛門、三代《みよ》澤本寿《さわもとじゅ》、川上澄生《すみお》、棟方志功《むなかたしこう》など、その素材は因州木綿、安来織、遠州葛布《くずふ》、また石井恒、外村吉之介、柳悦孝の手織布、和紙は出雲、野州烏山、武州小川、常陸久慈、陸中十二鏑《じゅうにかぶら》など各地の手仕事の品を用いています。

また各号の主題も、まず昭和六年度分を記すと、一号／石皿、二号／民画、三号／自在鉤《じざいかぎ》、四号／看板、五号／茶碗、六号／丹波布、七号／北九州の徳利、八号／御厨子、九号／陶器の文字、一〇号／山陰の新作、一一号／木工、一二号／牛戸《うしのと》古陶磁

さらに七年度分と八年の三〇号までを記すと、一三号／李朝陶磁、一四号／こぎん、一五号／金工、一六号／土瓶、一七号／小絵馬、一八号／布志名《ふじな》窯、一九号／肥前染付猪口、二〇号／絣《かすり》、二一号／木喰仏、二二号／民画、二三号／朝鮮石器、二四号／芹沢銈介型染、二五号／スリップ・ウェア、二六号／漆器、二七号

／茶碗、二八号／石州雲州和紙、二九号／リーチ、三〇号／籠細工、となっています。

右の選択は、主として柳の意向が強いと思いますが、いまなお作られている産地も多く、民藝運動の熟成と展開の様相を物語って興味が尽きません。「工藝」は第二次世界大戦の影響により長期間休刊を余儀なくされ、昭和二六（一九五一）年一月の一二〇号で終刊となりました。

「工藝」の一二〇号分の主題と内容について詳述することは紙数が許しませんが、一部の主題を記しましょう。船簞笥、赤絵、外村・悦孝の織物、日本の民窯、日本の民藝、琉球の染織、河井・富本・濱田の陶器、築嶋絵巻、朝鮮現代民藝品、日本民藝館、棟方志功、アイヌ織物、東北民藝など。その内容の真価は今なお他の追随を許すことなく、日本の民藝運動と工藝研究の原典とされています（参考資料「工藝」各号、水尾比呂志「解題——「工藝」と「月刊民藝」」ナダ書房）。

13 新作民藝運動の展開

民藝運動の振興は、これまで述べた地方以外でも、昭和六（一九三一）年ころには同志たちの手で勉強会も活発になり、また地方民藝の掘り起こしと新作への指導が行われていました。とりわけ当時不況により経済的に苦境にあった山陰地方では、鳥取の医師吉田璋也と島根の太田直行（慶応大学理財科卒、松江商工会議所理事）が民藝振興の先頭に立ち、柳たちに働きかけたのでした。

島根の民藝振興と太田直行

昭和二（一九二七）年一二月下旬から翌年一月にかけて、柳は河井、濱田とともに、三年三月から上野で開催される御大礼記念博覧会に出品する民藝品集荷のために、東北、山陰、九州への旅に発ちます。このさいの島根陶芸の事情とその後の展開について太田直行は後にこう書いています。

「博覧会の民藝館に陳列する日用雑器を全国から蒐められた時、偶々《たまたま》来陰の柳、河井先生が尺余の雪の中からこの報恩寺《ほうおんじ》窯の陶器を拾い出したのが縁となって、布志名に再び「下手《げて》物《もの》」即ち民藝が甦った。若き陶工舩木道忠は三年間の苦悶から今や朗らかに奮い立った。彼は新しく窯を作って日用雑器の製作に没頭しはじめた。続いて出雲陶器会社（いまの湯町《ゆまち》窯）も若き一陶工福間定義の熱烈な唱導によって多数の工人を擁しながら最も困難な民藝運動に邁進し初めた。また以前に布志名焼を作ったことのある松江の袖師《そでし》窯でも、若主人の尾野敏郎がこれらと呼応して奮起した」（太田直行「布志名窯の今昔」『工藝』第一八号）。

太田は河井寛次郎と学友であり、古くからの知己でしたから、柳たちの初の来訪の際も同行し、それ以後もあらゆる協力を惜しみませんでした。柳たちの来松によって松江の三窯は志を立て、民藝の道をひたすら信じて日用の器を作りつづけ今日にいたっています。

もうひとつ、松江ならではの話を紹介しましょう。

柳と河井の松江訪問にあわせて六年八月四日、太田主催の「民藝晩餐会」が開かれました。この会は「柳氏の提案によって一夕松江の皆美館で開いたが、列座の人々には将来民藝運動の進展上関係ある官民の有力者のみを選んだ。この会は「正しい工藝」は必ず用と結びついているのだから、直に物を使って見せるのが一番早分りで間違いないという理念から試みられたもので、果たして来会者はいずれも「ぼてぼて茶」の前奏曲から最後の曲目の薄茶に至るまで賛辞と歓喜の連発であった」、と太田は記しています。この晩餐会の使用器物はすべて布志名焼など県産の正しい工芸品を用い、また床の掛物には広瀬絣の鶴亀などの絵絣を仕立てるなど、柳自らが工夫をこらしました。

ちなみにこの日の出席者は、柳、河井、吉田璋也、松崎県内務部長、高安日銀支店長、恒松県会議長、土谷市会議長、大場商工課長、金子工業試験場長、原本虎一郎（素封家、蒐集家）、それに世話人の楠五朗大阪毎日支局長、太田ら計一三名でした。民藝運動初期の、地方名士の協賛の、あるひとこまであります。

太田直行は昭和の初めから一〇年前後まで、島根の伝統工藝の発見、歴史的調査とその発表、またその振興においても、終始民藝の同人の一人として行動し、柳、河井、濱田の篤い信頼を得ました。太田の手がけた島根の工藝品を、発表順に記して見ましょう（太田直行「地方工藝の将来」「工藝」第一〇号、ほか）。

六年・喜阿弥《きあみ》窯、七年・布志名窯、出雲のぼてぼて茶、広瀬絣、出雲団扇《うちわ》、八年・竹矢村の藁箒、雲州・石州紙考、出雲の紙、九年・双樟《そうしよう》窯、袖師窯、湯町窯、喜阿弥のその後、石見の粗陶器、などであります。

また、太田の編纂した『島根民藝年鑑』の昭和七年の項によると「一月六日、鳥取の吉田璋也氏を訪い本年度の山陰民藝運動について協議し、同夜は吉田氏と柳宗悦、高林兵衛両氏を迎えて深更まで港屋との取引について話合った。翌七日は柳、高林両氏と帰松。八日は両氏を湯町、布志名、袖師等に案内して港屋向きの品を選定して貰った」（太田『島根民藝録』島根民藝会、一〇年二月）とあります。

右のほか、太田の記録では五月五日からの大阪南海高島屋での「山陰民藝展」のことや、初日夜の柳、河井、吉田、高林、太田による「島根民藝の今昔」と題する座談会のこと、また同月二六日からの濱田庄司による松江、石見地方の窯での指導などが記されています。そして同二九日の夜、皆美館において濱田を歓迎かたがた「島根民藝会」の発会式が行われました。出席者は濱田、楠（大毎）、森永重治（米子織の創始者）、中村和（県工業指導所紙業部）、河井善左衛門（寛次郎の兄、木工家）、金田勝造（金工家）、尾野、舩木、福間、安部榮四郎（出雲和紙）、などでした。

この後も山陰民藝振興のための活動や、各地での展覧会は引き続いて行われましたが、とりわけ特筆されるのは、折から来日中のバーナード・リーチの、昭和九年八月一日から一三日間の松江滞在でした。リーチは玉造温泉に宿をとり毎日舩木工房や湯町窯で制作に励み、また座談会や寿岳文章《じゅがくぶんしょう》との和紙工房探訪など精力的に過ごしました。リーチのこの年と、戦後の一九五三年からの七回ほどに及ぶ再来日のおりの各地での動向についてはあらためて記したいと思います。

吉田璋也と鳥取の新作民藝運動の発端

右に述べたように、昭和になってからの、島根の民藝運動の密度は濃く、また六年からは吉田璋也の鳥取への帰郷もあって、山陰での民藝の活動は、いっそう活発になりました。

吉田は、鳥取生まれながら、新潟医専に学び、京都大学医学部医員となり、昭和二年京都大学で医学博士の学位を取得しました。そして大阪大同病院で耳鼻科医長を勤めたのち鳥取に戻り、昭和六年一月、鳥取市本町三丁目に吉田医院（耳鼻咽喉科）を開業しました。

吉田は、柳宗悦の我孫子時代や、関東大震災のあとの京都時代にかけて、学友の式場とともにしばしば訪れ、その影響を強く受けましたから、帰郷して間もなく市内の陶器店（南明堂）で渋い味わいの五郎八《ごろはち》茶碗を見つけると、早速それを作ったという牛ノ戸《うしのと》窯を訪ねました。そこは水甕、片口、丼、皿、茶碗、徳利、すり鉢などの日用の雑器のみを年に四回ほど焼く窯場でした。吉田は新作品よりも二階の物置に積んであった先代の作の方がはるかに良いのを見て、その釉薬や模様を活かしながら、現代の生活に合った日常の食器のひと通りを作らせることにしました（吉田璋也「因幡の民芸品試作」「工藝」第三号）。

そして六年五月九日夜の柳による「民藝について」と題した講演の翌々日、牛ノ戸窯の第一回窯出しには、柳、吉田、金子鳥取高等農学校教授、山本龍蔵（後に東京たくみ初代社長）らが立ち会い、柳、吉田によって選ばれた一等品数百点は各地の民藝展覧会で展示即売され、好評でした。

さらに第二回の窯出しが八月九日に行われました。これについては柳宗悦の言葉を借りましょう。

「続いて第二回開窯があり、同一二、三の両日、その製作品の展覧が商工奨励館で開かれ、即売された。一二日夜吉田君の本宅で、知事をはじめ県の有力者を招待、令夫人の手料理で全部牛ノ戸作の食器を用い晩餐会があった。河井、柳両人も参列、京都の村岡君、東京の水沢君、松江の楠君も参加、大に賑やかだった」（柳「編輯余録」「工藝」第九号、六年九月）。

そしてこの成果は、「一つに吉田璋也君の努力による。あわせて鳥取民藝会同人の尽力による。私も日本各地の窯をかなり知っているが、一つの窯からかくも多様な品々が多様な装いで作られ、現に作っている民窯は他にはない。今度気づかれた多少の欠点を次回の窯で改め、秋にでもなったら東京や京都で会を開き広く紹介したい。若し島根、鳥取両県の此の仕事が栄えたら、日本における工藝運動の先駆となるであろう。そうして山陰を発端に各地に普及を計りたい念願である」。

さて、伝統民窯で試みられた新作食器への実験は、ひとつには次第に広まりつつあった都会生活への対応でした。ここで上田喜三郎による牛ノ戸窯当主の小林秀晴（窯主として四代目）への聞き書きの一文を見ましょう。「民芸品っちゅうとねえ。昔作っとった素朴な、伝統のある材料を使いつつ、実用を基本にした美しい物を作るんだということが目的だったと思いますが、初めてですから、いろんな試作をやったわけですわなあ」（上田喜三郎『陶工職人の生活史』御茶の水書房）。

そしてまず手作りのコーヒー茶碗を作ったところ、どうしても取っ手の部分が上手くいかない、これは島根の宍道湖畔の三つの窯も同様で、小林は後にバーナード・リーチが山陰に来た際に、実地の指導をいただいたと語っています。また従来の地域的な実用品も作りながら、コーヒー碗、紅茶碗、ソース注、洋皿、ピッチャーなどの卓上食器に重点を移していきました。

鳥取の新作民藝品としては、陶器ではほかに牛ノ戸の脇窯としての中井窯があります。この窯は戦後に中井傍郎、実男父子によって築かれた新しい窯でしたが、牛ノ戸の小林窯に学び、吉田璋也の指導を受け、さらに戦後には柳宗悦の長男で工業デザイナーの宗理と深くかかわって、従来の因幡の陶器にはない現代的な造形感覚の品々を生みだしました。地方民窯の今後の在り方として注目されていい窯と思います。

また因幡地方が江戸時代から養蚕が盛んであったことから、その時代でも屑繭から糸を紡ぐ横山千代という人を吉田が雇い、吉田や柳の蒐集した古い織物から、一年ほどもかけて織り方や柄を学ばせたといいます。柳の記録によると、昭和七年に大阪毎日新聞主催の民藝展で、太い玉繭で織った横山の作品が一等をとり、柳の親友の山本為三郎の買い上げとなったと記しています。また「ににぐり」という太糸を使った手織のネクタイも一世を風靡するほど流行りました。

そのほか吉田がかかわった新作民藝で、広く知られたものに家具と木工の仕事があります。吉田は医学生のころから、医療器具や身の回りのものに凝り性であったと京大時代の恩師星野貞次が書いていますが、彼自身の工夫による新作の木工品は、初めは自ら使用する診察用の椅子などから始まったといわれます。

吉田は家具木工職人を早朝家に呼び、暇を見て工房を訪ね、製品は必ず自ら使用し、少しでも使い勝手のいいものをと心がけました。そういった吉田の心ざしが職人たちに通じない訳はありませんでした。

吉田の案にもとづいて作り手として椅子、卓子、箪笥、食器棚、行燈、状差、運び盆、パン切り盆、電気スタンド、帯留め、などを制作し続けた主な職人や工房の名を最後に記しましょう。辰巳木工、虎尾政治、福田祥《あきら》、茗荷定次など（参考資料「工藝」各号、吉田璋也『有

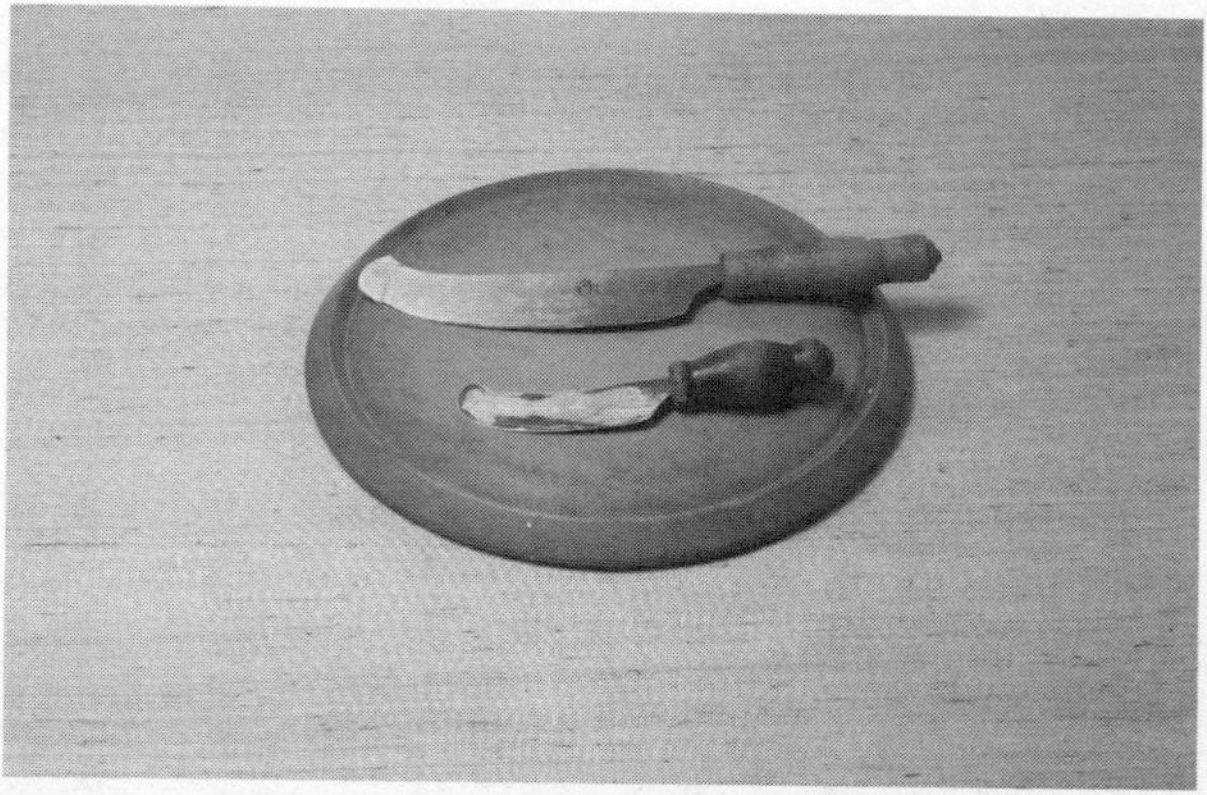

上／「パン切り台」制作者不詳。「パン切りナイフ・果物ナイフ」丸金・蔵多。鳥取民藝美術館所蔵。
下／「民賞椅子応接セット」辰巳木工。鳥取民藝美術館所蔵。

輪担架』牧野書店、鳥取民藝協会編『吉田璋也――民芸のプロデューサー』、同『吉田璋也のものづくり』、牧野和春『吉田璋也と鳥取県の手仕事』牧野出版、『吉田璋也の世界』鳥取民藝美術館)。

民藝の新作活動における誤解と問題点

これまでに述べたように昭和になってから民藝運動は、遠州浜松地方や山陰地方における染織や陶器、木工を中心にした新しい民藝品の制作と発表が一方の軸となりました。のちに柳悦孝は当時を回想して、宗悦の次の言葉を引用し自戒としています。

「私達は過去との繋がりよりも、未来との繋がりが一層重要であろう。過去を愛するのは未来を正しく生む為ではないか」(「民藝館の出来た頃」「月報」『全集』第六巻)。

右の柳の思いは、そのころすでに河井、濱田、高林、吉田、芹沢、外村、太田など仲間の多くに共通した認識でした。そして民藝館の開設とともに、新作民藝品の販売のための店を各地へ設けることも課題となりました。「水沢」や「港屋」の開店もその一つですが、しかし個人的な仕事や資本家の関与、また新作民藝に関する認識の微妙な相違などもあって、次第に同人たちの一部に違和感が生じた部分もあったと思います。

これについては浜松の鈴木直之が外村や平松、柳悦孝への聞き書きも含めて、丁寧な考察を加えています。鈴木はその論稿「遠州の民藝運動とその群像――草創期の苦悩と実践の記録」のなかで「柳氏は高林氏の援助する「港屋」について、営利主義に流される危険を感じて、純粋な民藝運動に商人が介入することは、運動そのものを堕落させるという批判を周囲の人たちに伝えていた」と記しています。

また鈴木は、高林が浜松の日本楽器の鳥谷成雄漆部長に依頼して制作させた茶托などの小木工品についての柳の否定的見解や、昭和六年一一月に高林が平松実経由で伝えた三越へ民藝品売場を出したいという提案を、柳が認めなかった話を書いています。さらに、鈴木の論稿によると、高林は「懇意であった松永安左衛門（電力王）に理解と協力を求めて理想郷の民藝村構想を示し、埼玉にある五千坪の土地の提供も約束されてこの朗報を柳に伝えたところ、柳は「自分は財閥からの援助は受けぬ」の一言であった」と記しています。

また外村吉之介は後に次のように書いています。

「芹沢さんは高林兵衛氏とも親しくて、高林氏は絶えず芹沢作品を誉めて喜んでおられたが、次のような悲しい話があった。それは東京から京都へ帰られる柳師に、浜松まで同乗された高林氏の口から「芹沢の仕事もこのごろよくなりました」と言われたのに対して、柳師が「それは君の言う立場ではあるまい」と戒められたのが、高林氏の心証をひどく害したと師から聞いたのである。その後間もなく、高林氏は自邸の民藝館問題を取止めにし、柳師から預けられていた多くの蔵品を、西ヶ崎の外村宅に押送されたのである。彼と悦孝氏との生活は、それから狭間の中のような辛苦のものとなった。このような悲しい事情が知られなければ、遠州の民藝館が幻に終わった謎は解けない」（外村吉之介「ある民藝運動者の来し方・行く手II」「民藝」昭和六一年八月号）。

さて、浜松の高林邸に設けられた「日本民藝美術館」は開館から二年ほどの八（一九三三）年五月、館を閉じます。その理由について柳も高林も語ってはいません。しかし多くの民藝同人とは違って高林は柳に対し師弟関係にはなく、知ったときには社会事業家として、蒐集家としてすでに名があったことから、同格意識からくる感情の行き違いと、物に対する目の違いが二人の離別を導いたのではないかと私は推測します。

14　民藝と流通

鳥取民藝振興会と職人たち、たくみ鳥取店の開店

現代の暮しのための民藝品新作の試みは、すでに述べたように展覧会が主な販売の場であったため、制作指導した製品が継続して売れる見込みが立たない悩みがありました。吉田璋也は次のように述べています。

鳥取には伝統そのままでよいという民藝品は見当たらず、しかし伝統ある手法とそれを伝える職人と、よき材料が残されていた、と書いています。つづけて「陶器、木工、染織、金工、竹工、漆工、紙、と各々この地方の材料を生かして新しい民藝品を、職人を督励して造らせたのです。兎に角品物は相当に出来ました。そしてその上仕事を続けて行くうちに部門の違った職人同士の間においてもお互いに連絡を生ずる機会多く、遂に職人仲間に民藝の仕事をする者のみの一つの団結が自から出来上ってしまいました。そしてたとえ部門は違っても同じ気持ちで、制作には、使い手に親切な品物をと精進することが始まりました」。

そして、吉田の熱心な指導のもと、地元の指物師には箪笥や机などの家具を、欄間彫刻を得意とする大工には煙草入、状差、電気スタンド、椅子などを作らせました。これらの家具

木工の仕事は、気候の違いからくる木材の乾湿に悩みながらも、戦後は民藝の愛好家に親しまれ、吉田のデザインによる拭き漆塗りの応接セットが、昭和三二年に日本民藝館賞を受賞しました。

またそのころまだ盛んであった養蚕農家からは、屑糸から引き出した紬糸を集めて、意欲のある紺屋で植物染料（阿波藍、黄はだの葉、桃皮、刈安《かりやす》、五倍子《ごばいし》など）で染め、先に紹介した横山千代の仕事を参考にしてその出身の村で、木綿の地糸も含めて、帯地、ネクタイ、ハンドバッグ、カーテン、洋服地などを織らせる計画を立てています（参考資料　吉田「因幡の民芸品試作」「工藝」六年一〇月号、同「鳥取民芸振興会とたくみ」「工藝」八年三月号、ほか）。

さて、柳たち民藝同人による新作民藝品の流通機構の整備は、いくつかの試行錯誤を経てようやく着実な一歩を踏み出します。また吉田の新作民藝の計画は、彼が耳鼻咽喉科の開業医という多忙な身であったに拘わらず、いやむしろだからこそ、彼の友人や職人の間に次第に強い共感や支持を得るようになったのでした。

そして、その新作民藝の制作と流通の仕事の中核として、職人たちの一部負担金も得て、吉田と彼の友人たち（山本龍蔵、柴田俊太郎、徳田泰次郎そのほか）の出資（五千円、今の一千万円位）のもとに資本家と職人が一体となった匿名組合、鳥取民藝振興会（会長山本）が昭和七（一九三二）年六月一日に設立されました。

そして同日、その販売店として鳥取市内の若桜街道筋に「たくみ工藝店」が開店しました（販売担当は松村直一、岡村友信夫妻、いずれも染色家岡村吉右衛門の縁籍）。吉田によれば、会計、決算などは理財に明るい二、三の人たちが協力し、また十数人の職人（作り手）たちは自然に団結するようになった、と書いています。

また柳の文章「吉田君の進み方」によると、吉田は鳥取の民藝だけではなく、「随分友達の為にも力を尽くした。河井、濱田、富本、芹沢、外村、舩木、柳悦孝等々、皆吉田君の肝煎で鳥取で個展を開いた。（中略）リーチも招かれて滞在し、一緒に仕事を謀《はか》った」。右の事情を要するに、民藝の流通は、その当初から伝統と新作の民藝品の販売、そして民藝の美とその運動に共感する、個人作家たちの作品を広めるための仕事であったといっていいと思います（参考資料「工藝」吉田前掲文、吉田「たくみの発生前後」「月刊たくみ」一二八年一二月号、柳「吉田君の進み方」、鳥取民藝協会編『吉田璋也――民芸のプロデューサー』牧野出版、そのほか）。

ところで、たくみ鳥取店は、昭和九年の吉田の大阪高等女子医学専門学校教授、京都大学講師などの医業と、一三年六月から終戦時までの軍医としての中国北部への召集によって少なからぬ影響を受けます。しかし吉田自身は北京への赴任中も、持ち前の好奇心と中国の民藝品への関心から多彩な活動をしています。終戦後は、吉田の帰国により「鳥取民藝美術館」の開館や、地元民窯の器を使った元祖しゃぶしゃぶの店「たくみ割烹店」の開業など、多角的な展開をみせ、八十年を経た今日も健在な姿を見せています。

さて、ここで二つの「たくみ」が開店する昭和七年六月から翌八（一九三三）年一二月までの、ほぼ一年半の柳宗悦と山陰地方民藝の概要について見ましょう。

鳥取市若桜街道筋に開店した「たくみ工藝店」。1932年。鳥取民藝美術館蔵。

昭和七年六月六日、大阪南海高島屋工芸部主任三好富之助来松、松江の工房を探訪。翌日、柳、濱田両氏来松、八日は市内及び湯町方面にて昼夜とも民藝についての打ち合わせがなされる。

六月二三日、鳥取「たくみ工藝店」開店披露宴。

八月一七日、柳、松江来訪、小集会。翌日より清水寺蓮乗寺にて著述に専念。「民藝の趣旨」など。

一〇月一日、倉敷にて「鳥取新民藝品展」開催。

一〇月二六日より大阪南海高島屋にて「山陰新民藝展」開催。賀陽宮殿下が来会され御下問があった由。

一一月九日より京都高島屋にて「山陰新民藝展」開催。太田、船木、安部、福間が京都に出張。

昭和八年二月一日、柳、来松、山陰各地を歴訪。

四月五日、安来民藝協会（会長原本）が設立。

五月、柳は京都から東京小石川久堅町二六番地に転居し、同月、専修大学教授となる。

同月、浜松高林邸に設けられた日本民藝美術館が閉館し、同人たちによる展示品が撤去される。

九月、柳は京都、山陰、山陽を歴訪。

一〇月二〇日より南海高島屋にて「全国綜合民藝展」開催。尾野、安部の両人が大阪へ出張。

そして、その年一二月、柳、富本、濱田、芹沢ほか民藝同人の有志が東京に集まり、たくみ東京店の開店準備を手伝い、一二月一六日、東京銀座西八丁目三番地（当時）に「たくみ工藝店」（登記名は株式会社たくみ）東京店が誕生しました（参考資料　柳宗悦、吉田璋也、太田直行、各前掲書ほか）。

右に述べたように山陰地方における新作民藝の試みは、柳たち指導的立場にあった人たちと、作り手との間に強い信頼関係を生み、製品の買い取りなど仕事の永続性を保証する制度が取り入れられるなど、地方の作者にとって希望の持てるものでした。その点で商品のバイヤーとしての特徴の濃かった「水沢」や「港屋」とは、性格を異にするものでした。

しかし吉田が後に回想しているように、たくみ鳥取店と地方百貨店での展覧会だけでは販売力が生産力の増大に追いつかず、運営上の問題点も生じていました。そこで以前から東京に拠点を設けたかった柳や濱田たちからの働きかけもあって、日本全国の民藝品を取り扱う店として、東京に民藝運動の中核としての店が誕生したのでした（吉田「たくみの回想とその使命」「月刊民藝」第九号、昭和一四年三月号）。

株式会社たくみの設立と東京店の開店について

昭和八（一九三三）年一二月一六日のたくみ工藝店東京店の開店は、単に銀座に民藝品の小売店を開いたというだけではなく、翌年から大手百貨店でつづけて開かれることになる、大規模な民藝展の準備も視野においてのことでした。東京中心部での開店は当然大きな資金が要ることゆえ、鳥取と同じく借家店舗による発足となり、八年半ばには地主（履物商の阿波屋）と賃貸借契約書が交わされました。当然内外装とも手直しが必要でした。

柳宗悦、吉田璋也の記した記録によると、なまこ壁を採用した外面と構造の基本設計は柳

「たくみ工藝店」東京店内。中央が初代荻原直正店長、1933年。鳥取民藝美術館蔵。

と濱田庄司が担当し、木造三階建（当初は二階）に大改装しました。また正面の大幟の店名などの意匠は富本憲吉が受けもち、開店の半月ほど前に静岡の芹沢銈介の染色工房で、富本立ち会いの上完成したといいます。この合作「幟」については、たくみ開店五〇周年記念「芹沢銈介展」のおり、芹沢はたいへんに懐かしがっていました。また店内装飾も芹沢の担当でした。

たくみの東京進出により鳥取の匿名組合は発展的に解消し、新たに株式会社として翌年七月登記され、社長に山本龍蔵が就任しました。東京店新装オープンのさいの展示品については詳しい資料はありませんが、その前後の年の民藝同人の地方探訪や、高島屋、松坂屋などでの大規模な展覧会の内容からみて、かなり多くの品々が集められたと思います。それとともに大都会での開店ですから、宣伝にも力をいれ、次のようなリーフレットを広く配布しました。

工藝店たくみ

「私達は兼々希望していた性質の店が東京の中央に出来た事を喜ぶ者です。ここは他の店と違って正しい筋の通った新作物だけを各地から揃えようとするのです。省みると地方には未だ健全な品物が相当に残っています。その中には紹介されていい品物が多いのです。それに近頃新たに計画された民藝品が各地に興ってきました。それらを一ヶ所に集めて広く世に送る役割を務めるのが此の店の主眼なのです。

それには正しい品物と、いい買手の仲立ちとなる店がどうしても必要です。「たくみ」は此の役を背負って起こった店なのです。此の仕事が発展すれば工藝界に尽す所が大きいので、吾々も出来るだけかかる企てには加担したく、また多くの方々にも御援助を希う次第です。

昭和八年十二月初旬

富本　憲吉
河井寛次郎
濱田　庄司
梅原龍三郎
志賀　直哉

芹沢　銈介

柳　宗悦」（一部省略、全文は『全集』第一〇巻）。

前記の挨拶文の連名発起人に山陰の吉田と太田の名がないのは、両人がほかに地域での公的職業を持ち、上京する時間的余裕がなかったことによると思います。またそのころさほど知名度のない芹沢については、柳は彼の創造的な仕事と、型染という繰り返しの仕事の融合を、たくみとの協力で発展させたいという願望があったからではないでしょうか。

ここで、東京たくみ開店にまつわるいくつかの挿話を紹介しましょう。

一つは栃木県益子に登り窯を築き、作陶に励んでいた濱田庄司の助手であり若き同志でもあった佐久間藤太郎《とうたろう》についてであります。そのころ誠実な人柄で周囲に愛されていた藤太郎は、家業の土瓶、すり鉢、かめなどのかたわら、濱田に傾倒して皿、湯呑、飯椀、ピッチャー、花瓶、火鉢などの卓上食器やリビング用品を制作していました。

そして昭和七年五月、大阪毎日、東京日日新聞社主催で「産業美術運動民藝品展覧会」が開催され、藤太郎が大毎、東日賞を受賞（審査員は岡田三郎助、山本鼎《かなえ》、柳、河井、濱田、岩井でした）。そのときの審査員の寄せ書きに柳は、「精々窓絵土瓶お作り被下度候」と民藝の平常心を失わないよう一筆添えております。

「八年一二月の「たくみ」の開店は藤太郎にとってまことに幸いであった」と友人塚田泰三郎（栃木民藝協会会長、古時計蒐集家）はその著作に述べ、さらにこう続けています。「民藝品は、初めの頃は父親にかくれて作っている程であったが、たまに売れてもそろばんに合う仕事ではなかった。それが東京に「たくみ」という販売機関が出来たので、銭になる仕事にまで民藝陶器がのし上がったのである。たくみでは藤太郎の作る物は、すべて買い取ってくれた。皿、角鉢、湯呑、飯椀、花瓶、ピッチャー、火鉢などである」（塚田泰三郎『佐久間藤太郎――人と仕事』東峰書房）。

しかしたくみ東京店の台所は、開店以来火の車だったのです。たくみ開店の七カ月半ばかりあと、昭和九年八月二日付で、柳宗悦から倉敷の武内潔真《きよみ》（大原美術館初代館長）に宛てられた書簡が、柳全集（第二一巻中）に出ています。その一部を次に記しましょう。

「（前略）越中の旅から帰り、貴兄の濱田へのお手紙を拝見致しました。早速たくみにも参り、話しておきましたが、この四、五ヶ月は店の方も大試練に逢い、やっと落ちつきかけ、この秋頃からやや仕事らしい仕事を始めるかと存じます」と前置きし、「たくみの値つけは原則として一、四三を原価にかける事にきめております。もとが一円のものだと一円四十三銭に売ります。店は百貨店及び他の小売店にも卸しますが、その際は売値の八掛け故、たくみの口銭は十四銭五厘となります。松坂屋の場合は三割とられたので、たくみの利益は僅かなものでした」と記し、理解を求めています。そしてさらに、たくみは「一見工人を搾取する仲介者と思われますが、事実はそうではなく」と柳自ら弁明をしています。

この会は伊東屋での「倉敷新民藝品展」のおりのことで、柳によれば運賃たくみ持ち、完全買い取りという条件ですから、職人への支払いも遅延勝ちで、その処理が最後には柳のところに持ち込まれたという事情も、きっといつものことだったのでしょう。

15　日本民藝協会の設立

たくみ東京店　初期の仕事と社員たち

満を持した「たくみ」東京店の開店は、前の年からの柳たち民藝同人による民藝品の集荷や、作家作品の展示会の企画に加えて、百貨店における大規模な展覧会も計画されました。しかし開店一か月ほど前に新規採用された社員たちでしたから、先に述べた「倉敷新民藝品展」の際のような齟齬もあって、何もかも先生方から教わりながら、一生懸命準備に励んだことでしょう。

ここで当初のたくみの社内体制について述べておきましょう。株式会社たくみの初代社長は、吉田璋也の友人で三井鉱山の幹部社員であった山本龍蔵でした。店長は初代の荻原直正が半年で急逝され、次の大庭敏太郎も続かず、吉田のたっての要請で昭和一〇（一九三五）年二月から浅沼喜実が就任しました。

この浅沼喜実という人はそれまでの民藝同人とはかなり違った思想と経歴をもった、きわめてユニークな人柄でありながら吉田と柳宗悦に信頼され、一一（一九三六）年一〇月二四日の日本民藝館の開館のあと、館の組織体制が整備された際に、評議員に任ぜられています。

彼の人柄を知るために、彼自身の記した記録「「私の歩んだ道」浅沼喜実」（「日本海新聞」五九年七月二三～八月二一日まで連載）から抄録しましょう。

浅沼は明治三九（一九〇六）年鳥取市生まれ、京都の三高から東京大学法学部に入学。大正時代末の金融恐慌による農村の小作争議への関心から社会科学研究会に入り、その後左翼系の新人会に加入して「万人平等の理想社会が今にも実現すると、若気の至りで思いこんでいた」と書いています。時あたかも日本が帝国主義列強の一角に食い込もうとしていた軍国主義の時代でした。

昭和三（一九二八）年三月の東大卒業の直前に三・一五の共産党大検挙があり、そのあと日本農民組合新潟県支部書記を勤めましたが、引き続く四・一六事件で共産党の協力者ということで検挙され、五年二月、懲役二年執行猶予四年の刑を言い渡され、仮釈放されました。夫人は駒井玲子といって、新劇の女優、資生堂のマネキンなどで知られ人気だったといいます。そんなことで銀座に住み、東京たくみにも顔を出していました。

昭和一〇年一月、浅沼がたくみの山本龍蔵社長の遠縁であり、真面目な人柄だということから鳥取の吉田璋也と柳が相談し、東京たくみの店長を委嘱しました。そのとき浅沼は二九歳、開店時、濱田庄司の引きで鳩居堂からきた鈴木訓治も同年で濱田、柳の薫陶を得て、各地の民藝品の仕入担当として活躍しました。社員はほかに若干名でした。

ところで、昭和の、もっとも国家主義的統制の厳しかった日中戦争の時代に、治安維持法違反で二年も投獄された左翼青年を会社の実質的代表に起用した、柳と吉田のリベラルな思考と信念を記さずにはおられません。浅沼は、「私は農民運動に入ったほどで土の香りのする手仕事、郷土的なものが好きだったので」初対面で引受けたと記し、つづけて「私は三人の男性社員とともに、休日もなく夜まで働いた。作家といわず全国の工人達といわず、店に持ちこまれる作品を一生懸命に売った。……（就任）二年目にして店が黒字になったとき、山本社長は私を昼食にさそって、手を執って涙をこぼされた」と回顧録に書いています。

吉田璋也もまた次のように回想しています。

「『たくみ』東京店は、とにかく三代目の店長、浅沼君の赴任をみて、漸く店らしい店になった。昭和一三年の六月、私は『たくみ』の使命について、たくみは斯《か》くあるべきだと夢物語のような一文を『工藝』に届けて、応召出征した（軍医として）。その後鳥取の『たくみ』本店は昭和一八年の鳥取地震で家屋が倒壊すると共に、本店を東京に移してしまった。この地震の時社長の山本翁も自宅で家の下敷になり他界された。全く哀惜に堪えない」（吉田「たくみの発生前後」「月刊たくみ」一二号、昭和二八年一二月）。

吉田の軍医としての北京赴任もあって、浅沼は昭和一七年のたくみ増資の際に、社長代行として株券の裏書をしています。

民藝同人の拡がりと民陶小鹿田皿山のこと

さて、たくみは九年一月から東京店の二階で、小規模ながら「富本憲吉染物試作展」（制作は芹沢工房）、「芹沢銈介型染個人展」、「東北の荒物展」、「小川の和紙の会」などを開催しています。百貨店では二月に高島屋東京店で「新民藝品展」を開き、三月には上野松坂屋で、民窯のすべてを網羅した「日本現代民窯展覧会」が開催されました。出品作品は九千点にも及び、柳たち多くの同人たちの自らの足による集荷で、「工藝」誌三九号の増刊号として「日本の民窯特集号」が刊行されました。

これらの会はもとより柳たち民藝同人の指導により地方各地に生まれた、新しい仲間たちの協力によりました。その主な組織や人々で未紹介の名を柳の文章によって記しましょう。島根民藝協会、安来民藝協会がすでに活動をはじめ、また岡山倉敷では「三橋玉見、武内潔真、林桂二郎諸氏の配慮で倉敷工人達からさまざまな新作が生れた」と陶器の酒津焼や花筵（三宅松三郎）、倉敷緞通などを挙げています。花筵と緞通は、その前後に岡山県の経済部長をつとめた山口泉から柳への依頼で芹沢銈介と外村吉之介が模様の図案にかかわり、いまなお倉敷名産として知られています。

「武州小川の和紙については、水谷良一（商工省統計官）、山口泉、芹沢氏らの協力が結果を生んだのである」。またそのころ「木村産業研究所（青森）と吾々の関係も濃く、大川亮氏（筆者註・青森における民具の保存と研究の功労者）の長年の努力、高橋一智君（京都の陶芸家河井寛次郎の弟子）の陶器、横島直道君の植物染料の研究など、着々業績を挙げつつある。南部における小井川潤次郎氏の仕事（南部菱刺ほか）もしばしば吾々と交渉があった」（柳宗悦「民藝館の生立」「工藝」一六〇号）。

以上の柳の文章によっても東京のたくみ開店のころには柳の地方探索は山陽や東北地方を

かなり網羅していることがわかります。また柳たちは北陸、四国、九州の各地も探索していますが、私はここで九州の日田皿山《ひたさらやま》の民陶の柳による発見を特筆したいと思います。

昭和六（一九三一）年四月、柳宗悦はかねてから関心のあった大分県日田の小鹿田《おんた》皿山を、車も通うことのない峠道を歩いて訪ねました。そのあとに記した柳の言葉を紹介しましょう。「四年ほど前に戻る。私はかつて久留米の一軒の陶器屋で不思議な品々を見つけた。それはどうしても今出来のものとは思えない。それほど手法が古く形がよく色が美しい。或ものは遠く唐宋の窯をさえ想起させた。心を惹かれ乍《なが》らそれらの数々の物を棚から下ろした時、凡《すべ》てが同じ一つの窯で焼かれているのを知った」（柳宗悦『日田の皿山』日本民藝協会、昭和一七年）。

さらに続けて、「北九州の、あの慶長頃から元禄にかけて旺盛を極めた朝鮮系の焼物が、今日殆《ほとん》ど煙滅し去った時、ひとりこの窯ばかりは伝統を続けて今も煙を絶やさないからである。あの三島象嵌《ぞうがん》が略化されて、之《これ》が白絵櫛描きの法に転じたことは誰も知るところである」。

そして柳は、皿山で陶工や古老たちから聞いた窯の由緒、多様な技法、天然の釉薬の調合、窯の現状などを記録しています。昭和初期の窯主は九人でしたが、平成の今も十家と変わらず、基本的には昔通りに、黒木、柳瀬《やなせ》、坂本、小袋《こぶくろ》の姓の陶工たちが、今日の時代の要望に適応しながら日常の器作りに励んでいます。

日本民藝協会の設立と高島屋での「現代日本民藝展」

さて、民藝運動の急速な展開は販売組織としての「たくみ」だけではなく、出版や啓蒙の、そして何よりも対外的な役割を備えた法人組織を必要としました。そこで株式会社たくみの法人登記（九年七月）に先行して同年六月に日本民藝協会が設立され、柳宗悦が会長に就任しました。また雑誌「工藝」の発行人を聚楽社から日本民藝協会に移し、事務所を東京本所厩橋の浅野長量方（源光院）におきます。この浅野は浄土真宗の住職で柳に私淑し、式場隆三郎とも親しく後に機関誌「月刊民藝」の編集発行人となりました。そして柳宗悦逝去の際の日本民藝館葬では導師を勤めました。

これらに関する柳の報告を以下に記しましょう。

「期が熟して今度「日本民藝協会」を設立するに至った。「工藝」を月刊し、年々各種の展覧会を催し、地方には幾つかの民藝会が設けられ、製作は急速に量を加えた。その必然の結果として店舗「たくみ」が東京で工藝店を開くに至った」（柳「日本民藝協会の成立」「工藝」四二号）。そして、民藝協会とたくみの設立がほぼ同一の時期であり、それによって民藝運動がより組織的で一体化したものとして機能することを柳は強く期待しています。

そして柳協会長の陣頭指揮によるその第一回は、その年の秋に催されました。それについては当事者として事情にもっとも詳しい柳の記録からみましょう。

「越えて同年十一月一六日から二三日まで東京高島屋で「日本現代民藝展」が企てられた。

総支配人川勝堅一氏の肝入である。此の会はただに陶器のみではなく民藝全般に亘るだけ、更に大規模の企てであって、私達は再び殆ど日本全土に調査の旅を続けた。その会のおり目録として出版した本誌四七号は何よりの記念である。

私達は日本の各地で如何《いか》に伝統がまだ活き、いかに特色あるものを多く作りつつあるかを知ることが出来た。……展覧会は八階の凡ての室を使わないわけにはいかなかった。集めた品物は二万点にも及んだであろう。殆ど二度とは繰り返しえない厖大な会であった」（柳「同人雑録」「工藝」四七号）。

またこの展覧会で興味深いのはモデルルームで、来日中であったバーナード・リーチの設計による書斎、濱田庄司の考案による食堂、河井寛次郎の創案による台所が展示され、当時流行りつつあった和洋共生の住宅における民藝の品々の用い方の提案がなされました。

さらに職人による制作実演として、天童の将棋駒の製作（子供三人による）、岩手のホームスパンの紡毛と機織《はた》り、宮城の木地玩具の挽物《ひきもの》と彩色、栃木烏山の紙漉《す》きの四つを地方風俗のまま実演するなど、地方の手仕事への親近感を演出しました。

柳たちは、この会を伝統から学び、新しい未来の民藝の勃興につなげるものとして期待しました。実際に協会の設立とたくみ工藝店の開店を機に、またそれまでの大阪、京都、東京など高島屋グループでの数年来の各種民藝展開催の経験の蓄積が実って、開催初日から空前の来客と、地方民藝品への関心であふれたといいます。

柳はさらに、次のように感謝の言葉を綴っています。

「この会のため、吾々は幾多の方々の篤い援助を受けた。山本為三郎氏はじめ高島屋の川勝、小瀬、木村、赤見その他の諸氏、信州では赤羽王郎氏等、越中では安川慶一氏に、陸中では及川全三《おいかわぜんぞう》氏に、陸前では半井知事はじめ梨谷商品陳列所長に、山形県では浅岡統計課長に、秋田県では古宇田氏に、青森県では木村産業研究所の多くの方々に、薩州では加治木氏に、四国では加藤徳島県地方課長はじめ金子、音丸その他の諸氏に、岡山県は武内潔真氏に、島根県では太田直行氏に、鳥取県では吉田璋也氏に、また東京の「たくみ」工藝店に、その他各地で各方面の方々にいちいち名を挙げえないが、尽きぬ援助を受けたことをここに特筆感謝したい」。

また商工省の役人でありながら自邸に能舞台をもち、工芸の研究家として優れ、昭和に入ってから終始柳の良き協力者であった水谷良一の記録から、そのおりの(九年八月)中国、九州地方の民藝探索の旅の様子をみましょう。同行者は柳宗悦、河井寛次郎、濱田庄司、バーナード・リーチ、水谷の五人でした。予定の通り朝六時一四分京都発、姫路では収穫なく、岡山で花筵二十枚ほどを選び、市内の荒物商や桶屋で籐細工、笊や米揚げ、箕、鳥籠、木杓子、一閑張《いっかんばり》の行李、呉服では天蚕による玉繭織一匹、山繭織いろいろ、陶器では近在の農家の副業による松茸蒸しの土瓶や焙烙《ほうろく》などを求めました。

福岡では西新町高取の窯で厨子、雲助徳利、これ鉢を、野間の皿山では軟陶の土瓶と土鍋を、また市内で菱足《ひしあし》といわれる鋏や鉈、包丁、火箸などを求めました。馬出町では曲物の三宝や飯櫃を、また久留米では馴染みの山本陶器店で小鹿田皿山の壺、かめ、食器を求めました。

佐賀では白石《しらいし》皿山で切立壺、絹取鍋、胡麻煎など軟陶の品を購入。駅弁と一緒に買った汽車土瓶がこの窯の品と分かり、柳が悦び二つ持ち帰ったといいます。また二川《ふたがわ》の窯では前年の暮れに河井と柳が指導した効果が表れて、松模様や、指掻き櫛描きなどが描かれた大小の捏鉢《こねばち》が皆を悦ばせました。熊本では肥前黒牟田の黒土瓶と、団扇、漆器、玩具などを購入しました。

鹿児島では苗代川《なえしろがわ》窯に直行。五人はあの厖大な黒物陶器の山から協力して優品を選りわけた、とあります。品物は茶家《ちょか》（土瓶の類）、徳利、鉢、蕎麦がき碗など（水谷良一「四国、九州の旅」「工藝」四七号）。

柳たちの蒐集の旅物語は尽きませんが、このあとのたくみ社員や若手同人への、協同行動を通しての民藝教育については追って具体的に述べたいと思います。

16　日本民藝館開館

前期民藝運動における集荷と流通

　思えば柳宗悦によって創められた民藝運動は、その思想の啓蒙だけでなく、凡人が凡人のままで美を生みだすことのできる世界を実現するための実践的な活動だったのです。そして柳たちは、それらをローカルな文化としてではなく、今日の都会文化においても活きた、まさに未来に向けた新しい工藝運動であることを自覚し、昭和の初めから、京都上加茂の民藝協団や上野や浜松での短期的な民藝館公開の試みなどを経て、さまざまな経験を蓄積してきました。

　昭和五（一九三〇）年七月に、ハーバード大学における一年二か月にわたる講義を終えて帰朝した柳宗悦にとって、翌年からの月刊雑誌「工藝」の刊行と著述、絶え間のない講演や、民藝の展示会の依頼は重荷ではあっても、運動をさらに広く展開するためのバネとして認識したことでしょう。

　先にも述べたように鳥取や島根など山陰地方における新作民藝の活動が一応の成果を挙げるにつけ、柳たちの全国民藝調査と新作の指導は、翌昭和六年四月の大分県日田の小鹿田皿山を皮切りに九年秋までに山陰、山陽、東海、関東、東北、北陸、紀州、四国、九州など、北海道と沖縄を除くすべての地域に及びました。そしてこの時に見出し、集めた民藝品の種類は多岐にわたりました。

陶器、漆器、家具、織物や染物、手漉き和紙、竹細工、荒物、鍛冶や鋳物の金工、それに今なお残る郷土玩具など庶民の生活文化そのものでした。さらにこれに同行し、あるいは現地で協力した多くの名前が「工藝」誌に記録されていますが、これらの人たちは当時運動の中核であり、また「たくみ」開店の協力者でもありました。以下にあらためて、その主な氏名を記しましょう。

柳宗悦、河井寛次郎、濱田庄司、バーナード・リーチ、吉田璋也（鳥取）、太田直行（島根）、芹沢銈介（染）、外村吉之介（織）、森永重治（安来織）、船木道忠（陶）、安部榮四郎（和紙）、村岡景夫（京都）、武内潔真（倉敷）、林桂二郎（同）、赤羽王郎（長野）、安川慶一（富山）、及川全三（岩手）、吉川保正（岩手県工業試験所）、三浦正治（岩手県農事試験場）、小井川潤次郎（青森）、小川龍彦（兵庫）、半井清（宮城県知事）、水谷良一（商工省）、森数樹（内閣統計局）、山口泉（内務省）、そして若手では柳悦孝（織）、柳宗理《むねみち》（デザイン）でした。

こうして民藝運動が社会的に公認されるにつけ、柳たち同人の個人的集合体では不都合が生じたのは当然でした。とくに集団としての事業が活発になるにつけ、組織としての信用と機動力は欠かせないものでした。

そしてまた民藝同人の作家たち、河井、濱田、富本、リーチ、芹沢、棟方志功、黒田辰秋などへの注目度も高くなり、彼らの作品発表の場も百貨店の美術部を主体とするようになりました。そのような当時の経過から見て、柳たちと親交のあった水谷良一（商工省）、武内潔真（倉敷紡績）、川勝堅一（高島屋）ら経済のプロの諸氏の助言があったと思われます。

そして多くの民藝同人の協賛をえて、昭和八（一九三三）年一二月一六日、東京銀座に株式会社たくみ（通称「たくみ工藝店」）が開店します。また、翌年の六月には日本民藝協会が発足し、それまで「日本民藝美術館同人」の名で行われていた展示即売などは、正式に登記された日本民藝協会の名称になりました。以下にその一部を記します。

昭和八年四月、「新興工芸綜合展覧会」東京高島屋
　一〇月、「新作工藝品綜合展」柳邸にて
　同月、「綜合民藝展覧会」大阪南海高島屋
　一二月、銀座にたくみ工藝店が開店
九年三月、「日本現代民窯展覧会」上野松坂屋
　六月、日本民藝協会設立、柳、会長に就任
　七月、たくみ工藝店、株式会社たくみとして登記
　一一月、「日本民現代藝展覧会」東京高島屋（この月より日本民藝協会主催となる）
一〇年三月、「現代日本民藝展覧会」南海高島屋
一一年一一月、日本民藝館上棟式

それは民藝品の調査、新作指導、集荷、販売などが活発になり、その取扱量が多くなるに

つれ、その流通において百貨店への依存度が高まったことです。また民藝協会の側も取引上、正式な法人格が必要とされました。

　その頃になると、柳や濱田の地方民藝探訪や仕入れに、たくみの浅沼喜実や上野訓治ら社員が同行することもありましたが、柳たちは何よりもたくみ社員の自立をこそ強く願ったに

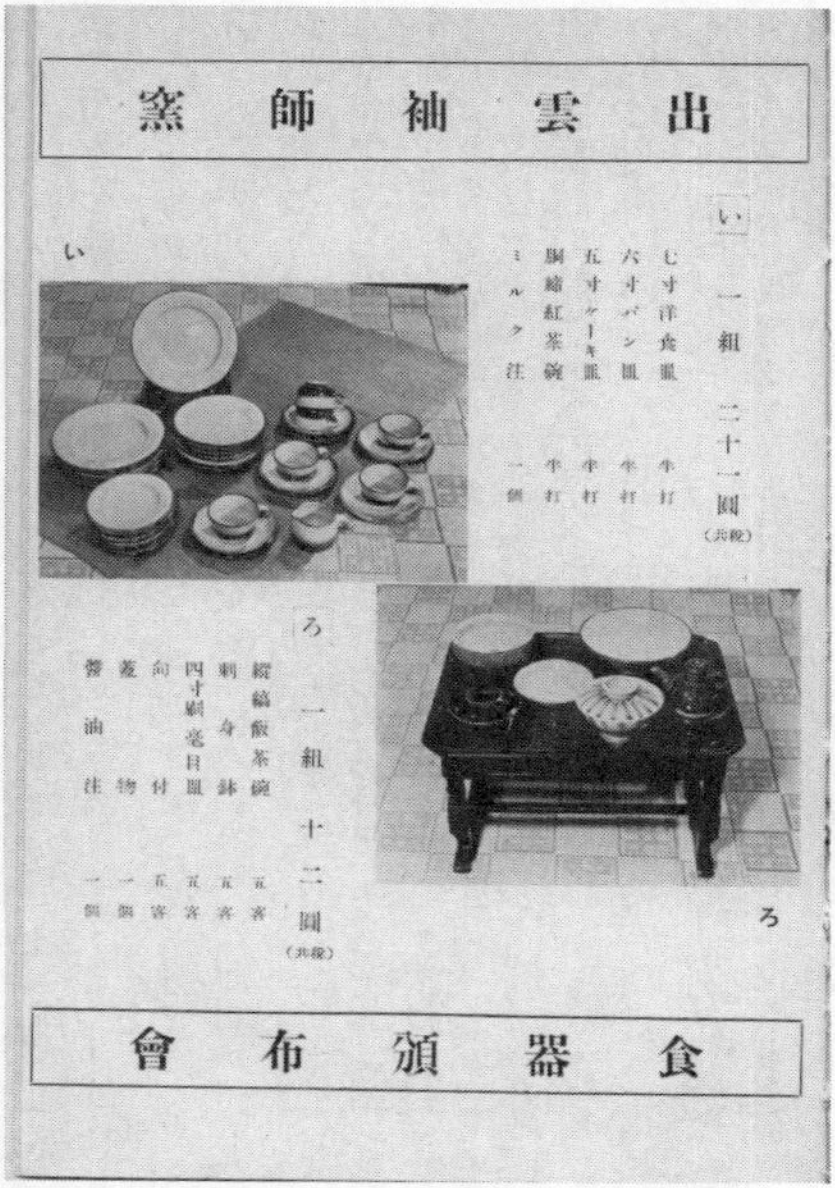

たくみでの「出雲袖師窯食器頒布会」チラシ

ちがいありません。それに供するために柳は、地方探訪のさい克明な仕入れ品のメモや領収書の綴りを残しています。

一例を挙げれば、「為たくみ工藝店」と頭書があり、次に「奥羽地方買上物領収綴、昭和九年八月―九月、柳宗悦」（『全集』第一一巻）と記し、東北諸県の窯や荒物屋、工人の住所氏名、電話番号、扱い品目と主な品の図がスケッチされています。これらに記されていた工人や商店の名は、これ以後永きにわたって「たくみ」や民藝の仲間にとって貴重な資料となりました。

日本民藝館の開館と運動の多面的な展開

柳は昭和一〇（一九三五）年一月、四五歳の時に東京市駒場八六一番地に転居し、活動の本拠を東京に据えました。その年五月一二日、柳の新居に倉敷紡績社長の大原孫三郎が来訪。山本為三郎、武内潔真、濱田庄司、バーナード・リーチが同席の場で、以前からの懸案であった日本民藝館のため、一〇万円（今の金額で二億円以上か）の寄付の申し出がありました。これには民藝運動の初期から、とくに財務に関して柳の良き協力者であった山本為三郎の大きな助力があったといわれます。

昭和三年春、上野での「御大礼記念博覧会」に柳たち民藝同人が出陳した「民藝館」のモデルハウスを、会の終了後に山本が買い取って移築し、「三国荘」と名づけ別邸として永く使用した話はかなり知られています。

それから数年経って、山本はその三国荘に大原孫三郎を招き、博覧会当時のしつらえの応接間で民藝の器でもてなしたといいます。そこで阿吽《あうん》の呼吸で大原は理解し、自らの新しい別荘のために用意した資金を、日本民藝館の建設資金として寄付することにしたのでした。大原は寄付にあたりその使途に何の条件もつけませんでした。すでに彼は倉敷において大原美術館、倉敷病院、大原社会問題研究所、労働科学研究所、農業研究所などを自らの基金によって設立していたのでした。

さて、民藝館の建設は土地の手配、設計から施工まで柳の総監督のもとに順調に推移し、翌一一年九月末に完成し、一〇月二四日に開館を迎えました。日本民藝館の開館記念展は「民藝同人作家新作展」でした。ここで注目したいのは、その新作展が開かれた一回正面の広間の左右一二間の壁面すべてが、芹沢銈介と棟方志功の作品で埋めつくされたことでした。芹沢の作品は合羽摺《かっぱずり》、手彩色による「わそめゐかたり」と「絵本どんきほうて」試作六図でした。棟方のは板画「華厳譜」二三図と柳たちとの縁のきっかけとなった「大和《やまと》し美《うるわ》し」全図でした。この二人の巨人の多彩な仕事については稿を改めるしかありませんが、型絵、手彩色と、木版という平面的な造形表現にこの上ない可能性を見出し、その民藝における未来性を芹沢、棟方に託した柳の強い思いに心打たれるのです。

日本民藝館は開館後も柳を中心に蔵品の展観だけでなく、絶え間なくさまざまな企画展示をしてきました。またそれらに関連して、日本民藝協会主催（集荷、販売の実務は東京たくみが担当）による即売展示会も頻繁に開催されました。それらの主な動向を記します。

一二年　三月、現代民窯展覧会（日本民藝館）
五月、柳、河井、濱田、朝鮮を集荷旅行
六月、濱田庄司、芹沢銈介展
九月、河井寛次郎展
本染大布団展
一三年　一月、柳、河井、芹沢、山形の民藝調査行
一月、琉球染織展
三月、中国赤絵展
四月、現代朝鮮民藝品展（東京高島屋）
五月、欧米古陶展
六月、シャム・安南古陶展
八月、現代朝鮮民藝品展（京都高島屋）
一一月、仏教版画展
一二月、年末から翌年一月にかけて、柳宗悦による初の沖縄行き（以下略）
一四年一二月、琉球新作工藝展覧会（東京高島屋）
一五年　六月、東北六県民藝品展覧会（三越本店）
一一月、日本生活工藝展（銀座三越）
一六年　六月、第二回東北民藝品展覧会（三越本店）

右の五年間の主な動向だけでも、リーダーたちの多忙さが分かります。東京のたくみ工藝店も、一〇年二月に鳥取の吉田璋也の推挙によって浅沼喜実が店長に就任してからは企業としての内容を調え、多少とも日本民藝館、日本民藝協会の役に立ったのでしょう。

そして浅沼は一一年に和紙を用いた「月刊たくみ」という小冊子を発行しています。この冊子は「工藝」以外の唯一の民藝情報誌であって、当時夏期だけ営業した軽井沢店や展示会情報、新作をめぐる芹沢、柳悦孝、水谷良一らの座談会などもあって興味が尽きません。しかし一四年四月、式場隆三郎の提案によって日本民藝協会発行の「月刊民藝」誌が刊行されるに及び、その紙面に「たくみたより」欄を持ちその使命を終えたのでした。

また機関誌としての「月刊民藝」誌は、その内容と広告欄によって各地へ民藝の愛好家を拡げました。また京都の西郁辰三郎（同志社香里高校教頭）らによる大阪高島屋や阪急百貨店への民藝品売場出店や、西郁らとたくみの協力による「出雲袖師窯食器頒布会」などがあります。「月刊民藝」八月号の案内を見るとこの時の頒布品は茶器、珈琲碗、洋皿、飯椀、醤油注など二五種、一〇二点、価格は平均六四銭となっています。

朝鮮の民藝調査と宋胡録のこと

昭和九年の日本民藝協会発足後、その事業としてまず記さなければならないのは、柳宗悦、河井寛次郎、濱田庄司による朝鮮各地の民藝調査と蒐集の旅行であります。この旅は昭和一一（一九三六）年五月に行われ、翌一二年も三人で五月に朝鮮各地を訪れています。この旅

宋胡録の蓋物「工藝」第93号より。

行の成果は、一一年一二月に東京たくみで「現代朝鮮民藝品即売会」として、また一三年四月には東京高島屋で「現代朝鮮民藝品展」として結実します。

このとき雑誌「工藝」第六九号（一一年一二月号）が朝鮮現代特集号として編集されましたが、これを見ると現物添付の紬や綿布、手漉紙をはじめ、カラー写真の手箒の無類の美しさに心を打たれます。

いずれもいま日常に使われているものばかりですから親しみやすく、物作りや市場の写真を見ると、柳たちが訪れた村の市日での簡素な暮らしの美への感動が目に浮かぶようです。

もう一度この特集号の、柳による「挿絵小註」をふり返ってみましょう。「手箒。掲げたのは慶尚道の産である。色糸をたくみに編み込んで飾る。農家の片手間の仕事であろうか。日本でこれに一番近い色糸編みの箒を作るのは南津軽の田舎館村である」。「膳。卓が円で腰が角なのは珍しい。正しい構造とよき比例、そうして美しい姿、こんなものが市場で安く売られている」。そんな朝鮮の今という時代。「お櫃入。朝鮮では昔から紙縒でさまざまなものを作る。材料が純楮《こうぞ》であるから丈夫で、これに多くは漆を塗って更に美しくする」。

さらに竹籠、円座、笛、草鞋、木靴、そして真鍮の水注や火鉢、陶器の薬煎、醤油注、石鍋など。そして女性用の美しい小刀や化粧道具など。実際に展覧会に出品されたのは遥かに多い品数でした。

巻末の、柳による「雑録」には、編集は在京城の友人で朝鮮工藝会の濱口良光（京城敬神

朝鮮の手箒と敷輪（上）、膳（中）、お櫃入れ（下）など。「工藝」第69号より。

学校教頭）、土井濱一（朝鮮銀行、李朝水滴のコレクター）、浅川伯教（李朝陶磁研究家）によるとありますが、その内容の確かさからみても浅川巧亡きあとの朝鮮における柳の同志がまだいることがわかります。

またこの特集号では柳、河井、濱田の連名で一二ページに及ぶ「朝鮮の旅」の文を記し、朝鮮人の本能的な特質を失わせる日本人による教育を批判し、また「吾々は今度の旅で古い作物からも、今の朝鮮からも多くの悦びをうけた。旅は此の為に倍の感謝があった」と結んでいます。

次に、柳、濱田、河井たちが、東南アジアの古陶磁からうけた新しい発見と悦びについて述べましょう。中国を除くアジアの工芸については、近世になって交易によって招来されてはいましたが、その歴史や実体については不明な所が多かったのでした。それが昭和の時代になって日欧の貿易商や事業家の東南アジア進出によって、主にインドネシアやタイ、ベトナムで蒐集され日本でも展観されるようになりました。

これらの事情については省略しますが、柳はこの中の宋胡録《すんころく》について「工藝」第九三号（一四年二月）に特集を組み、さらに編集後記に次のように書いています。

「「宋胡録」はシャムの地名、スワンカロークの音をあてた字である。ここで一三、四世紀ごろ盛んに焼き物が焼かれた。日本にも相当古くから渡って「茶」の方で夙《つと》にやかましい。中で数も多く又美しくもあり一番特色の出ているのは蓋物類である」。

そして柳は、とくに南方貿易商岡野繁蔵蒐集によるわが国への将来品が、「その数においいて又質において卓越し、所々で展観され、また去る六月七日から八月一四日まで民藝館でも特別展観が催され、シャムや南方シナ系の焼物を知るのに絶好の機会を贈った」。

濱田もまた同誌に「宋胡録の素地にしても堅く寒く、恵まれた土とは思われない。その蓋物を手にして、枯れた茶褐色のつまみや、白く濁った釉や、そのために軽く藍色を帯びた鉄絵などを眺めていると、貧しい技術のために却って質素で渋い美しさがある」と記しています。

面白いことに、この後民藝協会同人が大挙して訪れた琉球列島も、日本（やまと）や朝鮮半島だけではなく中国、東南アジアとも古来深い関係があり、とくに日本にとっては交易と文化交流の中継点ともいえる重要な地域であったことを強調したいと思います。

17　琉球の美

琉球の美と人文の新しい発見について

柳たちのように、日本各地や朝鮮の優れた工芸文化を求め、集め、それを未来の暮らしに甦らせようとする志を持つ同志的集団は、そのころますます強固なものとなりつつあったと私は思います。

協会の機関誌として昭和一四（一九三九）年四月に創刊された「月刊民藝」の巻頭に、柳は「なぜ琉球に同人一同で出かけるか」という一文を草しました。彼は、かねてから沖縄・琉球に親しんでいた河井寛次郎、濱田庄司の誘いと、すでに知友であった沖縄県学務部長山口泉の招聘によって沖縄を訪れ、一三年一二月二七日から翌年一月半ばまで沖縄に滞在したのでした。

そして首里城をはじめとして彼の地の歴史的文物や、壺屋の陶器、琉球絣、紅型《びんがた》染、その他の生活文化を調べ、歌謡や土地の食にも親しみました。わずか一八日足らずの滞在でしたが、柳はこの「琉球の存在は誠に奇蹟のようなものであった」と書いています。

さらにその奇蹟、あるいは純粋さについて「材料が自然に恵まれ、そこになんらの無理がなく、工人たちも大勢働き、作られたものが土地の人々に今なお沢山使われている状態を云うのである」。今でいう地産地消ですが、それ以上に琉球の芝居や舞踊が足利時代の能が盛んなころの風を伝え、言葉も万葉集にある古語を残していることを確認して、琉球の文化がまさしく風土と民衆に根をもった、ある意味で民藝そのものであることに驚嘆したのだと思います。

柳たちは、さらに翌一四年三月下旬から約二か月の間、再度の沖縄探訪の旅を計画します。この旅には柳、河井、濱田のほかに、初めての渡航である柳兼子夫人と、外村吉之介、芹沢銈介、柳悦孝、田中俊雄、岡村吉右衛門の五人が加わり、とくに若手の五人は織と染を中心に制作と研究につとめました。さらに悦孝は一か月半研修を延長し、田中は延べ半年間の徹底した調査研究によって、のちの大著『沖縄織物の研究』の概要を学びました。

「琉球方言」をめぐっての論争のこと

この第二回目の沖縄行きのさい、工芸文化の調査、研修とは別に、琉球方言の是非をめぐる県当局との意見の対立が顕在化しました。前年の柳たちの渡琉を招聘した山口学務部長はすでに内閣書記官に転任となり、その後の学務部や警察部は日中戦争の拡大にともなって、皇国日本の精神的一体化のための標準語普及に血眼になっていました。

こうした背景のなかで柳は仲間との対話と体験の共有をとおして、その成熟と結束をいっそうはかるために沖縄を選んだのでしょうか。その年の大晦日、日本民藝協会主催のもとに三回目の沖縄探訪が実行されました。このときのメンバーは総勢二六名、協会主導の会としては最大の規模でした。船は湖北丸、神戸港からの船出でした。その主な参加者を記しましょう。

柳宗悦、式場隆三郎、浅野長量、濱田庄司、船木道忠《みちただ》、佐久間藤太郎、棟方志功、鈴木繁男、田中俊雄、鈴木訓治、坂本万七、土門拳、水沢澄夫、保田與重郎、相馬貞三、ほかに映画、観光関係者など一一人でした。この人たちの年齢を見ると、中心メンバーを除くとほとんどが二〇代から三〇代で、人によっては渡航費の補助もしていますから、柳はこの時の沖縄訪問を、明らかに若い同人を育て、研修させるための協団的道場として考えたのだと思います(『月刊民藝』第一巻一号、八号、第二巻三号)。

さて、この三回目の沖縄探訪では、柳以下全てのメンバーに役割分担があり、はじめのころの首里や糸満などの観光を除いては、一同揃っての行動は多くなかったようです。若者たちもグループに別れて研修、調査に励みました。

ここでかつて沖縄に新婚旅行で訪れ、壺屋に滞在し、新婦に土もみをさせてまで作陶に励んだという濱田庄司の動向をみましょう。壺屋の窯元で、濱田が訪沖のたびに仕事場として世話になった新垣栄盛の「壺屋陶工日記抄」(『月刊民藝』第一巻八号「琉球特集」)から引用します。

「濱田氏のあの量感たっぷりの迫力のある独特の形、我々が常に狙って及び付けないものである。濱田さんは壺屋に来てただ作っていた。限りない努力であったに違いない。濱田さんへの想い出は限りなくある。

ただ残念に思うのはこのたびどちらも夜業するほどの忙しさであったため、二カ月も接しながら思い出話などする一夜さえ与えられなかったことである。幼かりし時の追憶、それが

「月刊民藝」第1巻8号（1939年11月）「琉球特集」より。

今は崇拝の念とかわった」。

次にこの特集号の柳選による写真解説を見ましょう。陶器では、昔からの呉州絵唐草の茶碗と皿、点文の飯椀、赤絵の皿、新作の扁壺など。漆器では丸い太鼓盆と三つ足膳、いずれも琉球独特の美しい朱塗りですが、柳の解説によると「下地に「くちや」とよぶ土と豚の血とを交ぜ用いるので、特色がある。その上に朱を塗る。堅牢で名がある」。

また染では紅型の着《き》尺《じやく》や風呂敷（うちくい）、織ではとんばん絣、花織、芭蕉布など。それらが今日まで生きいきと伝えられてきたのは、沖縄の人々の志と努力のたまものであるとともに、戦前、戦後の民藝協会による「琉球の工芸」の継承と復興への協力あってのことと思います。

なお、第二回のときの沖縄各地での民藝品の集荷を中心に一四年一二月、東京高島屋で「琉球新作工藝展覧会」(日本民藝協会主催)が開催され盛況でした。

ところで第二回の訪沖のときから県当局との間で論争になった「琉球方言禁止」をめぐる問題は、「月刊民藝」第二巻三号で特集され、柳宗悦、長谷川如是閑、柳田國男、萩原朔太郎、東恩納寛惇など識者をはじめ河井、寿岳、相馬らが執筆し、伝統の地域文化への誇りと自覚なしに国民意識の統一はありえないことを明らかにしました。また柳も、同じ号で「沖縄人に訴うるの書」と題して、琉球の歴史と文化の誇るべき特色を七頁にわたって記しました。

沖縄を心から愛し、殉じた尚順男爵のこと

三回におよぶ沖縄訪問の際に、一方ならぬ恩恵を受けたと柳が記した、尚順《しょうじゅん》男爵のことも忘れてはなりません。本来琉球の王であった尚王家は、明治一二(一八七九)年四月四日、「琉球処分」とも呼ばれる沖縄県の設置により、王家としての地位を失い日本の華族となり、後に侯爵に列せられました。尚順氏は学習院で柳の同級であった尚昌《しょうしょう》侯爵の実弟でした。侯爵とは異なって東京に自邸を持たず、終生沖縄の首里の松山御殿に住まわれ、柳たちも何回かその御殿や料亭で最高の琉球料理のもてなしを受け、伝統舞踊も拝見したと記しています。

話が前に戻りますが、一四年三月からの第二回の訪琉の前、水谷良一の所持する琉球染織

の名品を見るために、柳、芹沢、悦孝、田中、岡村たちが蒲田の水谷邸に集まりました。これらは、ある琉球王族の旧蔵で（尚順男爵と思われる）百点以上あって水谷が購入し、のち一部を民藝館に寄贈したといいます。岡村吉右衛門の「琉球滞在随想」（「月刊民藝」第一巻八号）によると「水谷様のお宅で数多くの大柄ものをみせて頂き、また民藝館で上布に染められた丸紋の藍型を見てその気品の高さに驚嘆の声を呑み」とあります。

ここで柳と尚順氏の縁についてもう一つ挿話を記しましょう。沖縄の古陶器研究家山里永吉がこう書いています。

「「柳宗悦氏が来るそうですよ」と、私が尚順男爵に告げたのは、昨年の一一月末であったろうか。「とうとうやって来るか」こう言われて琉球における民藝品蒐集の権威、尚老男爵は微笑された。「柳さんが来ると吾々の今迄の仕事にも意義が出てくる訳だね」。民藝品といっても近頃の蒐集は琉球の古陶器が主だが、集めてみると吾々の先祖はこんな立派な仕事をしていたと驚嘆するものが多いのである」（山里「琉球の古陶器」「工藝」九九号）。

ところで先の染織品は尚順氏の判断でまず柳の元に持ちこまれたと思います。柳によると民藝館の財力では購入できず、水谷を紹介したと記録にあります。令兄の尚昌侯爵は早く他界され、沖縄における尚王家継承者としての尚順男爵は、このあと太平洋戦争開戦一年前の一五年一一月、沖縄に残された尚家三百年の美術工芸の名品二百余点を、大阪高島屋で売立て処分しています。

展観図録のなかの推薦文を略記しましょう。

「尚順男爵ほど沖縄県の産業開発と住民の幸福のために熱心な尽力を続けられておる人はない。尚男の沖縄を思う真摯な熱と誠にはいつも心を打たれる」。

念のため売立て品の一部を記しましょう。

○小野道風経切紺地金泥、天平時代仏画、書画（竹田、蕪村、雅邦、山陽、星巌、南洲、副島伯、ほか）。

○尚貞王伝来（南宋・五大夫図、天目茶碗、瀬戸金気天目茶碗、信楽水指）。

○茶碗（伊良保、均窯、古染付、宋胡録、粉引、古萩、瀬戸黒）。

○香炉（龍泉窯、唐津）。

○その他名硯、陶磁器、紅型衣裳、絣衣裳など。

常に日本の対外進出の第一線に立たされてきた沖縄では、住民の民政のための公費の支出はすでになかったのでしょう。私財のほとんどを投じた尚順氏はその後、日本本土への避難を断り、首里松山御殿を守り、彼が最も愛した二百年来の泡盛の古酒の甕と、県民たちとともに二〇年の夏、土と化したのでした。

18　雪国の民藝

輸出工芸品のデザイン指導とブルーノ・タウトのこと

　これまで述べたように民藝の実践運動は、昭和六（一九三一）年一月の雑誌「工藝」の刊行、鳥取（七年）と東京（八年）のたくみ工藝店の開店、日本民藝協会の設立（九年）、日本民藝館の開館（一一年）、そして「月刊民藝」誌の発行によって啓蒙、調査、振興、普及という運動体としての内容と体裁がととのい、社会的にも広く認知されるようになりました。

　しかしこの時代、六（一九三一）年九月に満州事変が起き、翌年の五・一五事件で犬養首相が暗殺、さらに日本の国際連盟脱退（一九三三年三月）、二・二六事件（斎藤内大臣、高橋蔵相ら暗殺、一九三六年二月）、日中戦争勃発（一九三七年七月）など、右傾化、覇権主義的政策は英、米、仏はじめ世界の批判を浴び、国際連盟による経済政策も強化され、資源に乏しい日本の国家経済は破綻寸前にまで追い込まれていました。

　そのような背景のもとに商工省としては、外貨を獲得するための輸出振興策、とりわけ手工業を中心とした輸出向け生活雑貨の振興に力を入れ、仙台に「国立工芸指導所」（所長国井喜太郎）を設立しました。

そして八(一九三三)年三月、ヒットラーの政権掌握によりドイツを脱出した建築家ブルーノ・タウトを招聘し、一一月から嘱託デザイナーとして採用しました。そのころ日本の建築やデザイン界にはバウハウスなどヨーロッパで学んだ人も多く、タウトの実力は広く知られていました。

タウトは日本滞在中、柳宗悦や河井寛次郎、濱田庄司、富本憲吉、リーチ、村岡景夫とも親交をもち、「タウトの日記」のなかでも極めて好意的に記していますが、彼自身が国立工芸指導所で関わった仕事や、輸出用の見本展示会の試作品に関してはかなり批判的で、とくに日本の伝統によらない、西欧の模倣的な製品については否定的でした。

またタウトは、日本の自然や歴史的建造物、たとえば桂離宮や伊勢神宮などの神社仏閣、地方の民家などシンプルな造形美に対して高い評価を与えていますが、現代日本の工芸と生活文化に対する認識については、このあと述べるフランスのデザイナー、シャルロット・ペリアン女史ときわめて共通した辛口な見方をしています。タウトは指導所との嘱託契約が切れたあとも日本に留まりましたが、三年半の滞日のあとトルコに向かい、彼の地で病死しました(参考資料『日本 タウトの日記 一九三四年』岩波書店、「日本雑記」『タウト全集』第二巻育成社弘道閣、ほか)。

さて、昭和一四(一九三九)年、それまでの商工展が輸出工芸展と合流し、その年日本輸出工芸連合会から機関誌「輸出工芸」が創刊されました。その編集を翌年九月から一〇か月間担当したのが柳宗悦の長男柳宗理《むねみち》でした。

昭和一三年に東京美術学校（現東京芸術大学）洋画科を卒業した柳宗理ですが、前記の輸出工芸連合会に彼を推薦したのは、父宗悦の親友であり前期民藝運動において終始柳たち民藝同人を支え続けた、当時の商工省貿易局課長水谷良一だったと思います。水谷は河井、濱田とも親しく昭和一一年春の国画会展に棟方志功が出品した「大和し美し《やまとうるわし》」を見出した一人であり、柳と共に次作「華厳譜」の生みの親でもありました（参考資料　水越啓二「シャルロット・ペリアンのノート」「雪国」第二号、北国から発信の会。水谷良一「華厳譜の成立」「工藝」第七一号）。

農林省雪害調査所と柳たちによる東北民藝の振興

ところで商工省だけではなく、農林省も昭和初年の大凶作以来、東北などの積雪農山村地帯の経済更生に力を注ぎ、昭和八（一九三三）年、その指導機関として山形県新庄町に「農林省積雪地方農村経済調査所」（略称「雪害調査所」）を設置しました。この施設は何年も前からの雪国の住民の熱意ある運動によって、ようやく実現をみたのでした。とくに積雪期の副業振興については、そのころ雪国の民藝品の調査、育成に実績を挙げつつあった柳宗悦と日本民藝協会の協力が不可欠でした。そして一二年三月、雪害調査所の山口弘道所長が東京に柳を訪ねます。

河井寛次郎宛の三月一七日付の手紙によると「先日雪害調査所の山口技師が見えて、北国一帯の地方工藝品の蒐集と、その発展策との仕事を依頼された。今のところ引きうけようか

山形県庄内藤島農学校での柳宗悦（左から２人目）。1939年。

と思っている」とあります。そして柳はこのあとの九月五日、新庄の「雪害調査所」に山口所長を訪ね、同所での「民藝品研究会」に出席しています。この会合は「雪害調査所」と近在の村々の民藝品の作り手を中心としたもので、柳を囲む民藝懇談会とでもいえるものでした。

　このような会合と調査は六日、七日も行われ、柳は八日に帰途につきます。そしてひきつづき一〇月半ばと一一月下旬、二度にわたって最上地方の詳しい民藝調査と村々の作り手との懇談会を行なっています。このときは河井、芹沢の両氏をともなっています。

　昭和一三（一九三八）年にはいって、柳から河井あての一月二四日付の手紙に「昨夜、新庄の山口さんから電話でいよいよ東京で毎月民藝座談会を開く事決定の由で、それが二月の六日となる筈で是非君の出席を待ちたい。山口さん猛烈な熱だ。吾々もひと肌ぬぎたい」とあります。

　ちなみに雪害調査所の関連団体雪国協会の機関誌「雪国」（一三年一二月号）に書いた図司

安正の記事によると、同年九月末の柳、濱田、山口らの岩手県下の民藝視察に同行したさい、「おい濱田、修学旅行で一の関の蕎麦は実にうまかったネ」という山口の話から、二人が府立一中の同級生であったとはじめて知った、とあります。また山口は昭和三年に農林省農政局から京都府内務部副業課に出向しており、そのころ柳や河井と知己になったと推測されますが、東北の民藝品振興の協同行動のなかでの彼らの親密度は、まさにその頃からの信頼感によるとも考えられます。

さらに付け加えたいのは、東北における柳たちの行動が、単なる民藝調査や蒐集ではなく、「民藝とは何か、なぜ大切なのか」ということを、村々の作り手との懇談会で、常に膝をつきあわせて語っていたという事実であります。あるとき鮭川村で農家を訪ねたさい、暮らしの貧しさや物作りの工夫などを山形弁でとつとつと語る村人を前に、河井寛次郎が天井の梁に吊るしてある沢山の稲穂の束を見上げて「何という豊かさだ！」と叫んだといいます。そして、「自分で作り、自分で味合う文化が、本当の健康文化なんだ。その意味で個人文化は東北の方がズット高いと思う。要するにだネ、本質的なもの、あるいは本能を喪失してしまうことが、果たして文化といえるかどうか、その点で都会文化は、あまりに神経質で、末梢的に過ぎていかんと思う。日本的な香りの高い健康文化は東北にだけ咲き誇っているのだ」。そう河井は語り、それに柳、濱田は「全くそうだ、その通りだ」、と賛意を表したといいます。

さて、日本民藝協会と農林省雪害調査所、雪国協会による東北各地の民芸品調査と制作指導は次第に実を結び、山形県内にとどまらずに、東北六県や東京の日本民藝館において県や町村、農学校などの協力をえて、各種の審査や展示会、座談会が活発に行われていきました。そしてその集大成として、昭和一五年六月と翌年六月の二回にわたって、三越本店で「東北六県民藝品展覧会」が開催されました。

参考のためにこれらの審査員の名を記しますが、柳、河井、濱田、芹沢、外村、式場のほか一五年には同年に来日したフランスのデザイナー、シャルロット・ペリアンの名がありま す。しかし大友義助（元雪国情報館館長）によれば、実際はペリアンは日程の都合上、出席しなかったようです。

なお右の会に出品された主な民藝品を紹介しましょう。

陶器　久慈焼（片口、大鉢）、東山焼（土鍋）、楢岡《ならおか》焼（鉢）、本郷焼（鉢）、成島焼（片口）、平清水焼（片口）、堤焼など

雑貨　黒漆木皿、漆椀、菓子櫃、膳、茶船箪笥、絵ローソク、曲物柄杓、曲弁当、山刀、樺桜煙草入、胴乱、自在鉤

編組　蓑、笠、バンドリ、雪靴、草履、わら手袋、竹籠、手籠、背負籠、笊、箕、雪帽子、手箒、注連縄、紙撚り籠ほか

織物　紫蕨織、紬織、裂き織帯、炬燵かけ、もんぺ、麻刺子着

そして出品要項による送り先は、たくみ工藝店宛。また審査の上入選したものはたくみが即時買い取ると記しています。

当時は戦時中で、現金収入のあてのなかった東北農民や職人にとって、数年にわたって各地で行われた自然素材と手仕事による公募展はまさに慈雨のごときものでした。記録によると農民たちは次第に自主的にもの作りに励むようになり、またランドセルやスキー靴などを自然素材で工夫するなど、これらの技術の伝承は戦後の民藝品の復興にも寄与したものと思います（参考資料　大友義助「雪害調査所と民芸」『雪国文庫』4、新庄市雪の里情報館、ほか）。

東北地方の民藝調査と復興は、右の民藝協会と雪国協会による協同事業だけではなく、以前からさまざまに行われていました。まずは昭和二（一九二七）年、柳の同志社大学教員室での「こぎん」の写真との出会いでした。柳は青森出身の教え子長尾君子にその写真を渡し、その買い集めを依頼しました（「こぎん」は江戸時代後期ごろから伝わる津軽地方の衣裳で、藍に染めた麻の布に木綿の白糸で幾何学的な模様を刺したもの）。長尾の母から半年の間に送られた「こぎん」は三〇枚ほどにものぼり、さらに産地や用途、刺こぎんの模様の名称など詳しい手紙が添えられていました。柳はこの年暮れに長尾の案内で青森県下を訪ね、また長尾と結婚した門下の村岡景夫に詳しい研究を依頼して、七年二月の「工藝」一四号の「こぎん」特集号を編集しました。

また柳はこの号の挿絵解説のなかで、「菱刺《ひしざ》し」についても述べ「地方的な日本の刺繡としては、これほど多彩な美しい品を見たことがない。これは菱刺しといわれ、南部地方の産であって、女の前掛けである」と書いています。

「工藝」の特集号には、とくに「菱刺し」については八戸の研究家小井川潤次郎の詳しい研究がのっています。

のちに柳の門下の一人相馬貞三は、この「工藝」一四号がもとで、弘前では木村産業研究所の大川亮を中心に「こぎん刺し」や「伊達げら」(蓑の一種)の復興が盛んになり、「菱刺し」も小井川らの尽力で、新作とその販売に力が注がれたと書いています。また近年、ブルーノ・タウトと大川亮の間に交流があったことが明らかにされ話題を呼びました(参考資料村岡景夫「こぎん特集」「工藝」一四号、村岡「津軽のこぎん」『工藝選書』、相馬貞三「菱刺しのこと」「みちのく民芸」、世良啓「古錦・織ゲラ物語」「陸奥新報」、ほか)。

シャルロット・ペリアンと民藝

昭和一〇年代の東北地方の民芸振興において、忘れることができないのはフランスの気鋭のデザイナー、シャルロット・ペリアンの日本における活動であります。

国立工芸指導所のデザイン指導のため一九三三年のブルーノ・タウト、一九三八年のシュレーマン夫人と続いてドイツから指導者を招いた商工省が、三人目を招聘するに際し水谷課長から親交のあった柳宗悦に相談があったことは容易に想像できます。そしてさらに水谷から柳宗理に話があり、宗理がル・コルビュジェの弟子であった坂倉準三と相談し、ペリアンに絞られたというのが真相でしょう。

『シャルロット・ペリアン自伝』(みすず書房)によれば、一九四〇年二月八日、坂倉の名で招聘の電報がきたあと、「三月一三日、驚くべき歓迎の手紙——長さ三〇メートルのごく薄い和紙が、筒に丸められ、同じ和紙の封に包まれて送られてきた。棟方志功署名の墨絵と坂倉とその友人たちからのあらゆる種類のほめ言葉、これに抵抗できようか」。この巻紙の手紙の実物は二〇一一年一〇月からの「シャルロット・ペリアンと日本」展〈神奈川県立近代美術館〈鎌倉館〉〉においてはじめて公開され、関係者を驚かせたのでした。

ペリアンに送られたこの私的招聘状〈メッセージ〉は、京都の河井寛次郎記念館に保存さ

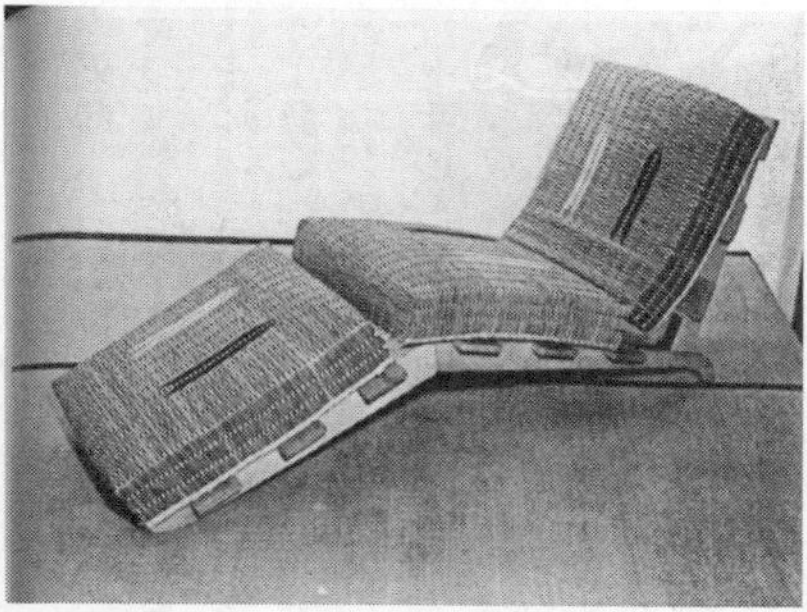

ペリアン考案の寝椅子と卓子。「月刊民藝」1941年4月号より。

れていたといいますが、棟方、河井、柳宗理、坂倉、また高島屋の川勝など当時の民藝運動内外の人たちが、（そして恐らく柳宗悦も）ペリアンの才能と率直さによって、日本の現代工藝の改革を一歩でも進めたいと願ったからではないでしょうか。

そのころ民藝同人の目が、タウト、ペリアンに限らず、旧来の権威主義的で体制的な建築や工藝を拒否し、住まいや暮らしを真に現代的（実用的）な、民衆のものとして創造しようとしたグロピウスやル・コルビュジエにも広く向けられていたと思います。ちなみに、一九三七年のパリ万国博覧会において、建築部門のグランプリを受賞したのは、日本館を設計した若き坂倉準三であり、工芸部門のグランプリは河井寛次郎の「鉄辰砂草花文壺」（川勝堅一代行出品）でした。

さて、ペリアンは、ドイツ軍がフランスへ侵攻するとすぐにパリを出て、八月二一日神戸港に到着、出迎えの坂倉と会い翌日東京に向かい帝国ホテルに入ります。彼女はそこでの一つの体験をのちに語っています。それはホテル地下のアーケード街にある外人向け土産物店のひどさでした。彼女はそれらの店がいずれも欧米人に気に入られると錯覚して、欧米での流行や古作の模倣に陥り、日本や東洋の本来の伝統と生活文化を見失っていることを警告しています。そしてそのような傾向が、国立工芸指導所をはじめ一般に顕著に見られることにも気づいていました。

このあとペリアンは日本輸出工芸連合会の柳宗理を助手として七か月にわたって日本各地を視察し、あらかじめ商工省貿易局と高島屋（東京店、大阪店）に申し入れていた輸出工芸品振興のための大規模な展覧会「シャルロット・ペリアン――選択・伝統・創造」展の準備に没頭したのでした。

東京ではまず日本民藝館に柳を訪ね、蒐集品と濱田、河井、芹沢の作品を評価し、たくみ工藝店にも来店。そして「過去の品々をじっくりと眺め、その源にさかのぼることができた。たとえば柳が絶賛したあの美しい朝鮮陶磁器のように」(『シャルロット・ペリアン自伝』)。

そして好奇心旺盛なペリアンは仙台、山形、鶴岡、新庄、秋田、名古屋、京都、奈良、金沢などを訪問しています。京都では河井寛次郎の工房を訪ね、その住いと河井の人柄に傾倒、また河井が台湾人の職人に作らせた竹製の家具や子供椅子などに感心し展覧会の出品作に選んでいます。

しかし何よりもペリアンが感心したのは、柳の紹介で訪ねた山形県新庄の雪害調査所の仕事でした。厳冬期の数か月間、地域で自給できる素材を用い、農家の自家用品だけではなく副業として作り続けた手仕事の品々、その美しさと多様さに日本特有の雪国の魅力を発見したのでした。山口所長とスタッフの協力を得て、ペリアン原案、地元の蓑作りの材料と技を活かした折りたたみ寝椅子やスツール、鶴岡の亀子笊を応用した卓子は、「選択・伝統・創造」展の目玉となりました。柳もこれらの作品を「ペリアンの展覧会を見て」(「月刊民藝」第三巻三号)の中で高く評価しています。

わずか七か月の準備期間でしたが、ペリアンは茶室や農家の建築にも着目し、そして「陶器、漆器、織物など美しい、そして簡素にして健康なものを作っているではありませんか。

皆さんが自分自身の生活のために作ったもの、それが商品として世界にも通用する筈」と強調しています。

またペリアンの良き理解者であった坂倉は、展覧会図録の後記の中で、これまで外国の影響のもとにかなりな影響をこうむりつつも、今回の展覧会は日本の工芸デザインにとって新しい出発点をなすものといっています。

さてこの後のペリアンは太平洋戦争勃発と敗戦をまたいで、日本とベトナムで波乱の数年を過ごしたあとフランスに帰国しました(参考資料 『シャルロット・ペリアン自伝』みすず書房、『シャルロット・ペリアンと日本』鹿島出版会、『選択・伝統・創造』小山書店、大友義助「ペリアンと雪害調査所」『雪国文庫』3、新庄雪の里情報館、ブリュナメル「ペリアン・生活のための芸術」「別冊太陽」)。

19　手仕事の復興

柳宗悦と「樺細工伝習会」のこと

国立工芸指導所や雪害調査所との協力や助成による地方民藝の調査、更生の仕事は、戦時下でありながらかなりの成果を挙げたといっていいと思います。そしてまた柳たちの実に丹念で実際的な指導は、各地に「手仕事復興」の一粒の種を播いたのでした。その一つが秋田県角館における「樺細工伝習会」の事業であります。

秋田県の手仕事については、昭和一六（一九四一）年六月の「第二回東北民藝品展覧会」（日本民藝協会、雪国協会主催・三越本店）においても樺細工の煙草入、イタヤ細工の箕や籠、楢岡焼の徳利、鉢などが出品されましたが、柳宗悦がはじめて東北地方の民藝探訪のおり秋田を訪ねたのは、昭和九（一九三四）年一月半ばのことでした。このときの行程については、柳の直筆による買物帖が残っており、これを参考に秋田での足どりをみましょう。

柳は米沢、山形、新庄、鶴岡、酒田で陶器や羽広《はびろ》鉄瓶、曲物の弁当入、漆器、雪靴や亀の子笊、籠などの各地の産物を仕入れ秋田へ向かいます。秋田では岩七輪、秋田黄八丈《きはちじょう》の反物、包金《ほうきん》の五徳など、そして大曲の陶器店で楢岡の小松弥平窯の品々を求め、窯へも訪れています。

この窯に限らず、全国の多くの陶工や職人たちが、柳や河井、濱田たちとの最初の出会いをどれほど大切に思ってきたか。かつて柳たちと直に接した先代たちから直接話を聞く機会のあった筆者の経験からだけでも、柳たちの民藝探訪の旅が、まさに眠れる地方の民藝を目覚めさせた、画期的な足跡であったことを強く思います。

柳はこのあと角館に行き、クリスチャンの柴田斉の案内で栗沢焼やただ一軒残る黄八丈の織元を訪ね、樺細工の藤木本店と八柳商店で買い付け、さらに名工で知られた小野東三とも会っています。

地元紙の「角館時報」の九年四月一五日のコラムによると、「柳さんは本年の正月頃当地に来られ、楢岡物と栗沢物を大分採集して帰られたそうだ」と記し、さらに柴田宛の書簡に「角館の町も人も忘れ難く再遊を期す」とあり、「「今後も出来るだけ貴地の産物を広く紹介したい」といっておられる」と書いています。

さて、昭和一六年一二月八日、日本は真珠湾攻撃を皮きりに太平洋戦争へ突入します。そして柳は翌一七年正月四日、夜行列車で久方ぶりの秋田県角館への旅に発ちます。これは前の年に結成された北方文化連盟主催による「冬期文化講座」のためでした。演題は「手工芸概論」で、ほかに中島健蔵「宮沢賢治について」と早川孝太郎「村落生活と共同性」、仁部富之助「野鳥の生態」の講義がありました。後の中島の回想によると、三日間の講義のあいだ講師からも聴衆からも、時局や戦争についての興奮や動揺などの一切ない、真摯な講座であったといいます。

ところでこのときの角館行きは柳にとって特別な思いがありました。それは角館を心から愛した一人の青年、富木友治との出会いであります。富木は若くして文学の道を志し、一六年一月みずから地方文化団体「北方文化連盟」を結成してその代表となります。この年六月

上／第１次樺細工伝習会作業風景、1942年５月、６月、日本民藝館西館にて。左から佐藤省一郎、鈴木繁男、小柳金太郎。
下／第２次樺細工伝習会作業風景、1943年10月、日本民藝館西館にて。左から佐藤省一郎、田口芳郎。

の三越本店での第二回東北民藝品展にさいしては、連盟からイタヤ細工を出品するなど、民藝運動との接点は既にあったのでした。

富木は、江戸時代中期から土地の名産として知られた樺細工の現状改善のために、柳宗悦の指導を仰ぐことを考えて角館に招き、柳もまた民藝運動の取り組むべき工藝の正しい伝習の事業としてそれに応えたのであります。

柳は「樺細工の伝習」(「工藝」第一二〇号、一七年一二月)という文章のなかで、次のように書いています。

「この正月雪の深いその町に、北方文化連盟から呼ばれて講演に出かけた折、下相談をして帰った。理解ある若い人たちがその町にいることが私の決心を一層促した」。

そこで柳は、若い有望な技術者を二人ほど上京してもらい、民藝館でともに生活し少なくとも半月の間、力を合わせて仕事をすることを提案しました。そしてまず自分たちが材料と手法の性質を彼らから教わり、次には彼らが私たちから、どんなものを作るかの知恵や着想を学んでもらうことが必要といっています。当時角館の樺細工は盛況ではありましたが、材料の浪費や粗製乱造で技術も品質も低下して、心ある人びとを憂慮させていたのでした。

柳と富木の相談はまとまり、富木の推薦で佐藤省一郎、小柳金太郎の両氏が上京、一七年五月二一日のことでした。そしてこの二人に、協会の側から鈴木繁男が加わって、日本民藝館の西館、当時の柳邸の一室に寝起きをともにしながら、六月八日までの一八日間、新しい樺細工のための制作伝習を行なったのでした。

このとき柳の注文で試作されたものは、大箱、小箱、鏡台、胴乱、仁丹入、なつめ、茶筒、煙草入、眼鏡入、ボタンなど、いずれも実用を旨とした品々でした。これらの樺細工の新作品は、柳の友人たちにも好評で「それは予期しない成功であった。正しい道筋さえ通れば、目前に相当の結果が得られると云う確信を摑むことができた」と柳は述べています。そしてこの伝習会は翌年も一〇月一日から月末まで、やはり東京の日本民藝館で、長老の小野東三ほか佐藤省一郎、田口芳郎、菅原二郎の三氏に協会からは鈴木繁男も加わって、より充実した制作伝習が行われました。

鈴木繁男図案「樺細工文字文箱」日本民藝館所蔵。

引きつづいて今度は翌一九年五月二〇日から六月一日まで、角館の富木家自宅工房で三回目の樺細工伝習会が行われました。このときは民藝館から柳、芹沢銈介の両氏が遠路参加し、終始指導に当たりました。その模様については富木自筆による「樺細工伝習日録」に詳しく記されていますのでその一部を紹介しましょう。

「柳先生眼鏡かけたりはずしたり、物差しをあてたり鉛筆で罫を引いたり余念なし。芹沢先生は従来すてていた樺屑をあつめ経木《きょうぎ》に張りつけたりしている。樺のモザイクなり。これは必ず将来あるものとならん」。

「両先生のご指導熱心さには唯々敬服の他なし。いよいよ柳先生の鋭鋒あたまをもたげてくる。工人諸君大いに悩む」。

このわずかな断片からだけでも、前期民藝運動における指導者たちの熱意と実行力を知ることができます。なお余談になりますが、このおり柳、芹沢の親密な同志であった静岡の医師鈴木篤と染色家三代澤《みよざわ》本寿が、盛岡経由、雫石からは山支度の徒歩で国見峠を越え角館に辿りつき、柳たちに滋養の品々を届け喜ばれたという記録があります。

樺細工の制作伝習会は戦局の悪化により、柳たちの直接の指導による伝習は行われなくなりましたが、彼らの播いた種は着実に育ち、戦後の復興のなかで質の高い物づくりを目指し、材料の紅山桜の植栽や、角館町樺細工伝承館の開設など官民一体の努力が今なお続けられています（参考資料　柳宗悦「樺細工の道」、富木友治「角館の樺細工に就いて」「工藝」一一二号、富木「樺細工伝習日録」、鈴木実「伝統産業・樺細工」角館町樺細工伝承館、ほか）。

戦中、戦後の柳を実務で支えた青年同人たち

運動の急速な展開とともに、それらに関わる実務は増えるばかりでした。昭和九（一九三四）年六月には日本民藝協会が設立されると同時に、以前からの雑誌「工藝」は第四二号から、それまでの編集発行人秋葉啓、発行所聚楽社から、発行人浅野長量、発行所は日本民藝協会に変ります。そして戦後の四号分は編集人が荒木道子となっています。

また一四年四月にはより速報的な機関誌として、同じく民藝協会から「月刊民藝」が創刊されました。この雑誌は編集責任は式場隆三郎でしたが、編集発行者は「工藝」と同じく浅野長量でした。この「月刊民藝」は一般読者を対象とした探訪やエッセイ、寄稿などのほか戦時体制とも関わる「民藝と新体制」、「北支通信」や「総力戦下の工芸を語る」座談会などを特集し、また吉田璋也「支那民藝の現地報告」、外村吉之介「満州民藝調査日記」、式場隆三郎「満州記」、杉岡泰「満州管見」など当時の北支、満州の状況のなかで、現地の民俗、民藝の現状を調査、蒐集、発表するなど活発に行われました。

そして一八年四月には、満州開拓地生活文化視察のため民藝協会から岡山の杉岡泰が出張し、その後日満企業などの協賛による満州民藝館、同民藝協会設立の目的で式場、濱田、外村、上野（たくみ）をはじめ京都の河井武一（陶）、上田恒次（陶）が派遣され北京で在勤の吉田、村岡（協会理事）と合流、「多大の成果を得て、一行九月下旬帰来」と協会主事の中尾信は記しています（「日本民藝協会報告」「民藝」一九年八月号）。

右の大陸調査団の行動について、戦後になって海外の研究者から戦争遂行への迎合、協力ではないかとの批判がされました。難しい問題ですが、戦時における行動で、絶対正義を主張することは、たとえ現地の民衆の側に立った仕事だとしても、その正否の答えは複数だと思います。

さて、「工藝」、「月刊民藝」両誌は戦時中も民藝の啓蒙に力を注ぎ、また同人の動向を忠実に伝えてきました。また運動が停滞しないよう編集、印刷、頒布ほか会計など各部門で壮青年の同人が柳を支えました。その中心として協会理事や日本民藝館評議員であった式場や浅野、村岡、田中俊雄がいましたが、柳の片腕として戦中、戦後の一時期を民藝館で勤めた荒木道子（新劇女優）、中尾信、瀬底恒など何人かのスタッフが入れ換わり協力していたことがうかがえます。念のために右の方たちのプロフィールを記しましょう（式場、浅野、浅沼についてはすでに紹介しました）。

○村岡景夫、明治三四（一九〇一）年一一月京都に生まれ、大正一四（一九二五）年三月同志社大学文学部神学科卒業。大学では西田幾多郎、田辺元に師事。そのころ京都神楽岡に住んで同志社大学英文学部講師であった柳宗悦を知り、一生の師と仰ぎます。

昭和一六年、村岡は同志社大学教授と日本民藝館評議員を兼任し京都に在勤していました。しかし民藝協会本部の指導、責任体制を強化するために、柳はその年四月、村岡を日本民藝協会専務理事に起用します。そして村岡は同志社教授の職を辞して一家を挙げて東京に転居します。そのとき村岡一家の生活を保証する裏付けはなく、柳は同志と相談の上、奉加帳を回し一年間の生活、活動費を集めたと記録されています。「月刊民藝」の記事によれば、そのころ幹部同人たちが民藝館で柳を囲んだ定期会合を行なっていたようで、すべては柳、河井、濱田、式場、芹沢、水谷、田中、浅野、浅沼たちの相談と合意によったのでしょう。

村岡は、戦時中の団体統合によって一八年から日本工藝会の総務課長となり、民藝運動についても総括的責任を持ちますが、翌年北京に転勤、更に現地召集を受けシベリアに抑留され戦後の二二年六月に帰国しました。その後も民藝運動再建の中心となり、あらゆる局面で重要な役割を果たしますが、それについてはあらためて記したいと思います。

右より、柳宗悦、ブレイク夫人、ブライス教授、ブレイク氏、柳兼子、赤坂「ざくろ」にて、1956年11月。

○中尾信《しん》、明治末年に長崎県で生まれ、九州帝国大学で文学と美術を学びました。民藝の同人では柳悦孝と同世代でした。彼が「民藝」誌三五八号（昭和五七年一〇月）に書いた「日本民藝館と外人来館者達」によると、一二年の夏、東大で開かれた世界教育会議に参加したアメリカの東洋美術文化研究団の世話役として、上野の帝室博物館、大倉集古館、そして開館九か月目の真新しい日本民藝館の案内役を務めたといいます。

その後村岡専務理事の日本工藝会への転籍にともない、民藝協会主事として「月刊民藝」の編集や事務総括、展覧会準備にあたり、また官庁関係の会議へも出席しています。

そして二〇年五月の横浜大空襲では家屋他一切を失いました。「乞食より貧乏になり、後で民藝館に行って柳さんから下駄をもらう程でした」と回想しています。

戦後は二一年から、柳の紹介でマッカーサー司令部（GHQ）の美術文化資料課に勤務し、寺社などの宗教美術の戦災状況の調査に関わりました。彼は二七年に退職し、柳とベス・ブレイク夫人の指導で個人出版の美術月報「アート・アラウンド・タウン」を刊行、二五年間にわたり同誌で国立博物館や日本民藝館ほか日本の優れた美術、工芸、歌舞伎などの伝統芸能を英文で紹介し、またバスでの見学ツアーを実施しました。また執筆者にはバーナード・リーチ、ジェームス・ミッチェナー、ブレイク夫人など優れた日本文化の理解者が多く、今も日米で同誌と中尾の研究がされています。その一人ヴィヴィアン・ケンリックの文章「中尾のパーソナリティー」によると「私は一九三六年以来、約八万人の外国人を日本民藝館に連れて行きました」と中尾が語ったと書いています。銀座のたくみ工藝店にも中尾の引率する外人の観光バスが、毎週のように横づけされる光景が見られました。

○荒木道子、荒木の名は新劇の女優として知られました。国情が戦時体制になると新劇は何かと取り締まりの対象となり、荒木もまた文学座に籍をおいたまま昭和一六年頃から民藝館に通い、雑誌「工藝」の編集を手伝い、次第に柳に重用され民藝館の万般に精通するようになりました。

荒木の名が「工藝」に出るのは一六年六月（一〇四号）の「曾我物語梗概《こうがい》」の執筆からで、柳の信頼のほどがわかります。そして一〇六号のアイヌ特集からは、荒木は柳とともに最終の一二〇号まで「編集後記」を担当し、また「月刊民藝」にも一六年の第三二号から九回にわたって「「工藝」編集室より」と題して、「工藝」誌の内容の紹介や発行状況について報告記事を書いています。

さらに二一年の一一月、花巻から土沢の及川全三宅、盛岡、一関をめぐる柳の東北探訪に同行、その際「ミンゲイカンセッシュウキマル・スグカエレ」の電報を受け取りました。もう一つ樺細工の伝習会と荒木道子に関わるあるエピソードを紹介しましょう。角館の小柳金太郎による、民藝館での第一回伝習会の回想記から引用します。

樺細工の「仕事がほぼ終ったころの日曜、柳先生に連れられ皆で新宿に出ました。ドイツ人の経営するレストランで、初めてホークやスプーンで食事をする。夕方から文学座と記憶しておりますが、新劇の丸山定夫主演する「無法松の一生」を二階から観劇する。娘役で荒木道子さんが出られたが、この時荒木さんは、民藝誌の工藝編集室勤務をされておられたようでした。四十数年前、二二歳の若き記念すべき思い出日記である」。このとき式場隆三郎、鈴木繁男の両氏も同席されたよし。柳たちの、きびしい中にも温かみのある樺細工伝習の一こまでした（参考資料「工藝」、「月刊民藝」、『全集』年譜、ケンリック「中尾のパーソナリティー」「ジャパンタイムス日曜版」一九九八年八月三〇日付、小柳「樺細工伝習会の想い出」「民藝の秋田」一九八三年五月号・秋田県民藝協会）。

20 棟方志功のこと

太平洋戦争終結前後の柳と日本民藝館のこと

戦時中の民藝運動は昭和一九（一九四四）年半ばまでは樺細工伝習会をはじめ、岩手県内の民藝調査などが行われました。そして中国大陸では吉田璋也、外村吉之介、式場隆三郎、村岡景夫、杉岡泰、柳悦孝、岡村吉右衛門たちによる中国東北部の民藝調査や現地での協会、満州民藝館設立への模索など組織的活動が行われました。

しかし他方で急速な戦局の悪化により、同人たちも大陸で現地召集され、または帰国の止むなきに至ります。さらに民藝運動の初期からの、とくに財政的な支援者であった倉敷紡績の大原孫三郎が一八年一月一八日に没し、嫡子の總一郎があとを継ぎました。

一九年末には「工藝」、「月刊民藝」両誌とも休刊。また翌二〇年には両誌の写真版の印刷を請け負った西鳥羽製版所が空襲によって全焼し、さらに大阪でも柳宗悦が精根尽した著作『日本民藝図譜現在篇』の原稿と写真版すべてが焼失しました。また東京在住同人の住居も多く被災または疎開し、二〇年三月、柳は日本民藝館を休館します。

そのころ三月一〇日の東京大空襲の被害を心配して、倉敷の武内潔真から柳に手紙があり、かねてから依頼のあった民藝館蔵品の疎開のための費用五千円を、大原美術館が全額寄付する旨書かれていました。そこで柳は芹沢銈介、鈴木繁男ら僅かな手伝いの人たちや妻の兼子とともに直ちに蔵品の疎開の準備にとりかかります。しかし四月九日の外村宛の手紙に、「この三週間蔵品疎開の荷ごしらえで、休む折りもなく疲れ果て……あいにく中尾、浅野は罹災、岡村、棟方は疎開、芹沢は挫骨、式場は市川を出でずで、小生孤軍奮闘の有様です」と書いています。

その疎開先はまず近場では目白の徳川研究所図書館に手車六台（三〇箱）、千葉県市川の式場隆三郎邸に馬車二台、そして益子の濱田庄司邸に倉敷の武内の手配によるトラック二台となっています。柳から濱田宛ての荷物目録を見ますと、六月一九日だけで屛風（芹沢型染、外村絵絣）、棟方軸物、衣裳、小裂、木工品、漆器、金工品、船簞笥、朝鮮卓、泥絵、リーチ額、洋書、仏書ほか、計一六四点、七六個口にわたります。館蔵品疎開の仕事はこのあとも続けられ、また陶磁器類は火災や運搬の安全上から木箱に入れ、民藝館の空き地に埋められました。

さて、柳はこのあと七月九日ごろ、残りの館蔵品と自らの疎開の相談のために東北、新潟、富山に、親しい友人を訪ねる旅に出ます。このときの柳の苦難の旅について、上野訓治（たくみ仕入れ担当）宛の手紙からみましょう。

「さる十日仙台下車の予定で、旅をつづけたが、思いがけなくも火焰にくすぶる市を眺めて、通過せざるを得なかった。僕の旅も生憎で、出発するなり空襲が連日つづき、一度は機銃掃射をうけて命も危ないところだった。……この唐竹（青森県、相馬貞三の実家）で艦砲射撃の大音響を聞こうとは思いもよらぬことだった。明日から又旅を奥羽、北陸につづけるがまた難行を嘗めるかとも思う」。

また富山県福光（現在南砺市）の高坂貫昭（光徳寺住職）へ宛てた七月二四日付の書簡には「今回は始めてお目にかかりしに、計らずも三晩も御厄介になり、……それに有難い事には、よき器物が適所に活かされ、濱田のものなども一段光って見えました。生活と深き交わりを持つこと、これ以外に又これ以上に正道はないと存じます。棟方も並々ならぬご後援を頂ける模様、小生よりも厚く感謝致します」。

もう一つ終戦直後の八月二七日付の、大原總一郎宛の手紙を紹介しましょう。

「時局急変致し痛恨の至りではありますが、省みると、これも受くべき天誅と存ぜられ、民族に下された一大試練と思われ、これを活かして、再出発の途に出づべきと存じます。民藝館は幸運にも、何一つ毀損することなく残りました。この事を感謝し、近々再開の運びに致し、むしろこの際積極的な活動を致すべきかと存じます。小生は、懐疑的の念を抱いておりませぬ、文化面を一好転さす非常に良い機会なのではないかとさえ存じます」。

右の柳の言葉にもあるように、彼はいかなる苦境にあっても民藝の仲間に目を配り、希望を捨てず、常に現状から学んで事態を発展させようとしました（参考資料「工藝」、「月刊民藝」、『全集』第二〇、二一、二二巻、ほか）。

ところで戦後の民藝運動の新しい展開について記す前に、昭和の前期に柳たちによって見

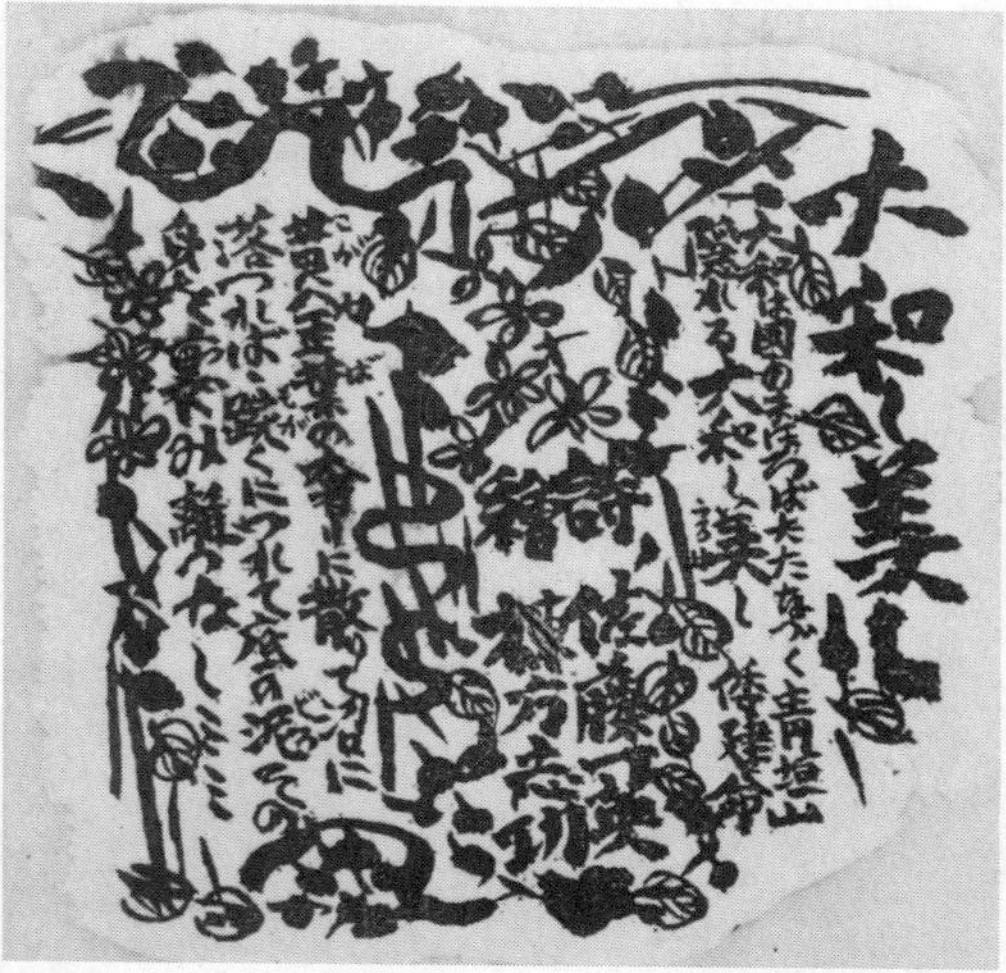

棟方志功「大和し美し版画巻」。1936年、日本民藝館蔵。

出され、その才能を花開き、工藝の新しい可能性を多くの作品に表現した、芹沢銈介と棟方志功について述べたいと思います。芹沢の初期の仕事については一一三頁以下に記しました。ここではまず棟方について述べたいと思います。

棟方志功の人と前期の作品について

棟方と柳宗悦の出会いは、昭和一一（一九三六）年四月の第一一回国画会展に出品した版画「大和《やまと》し美《うるわ》し版画巻」を、たまたま柳が見出したことによります。棟方にまつわるエピソードは多くありますが、まずはその年の「工藝」第七一号に書いた柳の文章から見ましょう。

「図は長い絵巻物風に続いている。

その大部分が文字なのだ。……所がその字に素晴らしい美しさがあるのだ。……色は何もない、只の墨摺である。……私は是が先刻濱田から聞いた不思議な男、棟方の作だと始めて分った。……こんな本能的な作物に出逢うのは実に久々なのだ」。

この作は次の文字ではじまります。

「大和し美し

大和は国のまほろばたたなづく青垣山

隠《こも》れる大和し美し　倭建命

詩　佐藤一英

絵　棟方志功

黄金《こがね》葉の奢りに散りて沼に

落つれば　踠《もが》くにつれて底の泥その

身を裹《つつ》み離つなし……（以下略）」（全二十図の内、第一図から、棟方の版のママ）。

日本武尊の健々しくも哀しい物語をうたった古事記をもとに、美しい叙事詩をえがいた佐藤一英の詩に感動した棟方は、同郷の詩人福士幸次郎の紹介で佐藤の許しを得て、この作を彫ったといいます。この大作は、昔からの物語絵やその詞書きとはかなり異質なものでした。全二〇図が「雨がざあざあと降っているような調子で、文字を画面に流していこうという感じで彫った」（『花深処無行跡』）。

そしていかにも棟方らしい美夜受《みやす》姫、弟橘姫、倭姫の美しい肢体、舞い落ちるが如き大小の文字の美しさに満たされています。そういえば、柳宗悦は寿岳文章と共同編集で発行した雑誌「ブレイクとホヰットマン」の終刊号（七年一二月号）に、書物や物語本の活字や字体の改良に対する願望を是非実現したいと述べ、「美しくして読み易き活字」を目標にしている、と書いています。柳にとってそれが活版に限らず、木版や合羽摺り、型染などを含むことは、このあとの棟方の「大和し美し」や芹沢銈介による「絵本どんきほうて」、「法然上人絵伝」の詞書き付き物語絵巻を見てもよくわかります。

さて、話は戻りますが柳は、「大和し美し版画巻」をこの年の秋に開館される日本民藝館に飾るべき新作品の一つに加えたいと濱田に計り、二巻の巻物に仕立てました。

また前述の文の後半では、いい古作に出逢うことや、いい新しい作物を見つけることも嬉しいが、更に優れた若い作者その人にぶつかることがもっと嬉しい、と書いています。「私は芹沢君や外村君のような人に出逢ったことをいつも生涯での有り難い出来事だと思っているが、この春また棟方に出逢ってこの感謝が一つふえた。……一番価値があることの一つは、未来のある作者を捜し出すことである。よい作者よ、出でよ。私達は見逃しはしないのだ」（柳「雑録」「工藝」第七一号）。

ところで柳はその年五月、京都に帰る河井寛次郎に棟方を託し、河井が「熊の仔を連れて帰る」と家に電報を打ち、夫人が真に受けてびっくりしたという話があります。柳からの事前の話があったのでしょうか、河井家での四十日ほどの滞在中、棟方は河井から禅の経典「碧巌録《へきがんろく》講話」に関する講義を受けました。棟方は柳と知り合ったはじめの頃から、仏や神々を題材にしたものを彫りたいという意向を洩らしていたといいます。

このあと棟方は益子の濱田庄司家にも滞在し、さらに柳の紹介で商工省の役人で柳と肝胆相照らした水谷良一を知ります。水谷は仏典にも造詣が深く、柳から棟方へ「華厳譜《けごんふ》」制作の話があった初めから深く関わりました。そして柳から華厳譜の資料を借り、水谷から華厳の世界の様相について講義を聞くに及んで、棟方は湧き上る華厳の世界の幻想の嵐の中に全身をゆさぶって激動した、といいます。

水谷は「華厳譜の成立」(「工藝」第七一号)の中で、「華厳譜で棟方君は仏画を初めて真の意味において儀軌《ぎき》以前に引き戻した」と書きました。儀軌というのは宗教における造形的表現の約束のことで、古来仏教、キリスト教では継承された定めがありましたが、棟方の作は形式的な極まりに捉われない自由さがあったということでしょう。

また濱田庄司は「作柄人柄」という文の中で次のように書いています。「今度の民藝館へ出した大作「華厳譜」には感心するというよりむしろ私は驚いた。すでに「大和し美し」の中で不動のような日本武尊を彫っているとはいうものの、仏体や神像を手掛けて今の作家がこれだけ優れた結果を得ようとは思いがけなかった。特に不動や風神には驚いた。ほとんどドイツあたりの初期木版にせまる。というよりこれ自身初期木版にちがいない」。

そしてさらにこう述べています。

「同じ民藝館の会場で芹沢君の試作ドンキホーテにも皆感心した。練り上げた美しさは今の工藝の仕事で類がないと思う。それだけに棟方君の版も一層対象を鮮やかにした」。

また河井は、水谷に宛てた手紙にこう書いています。

「昨日宗悦兄より華厳譜写真受け取り呆れ返ったものです。矢張り彼はケダモノでした。何という素晴らしき奴ですか。日本の絵は新しく彼から起こるでしょう」。

さて、ここで棟方志功のプロフィールを紹介しましょう。彼は鍛冶職の家に生まれ幼時から凧絵とネブタ絵に熱中し、青森地方裁判所の給仕になった一七歳のころから写生に精を出します。そのころ雑誌「白樺」に掲載されたゴッホの「ひまわり」を見て「わだばゴッホになる」といったという話は有名です。そして青森の仲間たちと画塾「青光画社」を結成。大正一三(一九二四)年九月、絵の修業のために上京、この年から四年ばかり帝展に連続して落選します。

昭和元(一九二六)年三月、第五回国画会展で川上澄生《すみお》の「初夏の風」を見て版画に開眼したといわれますが、それからのしばらくは、棟方の版画は川上の亜流を超えられない葛藤が見てとれます。しかし一〇年四月、版画「万朶譜《ばんだ》」により国画会会友に推挙され、また一一年には「大和し美し版画巻」が、柳や濱田、河井ら民藝同人の人たちに高い評価を受けました。

そのころ郷土青森に帰った棟方に、郷里の美術愛好家たちは口を揃えて、棟方の絵を分からないといったといいます。これに答えて棟方は、雪舟、光琳といえどもそのままの写実ではないではないか。それに比べれば私の絵ははるかに郷土青森の風物に近いではないか、と述べたそうです。

また青森の友人相馬貞三が開いた棟方の個展で、大人たちよりも中学位の少年たちが「俺はこれがいい、いや俺はあっちの絵だと夢中になり何回も観に来た」といいます。

棟方の絵は分からない、といわれながらも、昭和一一年頃には柳たちや、保田與重郎、蔵原伸二郎、会津八一、平塚運一らの文学者、版画家たちの間に着実に理解者を拡げ、彼もまた旺盛な創作力でそれに応えました。

このあと棟方は、佐藤一英の詩による「空海頌」(そらうみのたたえ)や同じく「東北経鬼門譜」(昭和一二年)を制作、つづけて「善知鳥版画巻」、「観音経曼荼羅」(一三年)、「二菩薩・釈迦十大弟子」(一四年)、「上宮太子版画鏡」(一五年)などの大作を制作し、国画会展、文展、日本民藝館主催新作展、高島屋における棟方志功作品展などに積極的に出品し、国展で佐分利《さぶり》賞を授賞するなど天性の才能を開かせていったのでした。

さて、ここで棟方が古くから兄事した畏友の一人、保田與重郎の「昭和十年代の壮観」から一部を紹介しましょう。

「十大弟子の板画を作った前後の画伯は、桁ちがいの夥しい仕事をしつづけた。常人が一年でするところを、一朝になしあげるようなはたらきぶりであった。柳宗悦さんと濱田庄司さんが、その画伯に、そんなにいそぐな、と忠告したことがあった。たまたま河井先生も同席で、先輩の忠告を神妙にきいている画伯の様子を見ながら、あしたになれば、彼はすっかり忘れて了《しま》っているだろうと思っていた。

翌朝、皆が朝食の席に座ると、画伯は十数枚の油絵の写生をもって帰ってきた。こういう画伯がうれしく愉快でたまらない、と河井先生は私に云うのである。旅行先の話である。その頃の画伯は、毎朝の目覚めが、今が天地《あめつち》の初めといった気分でくらしていたように私には思われた」(『棟方志功全集』第一巻巻頭序文、昭和五三年七月、講談社)。

棟方志功の芸業は、日本の敗戦後の再建のなかでさらに一層の展開をみせます。これらについてはあらためて記したいと思います。

21　芹沢銈介と蒲田協団

染色家芹沢銈介の人と前期の仕事について

昭和の初年に柳宗悦の思想と人に触れ、感動し、工藝の染色の分野で、さまざまな布や和紙を用いての新しい境地を創造した芹沢銈介の仕事について述べたいと思います。

芹沢は、静岡市本町一丁目の呉服商大石角次郎の次男として生まれ、子供のころから絵や美術が好きだったといいます。しかし大正二（一九一三）年、実家が隣家からのもらい火で全焼するという悲劇に見舞われます。

その年東京高等工業学校（現在の東京工業大学）図案科に入学、五年七月に卒業。六年二月、市内の芹沢たよと結婚。その後四年あまり静岡、大阪で図案家として県立の工業学校や役所に勤務します。八年、絵馬の蒐集を始めます。

大正一二年、山本鼎の農民美術運動に影響を受けます。翌年、ろうけつ染を始め、女性会員による「このはな会」を主宰。四月、銀座松坂屋で開催された「第二回全国家庭手芸品展覧会」（主婦之友社主催）に会として作品を出品し最高賞を受賞しました。「このはな会」はこのあとも「手芸品展」に出品しますが、これらの作品はすべてが実用の品であり、柳、河井、濱田による民藝運動が具体化する前から、芹沢は民藝の道を歩んでいたといっていいのかもしれません。この会は、戦時中の混乱期をはさんで芹沢の晩年まで門下女性の染色教室として続きました。また高島屋などの百貨店でも芹沢本人の自作数十点も含めた「このはな会染色展」が毎年開かれ多くのファンに愛されました。

その後、昭和二（一九二七）年、柳宗悦とその仲間たちを知り親交を深めます。そして七年一二月には雑誌「工藝」二四号が「芹沢銈介紹介号」として特集されます。さらに同月、大阪南海高島屋で芹沢、外村、平松、柳悦孝の四人による「染織新作家展覧会」が開かれました。また翌年三月には、東京高島屋で富本、河井、濱田、芹沢らによる「新興工芸綜合展」が開催され、芹沢はそのころには民藝同人作家の主要な一人となっていたことがわかります。

また九年二月には富本、河井、濱田、芹沢ら同人作家作品と地方の新作民藝品による「新民藝品展」が東京高島屋で開かれました。そして九月には、一一月に東京高島屋で開催される「現代日本民藝展覧会」の出品作を集荷するために柳、芹沢の二人で四国一円を探索に歩きます。

さて、先にも書きましたがこの「現代日本民藝展覧会」は出品された工芸品の種類、点数の膨大さにおいて、空前絶後であったと柳は「工藝」の編集後記に記しています。それとともに地方から集荷された新旧の民藝品だけではなく、この準備の中心メンバーであった工芸作家たち、河井、富本、濱田、芹沢、外村、黒田辰秋、舩木道忠、柳悦孝をはじめ、当時来日中で、この展示のモデルルームの台所の設計を担当したバーナード・リーチも協賛出品をしています。とくに芹沢は代表作となる六曲一双の「いろは紋屏風」ほか着物、帯、のれん、風呂敷など作品数十点を出品しています。(『生誕一一〇年　芹沢銈介展』年譜、朝日新聞社、ほか)。

いずれにしても内覧招待日の二日間を含め八日間の会期の盛況ぶりは、柳たちの民藝運動をより活性化するのに大きな力となりました。この会は、翌年三月にも大阪の南海高島屋で催され、好況でした。

そのころ芹沢の仕事はいっそう多面的になります。とくに前にも書いた雑誌「工藝」装丁の仕事は、毎月の部数が五百部ということもあって、彼にとってたいへんな修練となりました。しかしこのことが彼にとって書物の装丁への関心と、絵物語への着想に刺激となったと思います。

たとえば「伊曽保物語屏風」(昭和七年)、「古事記」(八年)、絵本「わそめゐかたり」(和染絵語・一二年)、そして同じ年の「絵本どんきほうて」の制作であります。

芹沢による初の本格的物語絵の誕生にはこんなエピソードがあります。昭和四年九月、当時ボストンのハーバード大学で仏教美術の講義をしていた柳宗悦から友人の寿岳文章あてに手紙が届きました。これには世界的なドン・キホーテ関連文献蒐集家として知られるカール・ケラーからの依頼で、日本で出された「ドン・キホーテ物語」を集め、ケラーのもとに届けてほしいとの伝言でした。しかし送られた本のどれもがケラーを満足させることはありませんでした。彼は西洋絵本の真似ではない、日本独特の作風での絵巻を求めたのでした。そこで寿岳は柳、河井とも相談の上芹沢銈介に白羽の矢を立てたと記しています。

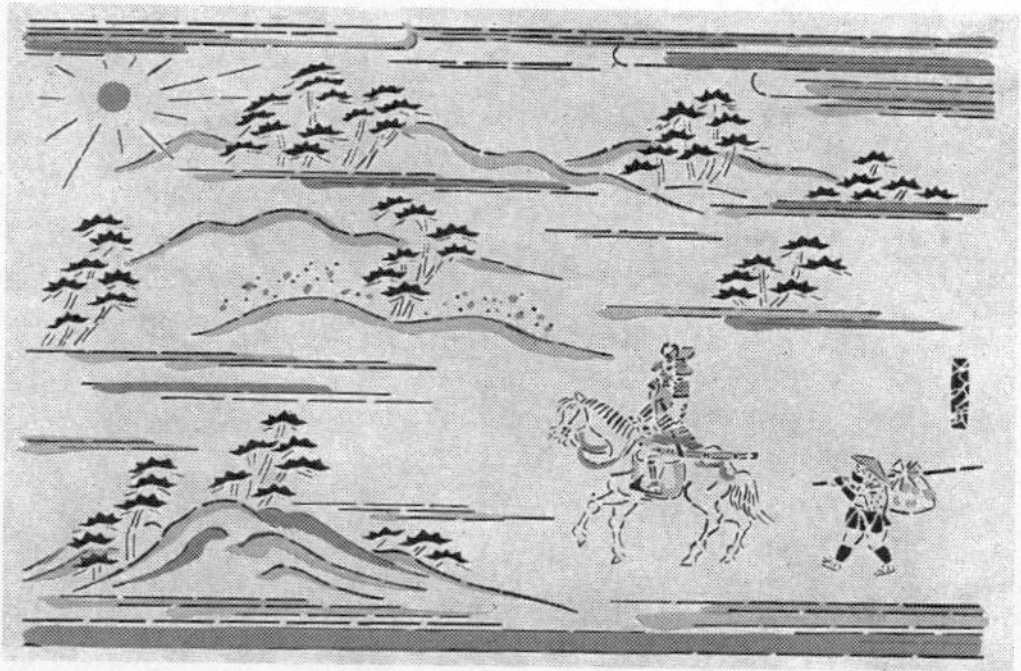
芹沢銈介「絵本どんきほうて」。「工藝」第76号より。

ラマンチャの郷士ドン・キホーテの行状記を絵本として構想することは、芹沢にとってはたいへんな難行で、のちに彼が寿岳に語ったところによれば、「わそめゐがたり」の制作は、「絵本どんきほうて」の構想に苦しんだ芹沢が、生気をとり戻すための息ぬきであったといっています。「絵本どんきほうて」は試作六図と「わそめゐがたり」が一一年一〇月の日本民藝館開館のおり、一階広間の壁面に、棟方志功の「大和し美し」、「華厳譜」試作と併せて展観されたことは前にも記しました。

ところで芹沢の初の物語絵本「どんきほうて」は、京都向日庵刊、袋綴和装本、合羽刷手彩（丹・緑・青）三二丁で、限定七五部が制作され、昭和一二（一九三七）年三月、実にケラーの注文から七年半のちに、その原版と完成絵本一五冊がボストンの彼のもとに送られました。

仏教説話としての「法然上人絵伝」について

さて、このあと芹沢が手がけた大作は、「法然上人絵伝」と「法然上人御影」であります。この誕生については柳宗悦とも親交のあった二人の浄土宗の僧侶のかかわりがありました。法然上人をこよなく崇敬し、また昭和初年、柳の『工藝の道』を読んで訪ね、仏法の真理と美の真理が同一であることに目覚めた、兵庫県明石、無量光寺の住職小川龍彦にとって、柳を介した芹沢銈介との出会いはまさに天恵ともいえるものでした。

昭和七年四月、京都帝室博物館で「法然上人絵伝展覧会」が開催されました。この会は知恩院の寺宝をはじめ、絵伝と御影の重要なものを網羅した空前の展観であったといいます。このおり、この会を拝観した小川師は数ある名品のなかでも、とりわけ木版画である「正和版法然上人御影」に惹きつけられた、とのちに「工藝」第九五号に書いています。それとともに小川師は、上人御影や絵伝の現代版、昭和の新作を熱望する思いにかられたといいます。こののち日本民藝館開館の当日訪れた小川師は、棟方志功の新作版画「華厳譜」と対面して飾られた、芹沢の「絵本どんきほうて」を一目見てその美しさに打たれたのでした。

芹沢版「法然上人絵伝」誕生のいきさつについては、小川の畏友望月信亨の言葉を借りましょう。

「昭和一二年八月一六日夜、明石の無量光寺は、余の自坊神戸藤ノ寺に余を訪ね来って云うのである。

「法然上人の絵伝を新しくつくる事を思い立ち、場面とそれに添える言葉とを選んだのですが万全を期したいのでご覧戴きたい。（中略）しかし（中略）絵伝の完成には何よりも第一に良き画工を求めねばなりません。

ところが何の幸か良い画工の方を知る縁に恵まれたのです。（中略）私はこの芹沢銈介氏の力によれば上人絵伝は大丈夫つくれると思ったのです。芹沢さんはおよそ厳選家ですが謙遜な人柄の方です。（中略）それに絵本の手法が型なのでいよいよ個人的なものが消えてしまって、無心の作が得られるのです。

私は早速、芹沢氏と謀りました。芹沢氏は非常に喜んで、しかし謙遜な言葉で私の申出を受けて下さいました。尚かつ芹沢氏の家庭は昔から浄土宗なのだそうです。柳先生や河井、濱田両翁からも相談役をお引き受け戴いているので、絵の方はもう安心です」。

芹沢銈介「法然上人絵伝」「頭光踏蓮」。「工藝」第95号より。

余は爾来、絵伝完成の報を心待ちしていた」（「工藝」第九五号）。

ところで「絵伝」について少し説明を加えますと、鎌倉、室町、江戸時代をとおして、仏教において宗祖（たとえば一遍、西行、法然、親鸞など）の年代記を詞書きや絵巻に記して門徒への布教に用いることが広く行われました。しかし絵師による通常の絵巻では少人数でしか拝見できず、そこで多くの群衆に布教するために、大画面による二幅から七幅の掛幅絵伝という様式が工夫されました。なお「法然上人絵伝」の内容については、時代的には「平家物語」と同じころの物語と述べておきましょう。

なお宗祖の御影には木版のものもみられ、それが前に紹介した「正和版法然上人御影」（京都知恩院蔵）であります。この正和（一三一二～一七年）という年代は天変・地震で年号が代り、執権の北條氏も衰えた乱世といえる時代でした。まさにそういう時代だからこそ念仏往生の教えは世に広く迎えられたのでした。

また木版画による聖像は、海外では一四二三年に作られたというドイツの「聖クリストフ像」が最古の作とされていますが、正和版法然像はそれより百年古いことになります。とくに鎌倉時代以降、法然や親鸞による「鏡の御影」といわれる自画像を写した木版の御影は、浄土宗と真宗という二つの念仏教団にとってまたとない力となりました。

芹沢銈介も「絵伝」を製作するにあたり、小川龍彦師と同行し、知恩院ほか幾つかの寺院、博物館所蔵の「絵伝」、「御影」を拝観し、絵伝六四図を完成する前に「法然上人御影」四図を完成させせました。

さて、昭和一三年一一月二〇日より日本民藝館において、知恩院の特別の好意によって大《だい》蔵会《ぞうえ》が開かれました。そのおり本館二階の一室に、「知恩院正和版法然上人御影」と、その古い復刻版の御影（平塚運一蔵）、それに会津願成寺版立像御影が飾られました。それにあわせて芹沢版新作「法然上人御影」大小四図と、絵伝一〇図が展観されたのでした。なお「御影」は型染め、「絵伝」は型を用いた合羽刷、手彩色で作られました。

絵伝は昭和一五年にその全六四図が完成し、翌一六年三月、表紙芭蕉布の和綴本、葛布帙《ちつ》入の限定百部が日本民藝協会から刊行されました。しかし戦時中のため製本が間にあわず、明石の無量光寺に保管されていた六〇部が二〇年七月の米軍による大空襲によって焼失したといいます（参考資料　柳、小川、望月、水谷、式場、村岡ほか「工藝」一二四号「芹沢銈介紹介号」、七六号「どんきほうて」、九五号「法然上人」、九八号「仏教版画」、寿岳、小川、金子量重、平塚運一ほか『芹沢銈介全集』解説・月報、『法然上人絵伝』、『親鸞聖人絵伝』至文堂）。

「芹沢さんと蒲田協団」――水谷良一の記録から

日本民藝協会が発足した昭和の九年ごろ、地方で仕事をしていた新作工藝の作家、工人たちを東京近辺に集めようという話が出てきました。日中戦争直前という当時の状況からしても、物作りのための材料の調達、人手、販路において、東京ほど恵まれた所はなかったのでした。そういったことに気付き、あるいは柳宗悦からの相談を受けて、親身な手配によって新しい協団ともいえる工人集団を生みだしたのが、当時商工省の東京鉱山監督局長であった水谷良一でした。水谷は東京帝大法科出身の官僚でありながら美術、工芸、能楽などに詳しく、民藝運動の財務、運営面でも柳たちの相談相手となっていたのでした。また昭和八年三月の国立工芸指導所へのブルーノ・タウトの招聘や、一五年八月からの同じくシャルロット・ペリアンの招聘も商工省（とくに水谷が）が関わったことは前にも書きました。

さらに水谷は、東京たくみ（正式社名・株式会社たくみ）の発足後、柳からの依頼を受けて、内閣統計局統計官の森数樹とともに内々に会計監査を引きうけたことを柳が記しています。ところで、水谷のいう「蒲田協団」という物作り集団のために用意された土地は、東京市蒲田区蒲田町の広い空き地でした。もとは関東大震災のあと水谷の父が買っておいた土地といいます。水谷の厚意で、昭和九年三月、芹沢銈介とその家族、職人、そして前年に弟子入りした鳥取出身の岡村吉右衛門が移り、住まいと工房を設け、前期の大作「どんきほうて」や「法然上人絵伝」、「いろは紋屏風」などはみな蒲田の工房で制作されました。

翌一〇年には、静岡の袋井から柳悦孝が芹沢の工房の隣に移り、織物の工房を設け、一〇月には弟の悦博《よしひろ》が兄のもとで染織の道へ入りました。ここで「工藝」七六号の水谷の文章「芹沢さんと蒲田協団」から引用しましょう。

「本当に九三年の中に蒲田も随分変わった。芹沢一家移住の翌年七月、同じ地内に悦孝君が移って、新しく機織の音を立て、ここに染と織が一つに結ばれた。その上昨年の春から鈴木繁男君も志を立てて上京し、程近い所に片脳油の香を漂わせている。

蒲田の九百坪はいつしか若い工人たちの巣になってしまった。団長の芹沢さんを中心に、柳悦孝君、同房枝さん、同悦博君、塩沢君、岡村君、鈴木君と都合七人の工藝家が集まり、染、織、漆の三部門に亘って各々その特技に忙しい。これらの人に芹沢さんの大家族が加わって、嬉しいことに、みんな仲がいい。友愛の絆で固く結ばれた小さな協働体が生れた」。

しかし残念なことに二〇年四月、米軍の空襲によって全てが焼失し、それぞれに知人を頼って転居をくり返します。その後柳悦孝の転居先の青山村田邸の離れに芹沢が移り、再び隣同士の暮しと仕事が始まりました。

こういった激動の時代、ゼロからはじまった戦後の復興、しかし柳宗悦を中心に皆の手で守り抜いた日本民藝館の無事な姿が、どれほど民藝の仲間たちを勇気づけたかはかり知れないものがあったと思います（参考資料「工藝」七六号、『柳悦孝のしごと』女子美術大学美術館、ほか）。

22　岡山と民藝運動

太平洋戦争たけなわの時代、その苦悩と希望

十五年戦争ともいわれる満州事変から原爆投下にいたるその年月は、戦時体制において生産技術の軍事への集中と資源の統制の強化によって、民事の産業を壊滅の一途に追いやりました。辛うじて残存したのは地方固有の自然の素材を用いた（たとえば竹、蔓、藁、葛布、シナ布、樺桜、杉皮などの笊、籠）庶民の日用雑貨、地方固有の日用陶器、小山村における手漉き和紙、農山村における生産用具にかかわる野鍛冶など、多くは個人の手仕事による地方の日用雑器作りでした。これらのジャンルの手仕事は、当時、軍事にはかかわりがないということで物資統制の対象から外されていました。

そのころ日本では一七歳から四〇代まで、徴兵制度により青壮年のほとんどは軍隊に入り、または軍需工場に動員されました。とくに農村ではその比率が高い上に、寒冷地における労働の生産性はきわめて低く、明治時代から飢饉の続く年には、娘たちの身売りや赤子の間引きが絶えなかったことも知られた話でした。

そこで、それらの生活用品、つまり民藝品の更なる振興によって、過疎、貧困の農山村の

救済と復興に役立たせたいというのが、柳たちの民藝運動に共鳴した商工省の水谷良一や内閣統計局の森数樹、農林省の山口弘道、内務省の山口泉たちだったことはすでに紹介しました。

しかし残念なことに、海外を中心とする柳宗悦や民藝運動の研究者たちの中で、今なお柳たちの活動が、国家主義的な内容をもった戦時協力的なものと曲解した論調が多いといわれます。この問題については、〝日本固有の天皇制と国体〟の問題、歴史上の一時の時代を除く〝日本特有の宗教観〟などについての考察を抜きには答えは出ないと私は考えます。

そういったなか一八（一九四三）年一一月、日本民藝館で「芹沢銈介、三代澤本寿、岡村吉右衛門、三氏染紙展観」が開かれました。当時、絹、木綿、麻などの糸や布も国家統制でほとんど手に入れることができず、しかし手漉き和紙を用いた三氏の型染紙の仕事は、それぞれの個性を生かして花咲き、高い評価をえて、新しい可能性を開いたのでした。

さて、ここで改めて紹介しなければならないのは、地方民藝の現状調査と、それを現代に生きた新作民藝として甦らせるために柳たちを援けた山口泉（沖縄県学務部長、埼玉県商工課長、岡山県経済部長などを歴任）のことであります。山口は関東大震災のとき東京帝大法科の一年生でしたが、その直後の朝鮮人への虐殺などの不当な行為をみて憤慨し、秘かに自宅にかくまったといいます。大学の大部分が焼失し、休校となったため朝鮮に行く決意をし、帰郷する朝鮮人学生にまぎれて渡鮮しました。

その後柳の名著『朝鮮とその芸術』を読んで民藝に開眼、そして沖縄時代には柳宗悦の初めての沖縄訪問のきっかけを作り、埼玉県商工課長の時にはみずから柳、濱田らの県内地場産業の視察と指導を仰ぎ、とくに小川村の和紙については芹沢に染紙の研究を委嘱したと回想しています。

岡山県からの民藝振興の新たな発信について

山口が岡山に赴任してからは、とくに県産の名品として知られる花筵《はなむしろ》の品質維持と柄の改良に力を注ぎました。藺草《いぐさ》の製品は古代から吉備地方（岡山）の特産でした。主に畳表が多く、昭和になってからは捺染（プリント）の花筵が輸出用に量産されました。しかし昭和一六年の対米英戦争以来、農業が米麦など食糧中心となり、藺草の生産が激減しました。花筵は栽培、収穫、染色、織に手間と費用がかかりますが、手をかけるほど美しいものができます。

そこで山口はその指導に柳宗悦の来県を仰ぎますが、柳はむしろ染織の実技に通じている芹沢銈介と外村吉之介が適任と考え、唯一の技術保存者である西阿知町の三宅松三郎の元へ派遣したのでした。一九年八月一日付の、柳から三宅宛ての葉書にはこうあります。「その後ご健康の事と御悦び致します。今般貴下及山口泉氏の御厚誼により芹沢、外村両君、花筵実技講習のため御招き下され、色々ご好意に浴する事と深く感謝致します。貴業の一段の飛躍を期待しております。一筆ご挨拶まで」。

この三宅松三郎工房製の花筵は、すでに岡山に旅した柳、河井、濱田、棟方の目に触れて喜ばれたのでしたが、更に一層の進化のために芹沢、外村は染料の堅牢度や藺草の本来の色調を活かした柄行きなどに工夫をこらし、丈夫で和風な美しさのある花筵を考案しました。
そして早くも同年九月下旬に日本民藝館において、「岡山の花筵試作品展示会」が行われ、一二月には同館西館での新作工藝展で即売されました。これらの品が何らかの皇室関係の目に触れたのでしょうか、二〇年春、高松宮家から花筵四〇枚の注文があり、柳を通して納品しています。

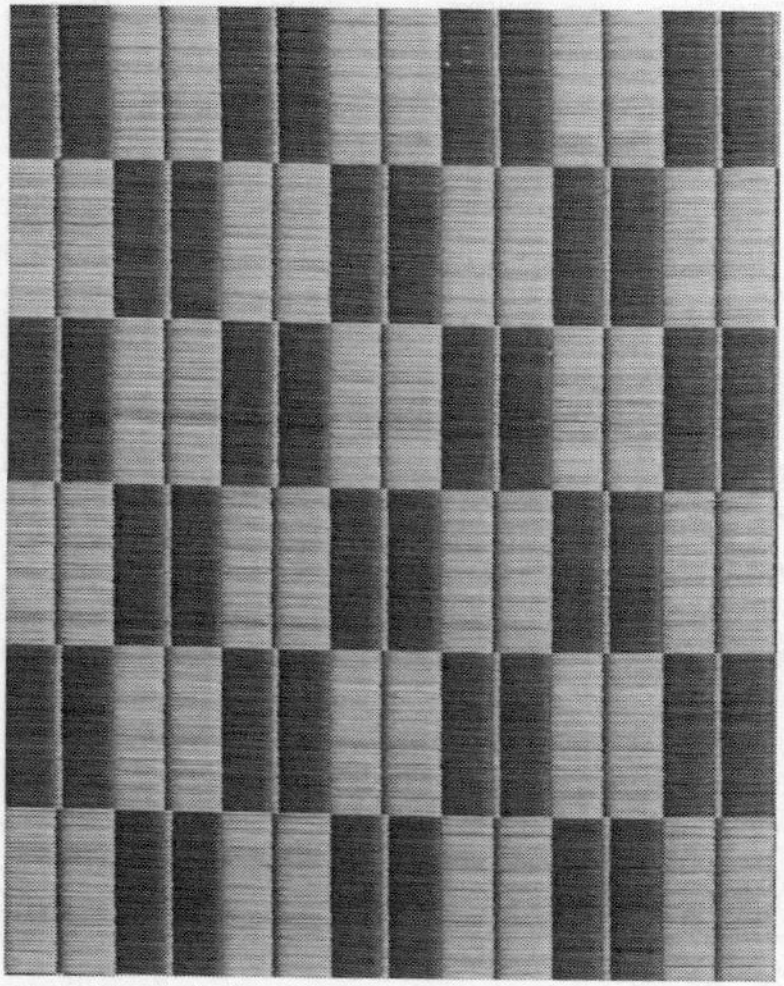
縞市松文花筵（部分）、三宅松三郎商店、1960年、倉敷民藝館蔵。

その折りの四月二八日付、三宅宛の柳の手紙によると、

「(前略) つい数日前、宮家より金子をおうけとりしましたので、とりあえず左の計算でご送金致します。

花筵四〇枚、一枚廿円とし八百円、

民藝協会手数料二割差引、六百四十円

右ここに銀行為替でお届けいたします。

扨《さて》、宮家では大変ご満足の御様子で、有難い事に、こん度は秩父宮家よりもご用命あり、先日左の御注文を得ましたので至急お手配希いあげます。（中略）代金は小生の方へご請求下さい。噂によれば、三笠宮家よりも追て御注文あるとか。山口泉氏転任の様子、新聞で知りました」。

その頃になるとたくみ工藝店も開店休業状態で、柳一人、万事を差配していた観がありま す。

さて、倉敷の花筵は今もなお三宅松三郎の子息隆夫妻の手で筋の通った仕事が守られています。しかし材料の藺草の生産がままならず、織工職人の手も足りずに先行きが懸念されるのは残念でなりません。

なお花筵にあわせてそのころ倉敷特産として名のあった手織の緞通《だんつう》の改良も行われ、やはり芹沢、外村が関わりました。この緞通は綿糸と藺草と和紙という日本ならではの天然の素材を巧みに組み合わせたもので量産には向きませんが、いつまでも続いてほしいものです（参考資料　柳、山口、芹沢、外村、式場ほか「花筵特集」「民藝」第六巻一一号、『全集』第二一巻中、『回想の柳宗悦』八潮書店、ほか）。

ところで、敗戦から三か月ばかり経って、日本民藝館の疎開荷物もようやく戻り、芹沢、鈴木繁男ほか同人の応援や柳一家の手助けもあって、民藝館は一二月二一日に再開されます。疎開荷物の引きとり費用は疎開時より高く八千九百円にもなりましたが、柳は倉敷の武内潔真あての手紙にその額の援助を依頼しています。

柳全集の書簡篇から敗戦直後の柳の所感を見ると、実に冷静で、むしろ希望に満ちているようにうかがえます。以下に幾つかの文章を引用しましょう。

及川全三宛、「明日の米軍進駐は恐らく事なくして済むかと思います。今は敗戦の理由を内省し今後の再建に一路勧進したきものです」（八月二五日付）。

大原總一郎宛、「民藝館は幸運にも、何一つ毀損する事なく残りました。近々再開の運びに致し、（中略）文化面を一好転さす非常によい機会なのではないかとさえ存じます」（八月二七日付）。

外村吉之介宛、「これも民族の試練、受くべき、天誅……文化面においては或いはもっと恵まれた事情に入り得るかとも思われます。九月一日同人の集まりをし、近々民藝館も再開したき希望です」（八月二七日付）。

そのころ大原總一郎をトップとする倉敷紡績グループは、工場など倉敷の諸施設は無事でしたが、東京の事務所と住吉の大原邸が罹災しました。終戦後は軍需品の生産から民需への切り替えなどに追われましたが、そのなかで大原總一郎と武内潔真（大原美術館館長）ほか腹心の役員たちは民藝運動の復興に協力的でした。

戦時中工場労働者の不足を補うために、若い女子が挺身隊として多数動員されました。倉紡でも系列の万寿航空機製作所に沖縄からの挺身隊員が多く、戦後米軍に占領された故郷に帰ることが出来なかったのでした。そこで彼女たちに仕事を与え、沖縄に帰郷後もその仕事が活かされ、壊滅状態の琉球織物復興の助けになるようにということで、手織物の技術を伝習する計画が提案されました。

武内から相談を受けた柳は、二〇（一九四五）年一一月八日付の返信で「沖縄の人達による織物の仕事は、実に名案と存じ、過日係りの方が河井を訪れた話も既に聞き及んでおりました。それに就いて小生の一提案は、沖縄について深い敬慕の念と理解とをもつ外村吉之介君を、指導者に招かれることです」と記しています。そして静岡県袋井の地震被災で福井県大野町に移り住んだ外村が、民藝運動の主要地から遠く、前年から関わっている花筵や緞通の指導にも不便をきたしていることを述べ、強く推薦しています。

ところで、柳宗悦は、一三（一九三八）年師走からの四回にわたる沖縄への調査旅行のさい、とりわけ芭蕉布《ばしょうふ》の美しさに心を奪われ、一八年三月、私家版の限定本『芭蕉布物語』を上梓しました。柳は、この書の前書で「今時こんな美しい布はめったにないのです。いつ見てもこの布ばかりは本物です。その美しさの由来を訪ねると理の当然であって、どうしても美しくならざるを得ない事情にあるのだとさえ云えるのです」と書いたのでした。

さて、外村は翌二一年、家族とともに倉敷に居を移し、沖縄挺身隊女子の中から芭蕉布の里から来た平良《たいら》敏子《としこ》ら四名を選抜し、織物の実習教育に当たりました。一年足らずでしたが研修が終り、平良敏子は沖縄に帰り、大宜味村喜《き》如嘉《じょか》の故郷で家族や村人とともに糸芭蕉の栽培、苧《うーは》剝ぎ、糸績み、染色、織りに取り組みました。この芭蕉布は四九年には国指定の重要無形文化財に認定され、彼女は今も九五歳ながら健在で工房で仕事に精をだしています。

芭蕉布というのは糸芭蕉の繊維から作られる夏物の着物ですが、沖縄の織物の中でも、貴賤を問わず人々に愛用され、王朝時代（江戸期）には清国や幕府への貢物や交易にも用いられました。喜如嘉の布は本来、縞や格子が中心の庶民の織物でしたが、平良敏子は地域の多くの人たちの協力を得て、伝統の絣柄の復活につとめ、また首里王府で愛用された先染の色物の着物、帯にも挑戦し、新作も加えてその魅力を甦らせました。芭蕉布の歴史に詳しい渡名喜明が記録した、謙虚な平良の言葉があります。「母をはじめとする喜如嘉の女たち、父や祖父、大原總一郎と外村吉之介、そのほか。私はそれらの人たちに支えられて、走り回ってきたにすぎないのです」（参考資料　柳宗悦『芭蕉布物語』私家版、『喜如嘉の芭蕉布』講談社、『平良敏子の芭蕉布』日本放送出版協会、ほか）。

岡山県民藝協会、倉敷民藝館、民藝振興会社の設立

岡山における民藝の運動は、柳の推挙による外村の倉敷転居と、それを全面的に支援した大原總一郎の強い意志を軸に次々と実を結ぶことになります。その展開の早さと広がりは、岡山での民藝復興のエネルギーがいかに強いものであったかを物語っています。

そのころ柳を中心とした日本民藝協会では地方支部の設立がさし迫った課題でした。岡山でも運動体のセンターとして昭和二一年六月、岡山県民藝協会が設立され、初代会長に大原總一郎が就任しました。この会には倉敷紡績の関係者や、外村をはじめ工芸の実作者たち、地域の民藝愛好者など多くの人たちが加入し、機関誌「山陽民藝」を発行するなど活発な活動を続けています。

翌二二（一九四七）年二月に入って外村と杉岡泰、守田健次郎の三人は県内の工藝品の調査に出発しました。そのころはまだ県内の農山漁村だけではなく街にも生気にみちた工芸品が溢れていたといいます。そしてこのあと四月十日から岡山市内の百貨店で「現代山陽民藝品展覧会」を開催し、続いて二五日からは倉敷の百貨店で「現代岡山県民藝展」を開催し好評を博しました。

そしてその成果を踏まえて、その年一一月、岡山県民藝振興株式会社が設立されました。資本金は一五万円、戦前に日本民藝協会主事を務めた杉岡泰が業務一任され、代表取締役に就任しました。この会社の発足には大原と外村の大きな後押しがあったことはいうまでもあ

倉敷民藝館外観

りません。

さてそのちょうど一年後の二三年一一月、倉敷民藝館が開館します。これについてはかつて理事をつとめた大月一清の文を引用しましょう。

「柳宗悦の推薦で基督教会牧師・染織家の外村吉之介を迎え、大原家の米蔵を提供し、すべて外村に運営を一任、開館式典には柳宗悦も出席、地方民藝館第一号の誕生を祝福した。外村の献身によって、沖縄を含む日本・韓国・東南アジア・西洋の優れた民藝品一万数千点を収蔵し、日常生活の美の範例として輝いている」(『民藝』六四八号)。

外村は、二八年には自宅に倉敷本染手織研究所を創設し、夫人とともに民藝美論と技能を指導し、これまでに二三〇名に及ぶ女性の織り手を育成しました。

もう一つ、倉敷の中心に位置する大原美術館に増設された工藝館について記しましょう。大原總一郎は昭和三六年五月の柳宗悦の逝去によって、その月の内に日本民藝協会の会長に就任、翌年には日本民藝館の理事長も兼任して新館長濱田庄司を全面的に支えました。かたわら大原美術館内に富本、濱田、河井、リーチの陶器館を開設、二年後に芹沢染色館、棟方版画館も併設します。

また蛇足ながら付け加えれば、東京の株式会社たくみが二九年に予期し得なかった手形事故によって、莫大な損失を被ったさい、柳との相談によりその後、たくみの株式を倍額増資という形で、倉敷レイヨン株式会社と、一部は倉敷民藝館が出資し救済されたことも、五〇年近く経った今、やはり記録しなければならないと思います。

民藝運動における中心メンバーの方々の、その親密で同志的な絆は私たちも肝に銘じるべきでしょう（参考資料　「民藝」七二五号、外村『日々美の喜び』講談社）。

23 「美の法門」

戦時中の柳の著作、その執筆と刊行

筆まめな柳宗悦のことですから、戦時中とはいえ知友人への手紙や葉書での連絡は欠かしませんでした。また書物の出版の制限された戦時中でも、可能な限り私家版などで次々と〝民藝〟への想いを世に問いました。その主な著作とその周辺を記しましょう。

昭和一六年　六月　「民藝とは何か」（昭和書房）
　　　　　　七月　「茶と美」（牧野書店）
　　　　　　八月　柳、箱根で著述
一七年　一月　秋田角館で講演
　　　　　　「工藝文化」（文藝春秋社）
　　　　六月　「私の念願」（不二書房）
　　　　七月　「工藝の美」（私家本）
　　　　七月　柳、日光中禅寺湖畔で著述
　　　　九月　「藍絵の猪口」（日本民藝協会）

一一月「雪国の蓑」（同右）
一二月 年末から箱根で著述
一八年 二月 母、勝子逝去
三月「日田の皿山」（同右）
九月「芭蕉布物語」（私家本）
一〇月「和紙の美」（私家本）
「諸国の土瓶」（日本民藝協会）
「木喰上人の彫刻」（同右）
「信と美」（生活文化研究会）
一九年 一月「日満支現在民藝展」（於民藝館）
三月「工藝」、「民藝」誌いずれも休刊
二〇年 三月 柳の「日本民藝図譜現在篇」の原稿・写真板が大阪での空襲で焼失
日本民藝館一時閉館
六月 館蔵品を疎開、埋蔵
八月 一五日、敗戦

戦後の民藝復興 外国人と新作民藝

昭和二〇（一九四五）年八月一五日、日本はポツダム宣言を受諾し降伏します。柳館長は、民藝館とその収蔵品を守るために孤軍奮闘の働きをしますが、過労と心労のため病臥します。しかし次第に鈴木繁男や中尾信たちが民藝館に駆けつけ、埋蔵してあった古陶器などを掘り起こし、一二月には開館にこぎつけたのでした。

銀座のたくみも店舗が一部被災しましたが修復し、その年秋には店を再開しました。「月刊たくみ」開店二〇周年記念号の吉田璋也の文「たくみの発生前後」によると、「終戦前後の「たくみ」の第二の苦闘時代を、式場隆三郎、山本正三、上野訓治、伊東安兵衛の諸兄の尽力で切り抜けてくれた」と記しています。

式場は吉田と新潟医専以来の親友であり「白樺」に傾倒、我孫子や京都時代の柳宗悦、志賀直哉と親交をもちました。柳の民藝運動を終始支え、また放浪の画家といわれた山下清を見出したことはすでに記したところであります。

山本正三は、昭和一二年、東京大学経済学部卒。学生時代にはマルクス主義に傾倒し学生消費組合に中心メンバーとして活動、検挙されています。その後愛媛県庁に勤務、この時期四国各地の窯場を訪ね、民藝への関心を持ちました。またたくみに通い式場や芹沢銈介と親しくなり、戦後は週刊教育新聞社を経てたくみに入社、数年後には専務取締役を勤めました。

上野はたくみ開店から間もなく銀座鳩居堂から入り、主に民藝品の仕入れを担当し、戦後も東北から沖縄まで広く仕入れに歩きましたが、病を得て二七年に亡くなりました。

伊東は法政大学哲学科卒。三木清、谷川徹三に師事。その影響で柳の著作を読み、民藝館やたくみに通い、戦後のたくみに入社、営業部長となり、またいわゆる民藝家具や民家風建築の設計家としても知られました。

さてここで、再開間もない日本民藝館と柳宗悦の話に戻りましょう。占領下のことですからアメリカの教育使節団や軍人の家族、その他の連合国人もしばしば日本民藝館を訪れるようになりました。中でも東洋古美術の研究で知られ、昭和四年に柳をハーバード大学での長期講義に招聘したラングドン・ウォーナー博士は、戦後はじめて民藝館を訪れたとき案内の中尾信の前で両手をひろげて「おー、よかった、よかった」と叫び、「東京で上野の博物館と駒場の民藝館が焼けなかったことは、私にとっては、京都と奈良が助かったと同じくらいうれしい」と言ったといいます（「民藝」三五八号）。そしてその後は、柳はウォーナー博士を連れてよくたくみにもきたといいます。

ところが二一年一一月下旬、民藝館は連合国軍司令部（GHQ）から建物全部の接収の通告を受け、柳たちは急いで引き渡しの準備に入りました。次に柳の文章を見ましょう。

「所が三月一三日の夕方であった。私の不在中ブレイク夫人の来訪を受けた。混雑の有様を見、又私の妻から事情を聞かれて大変驚かれ、「直接司令部の方に話し合ってみよう」とのことであった」（「編集後記」「工藝」一一七号）。

そしてベス・ブレイク夫人（アメリカ赤十字社婦人部長）は翌朝英国人ブライス氏を伴って柳との打ち合わせに来訪、さらにGHQに行かれ秘書官のバンカー大佐を伴なって再び来館されました。そのような経緯があって、期限前日の三月一九日に接収解除の報を受けたのでした。

このことにふれてバーナード・リーチは著作『日本絵日記』の中で、そのときのブレイク夫人のてきぱきした働きを称えています。このお二人は二八（一九五三）年六月に柳の誘いで、鳥取で開かれた民藝協会全国大会にも参加をしています。

ベス・ブレイク夫人は民藝品が大好きで、サロン・ド・プランタンという親睦団体を作り、たくみへもお仲間の婦人たちを伴っていつも来られ、日本各地の作り手も訪ねています。しかしクリスマス・ギフトになかなか良いものがないということで柳にたびたび相談がありました。二四年ごろといいますが、たくみでクリスマス・ギフトショーをやろうということで、柳とサロン・ド・プランタンの役員数名、それにたくみのスタッフを加えてたびたび打ち合わせをしたと当時の伊東営業部長がのちに回想しています。しかもその通訳はいつも柳がつとめたと書いています（蝦名則篇『回想の柳宗悦』八潮書店）。

そのときのギフトショー相談会は、ある意味で外国人を交えての、今の生活に適した新作民藝の企画会議でもありました。その第一が芹沢銈介の図案による「型染カレンダー」でした。芹沢は物資統制外の和紙を使って戦時中も型染でのポスターを製作していたといいます。そこでたくみの山本からの提案もあって、戦後の二一年度版からの型染めによる一二カ月別染の「絵暦」を製作しました。そしてさらにその手法を活かしたクリスマス・カード、年賀状、染絵小品など、そして布に同様に模様を染めたテーブルセンター、クッション、のれん、ランチョンマットなど多くはその頃からの制作でした。この仕事にはかなりの人手が必要で、昭和三〇（一九五五）年になって工房としての「芹沢染紙研究所」に発展しました。

また芹沢の門下の染織家のグループ「萌木会《もえぎかい》染色協同組合」（柚木沙弥郎《ゆのきさみろう》、小島悳次郎《とくじろう》、三代澤本寿、長沼孝一、大橋豊久ら）も、その頃から創作的な染織の仕事の展開を見せ評価されました。

このほかギフトショー関係では電気スタンドやシェード、ビアマグなどが工夫され、新しい民藝として内外の人たちの人気を集めました。電気スタンドは和紙や板締め紙を用いた笠に、益子の濱田窯による陶器の台、砥部《とべ》焼の白磁の台、信州松本の木製の台、そして柳が竹の額や柄杓作りで重用していた青木隆介の竹編みの行燈やペーパーナイフなどがありました。ビアマグは主に濱田の指導による益子焼でした。このほか日本各地のこけしや郷土玩具、手描きの凧などもこのショーの定番であったことも付け加えておきましょう。

伊東の記録によれば、サロン・ド・プランタンのギフトショーは、たくみの二階が抜けるかと思うほど盛況であったといいます。このように戦後の民藝復興は地方民藝品の再生だけでなく、新しい民藝品の創作にも取り組んだのでした。

戦後における日本民藝協会の再建と全国協議会

柳宗悦を中心とする民藝運動は、常に豊かな実体と行動力をもった啓蒙運動でしたから、誕生の当初から「白樺」、「越後タイムス」、「大調和」などの同人出版物に柳自ら寄稿し、またその後「工藝」、「月刊民藝」を発行して運動の指針を明らかにしてきました。

戦後の昭和二一（一九四六）年からの本格的な復興事業においても、安定した定期発行の機関誌の復刊はさし迫った課題でした。しかし印刷所の被災や「工藝」の用紙の焼失による復刊の遅れに加え、「月刊民藝」の用紙も受給権を誤って他社に融通してしまった手違いがあり、協会機関誌としての「民藝」誌は復刊された第七〇号（二二年頃の発行か）をもって終刊となります。

しかし機関誌復刊への意欲は止まず翌二三年、「日本民藝」（編集人は村岡景夫協会理事）が日本民藝協会から刊行されました。この雑誌は戦後の混乱期ということもあり、また協会財政の枯渇という事情から年一回の刊行となり、二六年秋には終刊となりました（二六年九月

「工藝」第1号、1931年1月。

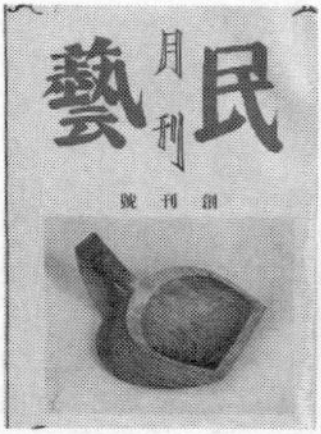

「月刊民藝」第1号、1939年4月。

「日本民藝」第1号、1948年10月。

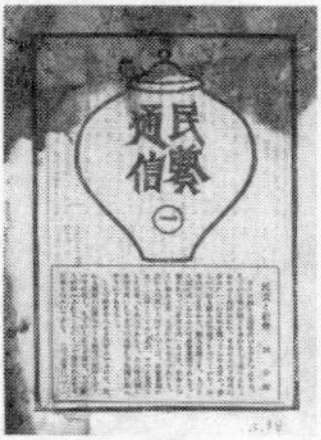

「民藝通信」第1号、1950年8月。

「月刊たくみ」第1号、1952年10月。

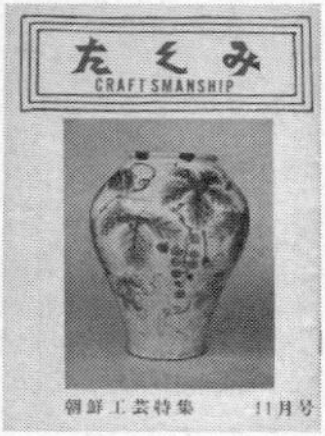

「月刊たくみ」1954年11月号、この号より東京民藝協会発行に。

発行の第四号の協会記によれば、次号は黄八丈《きはちじょう》を中心とした織物特集号が企画されていた）。そして二五年八月から二九年七月まで併行して協会から出された冊子「民藝通信」（発行人村岡、編集はたくみ山本正三）も、二九年三月に東京民藝協会が設立され、たくみに事務局をおき、「月刊たくみ」を東京協会の機関誌として定めたことで、その役割を終え終刊しました。

日本敗戦後の一〇年ほどは、安定した本部事務局がなく、情報蒐集力も、また発信力もかなり弱かった時期であったとみるむきもありますが、私はそうは思いません。先にも書きましたが、戦後の二一年六月、岡山県民藝協会が設立され、大原總一郎が初代会長に就任しました。そして間もなく不定期ではありますが「岡山県民藝協会会報」を発行しています。この会報は間もなく「山陽民藝」と名称をかえ、不定期刊行ながら民藝の情報の発信と、当初から一貫して岡山協会会長の所感を掲載しています。

初期の会長所感はもとより大原会長ですが、たとえば第四号と第七号では前年一一月に発足したばかりの岡山県民藝振興株式会社のかくあるべき使命について語り、第九号では「製産の年」と題し、第一〇号は「民藝館の使命と工藝運動の意義」、第一二号からは「民藝と経済」の連載となっています。大原は民藝運動を概念的に捉えるのではなく、ものの生産、流通、消費の一貫した流れのなかで関わっていくことの大切さを説いています。右の大原会長の思いにあるように、民藝運動は中央、地方を問わず急速に再建の一歩を踏み出し、各地で次々と協会再建、または設立の動きが出てきました。

そして二二年一二月一、二の両日、日本民藝館において、日本民藝協会第一回聯合協議会が開かれました。この時の主な課題は、地方協会と本部との情報の共有と連携の強化であったと思われます。このとき現況報告を行なった地方代表は、いずれもこのあとも民藝運動において重要な役割を果たした方々でした。参考までに記しましょう。

岩手（及川全三）、秋田（佐藤省一）、新潟（田中豊太郎）、富山（中田勇吉）、栃木（加藤英二）、長野（三代澤本寿）、静岡（小川龍彦）、京都（西郁辰三郎）、阪神（田中茂）、岡山（外村吉之介）、広島（内田皓夫）、鳥取（上田禮之）。

右の他、当日欠席した協会や、そのすぐ後設立された協会は、青森、北海道、島根、米子、大阪、広島、などがあります。なお、この第一回聯合協議会で「社団法人日本民藝協会」の設立が決議されました。

相国寺での第二回全国協議会と柳による講話のこと

さて、各地の手仕事の産地は戦地からの復員や、当座の復旧が一段落するにつれ、生産は次第に回復してきます。そして昭和二三年一一月四、五、六日にかけて第二回全国協議会（聯合から全国に変更）が京都と大阪で開催されました。その概要を「日本民藝」第二号の協会記から紹介しましょう。

「主催地の心入りで選ばれた会場は洛北の名刹相国寺の本坊であった。全国各地からの参会者六〇名、一年振りの賑やかな集いである。定刻午後一時半西郁辰三郎氏の司会の挨拶によって会は開かれ、議長に寿岳文章氏、書記に西村大治郎、西郁辰三郎両氏が指名された。寿岳議長の挨拶についで柳会長の民藝館並びに雑誌工藝に関する報告、ついで日本民藝協会（村岡）、東京（上野）、長野（三代澤）、富山（安川）、鳥取（浅沼）、倉吉（長谷川）、島根（尾野）、広島（内田）、岡山（杉岡）、兵庫（小川）、大阪（河合）、京都（西郁）のそれぞれ報告を聞く。（中略）

報告を終わって多年民藝運動に多大の支持を頂いている岩井武俊氏（元大阪毎日新聞京都支局長）、川勝堅一氏（高島屋常務取締役）の両氏に対し大原總一郎、柳会長からそれぞれ感謝の辞が贈られ、ついで昭和二三年度民藝賞が及川全三氏（和染和紙とホームスパン）、長谷川富三郎氏（学校教育における民藝）、荒木道子氏（「工藝」編集などへの貢献）の三氏に対し贈呈されて一日目の議事を終えました。

ところで第二回協議会の総括報告に関連して、各地協会から「日本民藝」誌に寄せられた活動報告「民藝消息」欄によると、「富山支部報告、北海道支部報告、駿河漉場通信、大阪通信、松本支部近況、岡山民藝半歳記、島根民藝だより、益子、讃岐から、全国協議会を終了して（京都）」など、いずれも戦後における地域民藝の再建に燃えて実行にとりかかっています。

具体的には、柳、河井、濱田、寿岳、芹沢、外村、棟方、村岡などの指導者や工藝作家たちを当地へ招いて、各種展覧会や講演会を積極的に行い、モノと心の両面から〝民藝の意義と運動のあり方〟についての啓蒙に努めていることがうかがえます。

京都の河井博による報告によっても、この時の協議会の開催、運営に力を尽くした人の名は、京都で西村大治郎、亘英三、西垣光温、毎日新聞の岩井武俊、加藤三之雄、藤田信勝、井上靖ほか、大阪では河合勝雄会長、田中茂、堀尾幹雄、佐々木治郎、森口太郎はじめ多くいました。

また柳、外村たちも地方の講演先で、この協議会への参加を積極的に働きかけています。

さて、右の第一日目の行事がすべて終り、夕餉の精進料理を戴いたあと、夜、僧坊にて柳宗悦による法話「美の法門」の講演が行われました。その状況について協会記から紹介しましょう。

「柳先生の生涯をかけての思索と探究の尊い結実である〝信と美の円融の妙境〟に一同深く打たれ、また光明を与えられ、民藝の坐に連なる悦びを感謝した。

講演後温かい点心のもてなしを受け、棟方志功氏の感極まった謝辞についで求道者の熱心な質問が続けられ、その一々に対する先生の教示が繰り広げられて時の移るのを忘れ、十時を過ぎて一応会を閉じたが、高潮に達した感激はつきず、本坊に人影が全く絶えたのは暁にほど遠からぬ刻であったろう」（協会記は村岡理事の執筆と思われます）。

ここで後先が逆になりましたが、柳宗悦の『美の法門』について述べたいと思います。

柳はある文章で、自分は若いころキリスト教に傾倒し、なかでも最も私の心を引いたのは、中世期の神秘思想であったといっています。その後彼は民藝に強い関心をもち、凡夫たる民衆から生まれる並々ならぬ美に気づき、民衆の仏教としての浄土宗、そして他力道に惹かれたといいます。柳がかつて門徒の住職、小川龍彦と望月信亭の発案による「法然上人絵伝」

の新作の作者として芹沢銈介を推薦したのも、「月刊民藝」誌の編集発行を本所源光院の浅野長量にまかせたのも、念仏宗である浄土宗や真宗への信頼からであったと思います。

柳は、永年にわたる「信と美の合一」への思索をより深めるために、そのころ親交を深めつつあった越中富山の門徒の方々、高坂貫昭、石黒連州、そして戦時中から疎開先として当地に世話になっていた棟方志功らを河井、濱田たちとともに訪ね、城端《じようはな》別院で真宗の経典である「色紙和讃《しきしわさん》」の古版本を拝見、天恵といっていいか、翌年柳はこれに類する美しい「色紙和讃」を京都で入手するなど、柳にとって真宗門徒の多い北陸地方での再々の旅は実りあるものでした。

昭和二三（一九四八）年七月、柳は戦後三回目になる越中への旅で、城端別院に長期滞在し、『美の法門』を書きあげました。一日にして書き上げたといわれますが、滞在日数からして、経典を読み、思索する日々の方が長かったということでしょう。

柳宗悦の法話「美の法門」について

その本文は次の言葉ではじまります。

「『大無量寿経』、六八《ろくはち》の大願、第四にいう、
設《たと》い我仏を得んに
国の中の人天
形式不同《ぎようしきふどう》にして

好醜《こうしゅ》有らば
正覚《しょうがく》を取らじ

この一言があるからには、之によって美の一宗が建てられてよい。意味は「若し私が仏になる時、私の国の人達の形や色が同じでなく、好《よ》き者と醜き者とがあるなら、私は仏にはなりませぬ」と云うのである。このことは更に次のことを意味する。「仏の国に於いては美と醜との二がないのである」と。

柳はさらに論をすすめます。

「ここで美の法門は何を説き何を知らせようとするのか。美醜を超えたその本性に居れば、誰であろうと何ものであろうと、救いの中に在るのだと教えるのである。（中略）人間のこの世において、二にあって一に達する道はないであろうか。（中略）「出来る」と経文は答えているのである。不思議なことには、もう達しているのである。それは久遠《くおん》の昔に果たされて了《しま》ったことなのである」。

仏がすでに早く正覚を取ったからには人はすでに救われているのだ、それなのに悩んでいるのだ、と柳はいいます。「ではどうしたらよいのか。あるがままの本然の性に帰ることである。そういう境地を仏徒は「如」と云ったのである。「如」はまた「一」である。「一」はまた「不二」ともいう。それ故美にも醜にも属しない」と。

この講演のあと、柳宗悦は具体的な事例を題材にしながら、さらなる論稿を「日本民藝」誌に発表します。

二号（二四年四月刊）「茶道への批判」（放送原稿）

三号（二五年一二月刊）「民藝と雪舟」

四号（二六年一〇月刊）「只の境地」

右の三つの論稿は、いずれも二三年一一月四日の「美の法門」の講演のあとに執筆されたものですが、いずれも「美の法門」を補足し敷衍《ふえん》する大切な内容をもっています。

「茶道への批判」において柳は、茶道が本来日々の暮しと結んだ芸道であることを述べ、紹鷗《じょうおう》、利休の時代にそれが熟し、直観と創意から茶器ならざる民器から茶器を選び、また茶礼を生んだことを評価しています。

第二に茶器の美を通して、「侘《わ》び」や「渋み」などの美の深さを形ある姿で示したこと。

第三に実際に使うことで美を味わしめたこと。

第四に民衆の中に美の教養を広く植えつけたこと。

第五にはこれを一つの心の修業とみて、禅の道と一つたらんとしたこと。

しかし柳は、その後の茶の湯の形骸化と商業化を強く憂い、茶室の中に限られた茶ではなく、日常生活の中に生きた茶であるべきことを強く主張しました。
○「民藝と雪舟」
「過日私は北鎌倉の寿福庵で、等楊禅師の印のある一軸を獲《え》た。柳の古木に鷺《さぎ》が一羽止まっている図である。画韻からしてすぐ足利時代の水墨画だと感じられた。誰の絵だか分らぬが、その美しさに打たれ、民藝館のため手に入れたいと即座に思った」。このあと柳は「等楊禅師」が「雪舟」のことだと気づきましたが、「しかし私にとっては、印があってもなくても同じなのである」といいます。そして、このあと民藝の仲間から「民藝と雪舟とどういう因縁があるのか」という質問がありました。それに対して「私はかつて一度なりとも民藝品にしか美はないなどと言った覚えはないのである」。

そして「私達の立場はもっと自由なのである。美しいものは美しいのである。民藝品だから美しいのでもなく、民藝品でないから醜いのでもない」。さらに、「そういう自由な見方を持ちうる時にのみ、民藝美が見えるのである」と述べています。

○「只の境地」

「工藝の道」を読み、学生時代から柳宗悦に私淑した津軽の相馬貞三を、柳が訪ねたおりの相馬の回想があります。この地では当たり前の悪戸焼の片口鉢を柳に見せたところ、ひとこと「只だな」と言ったといいます。なんの作意もない、実用的でどこにでもある器、相馬にとってそれ以来「只という境地」は大きな公案となったといいます。

「禅語に「只麼」という言葉がある。「しも」と読んで「そのまま」の意である。仏教で用いる至上の言葉「如」は結局「そのまま」の意で、究極の世界を見つめているのである。「只」とはそういう本来の面目にあることである」。

また、茶人が井戸茶碗に禅味を感じるということも、「井戸」の持ち味が「只麼」の世界で生まれているからである。柳は「只の境地」の中でそのようにいっています（参考資料柳宗悦『美の法門』昭和二四年三月二一日・日本民藝協会、柳『無有好醜の願』三二年一〇月二四

日・日本民藝館、「日本民藝」二、三、四号、「民藝通信」各号、「岡山県民藝協会会報」、宇賀田達雄『日本民藝協会の七〇年』、ほか)。

24　ホームスパンのことなど

岩手県における民藝運動の展開

昭和九（一九三四）年七月の日本民藝協会の設立と、一一年一〇月の日本民藝館の開館は、地方の同人たちへも勇気と活力を与えました。そして戦後の復活と、前章で述べた柳宗悦の「美の法門」という、渾身の美の真理の提示は、人々にとって詳しくは解《わか》らぬものの、直観的に柳の目指す方向への確信を与えるものとなりました。

そういったなかで戦時中に柳たちによって種をまかれ芽をふいた幾つかの地方から、今回は岩手県の同人たちの活動について述べたいと思います。

東北地方における地方民藝調査の活動は、前にも述べたように農林省雪害調査所との連携による山形県の新庄を軸とした調査、振興、販売（生産者援助のため）の事業と、秋田県角館の樺細工の再生のための民藝館による直接の指導などがありました。

そのころ柳の地方行脚は、他にも各県にわたって行われましたが、農村副業の振興への助言を兼ねた講演会を利用した場合も多く、従って土地の有力者の協力が常のことでした。前に述べた昭和九年の「現代日本民藝展」のための岩手県内民藝品調査と集荷においても、すでに知己であった県工業試験場の吉川保正《きっかわやすまさ》技師や及川全三《おいかわぜんぞう》（ホームスパン織物作家）の適切な案内によって多くの収穫を挙げることが出来ました。

その前後の記録すべき収穫の一つは盛岡市仙北町の荒物屋で見つけた、牡丹模様のある大きな菓子櫃でした。木地は茅町の雑貨店で作り、長町の塗師屋で仕上げたという蓋付の容器で、寄り合いや田植えのとき赤飯や握り飯を入れる器とのこと。柳は九年一一月の「民藝展」の図録を兼ねた雑誌「工藝」四七号の口絵に、この菓子櫃を特にカラー図版で紹介しています。

さて、吉川、及川両氏はこれ以来民藝運動の終生の同志となり、とくに及川は柳たちの陸中行脚、つまり岩手県内民藝探訪において多くの場合に同行しています。ここでこの二人のプロフィールを記しましょう。

及川全三は明治二五（一八九二）年花巻市に生まれ、岩手県立高等師範学校を卒業。その後上京し慶応義塾幼稚舎の教諭などを歴任。雑誌「白樺」の読者でもありました。昭和初期の世界恐慌の影響と冷害による郷土岩手の農村の疲弊を知り、田舎に帰る決意をします。帰郷後、村の議員や土沢町の町長などをつとめました。

かたわら日露戦争での苦い経験から、寒冷地における軍用衣服の改善という課題を担った岩手県の羊毛の生産と改良の事業に関わり、ホームスパンの仕事を始めることになります。岩手のホームスパンはすでに知られてはいましたが羊毛の質と製織に問題がありました。日本は、それまで寒冷地での戦闘や駐在の経験がなく、八甲田山での雪中訓練などの悲惨な例を見ても、精神論だけで、装備に注意を払わない欠陥がありました。そこで及川はそのころイギリスのメレー夫人の本場ホームスパンの衣服や製品を知り愛用していた柳宗悦を訪ねたと思われます。

柳は及川のホームスパンへの熱意を高く評価し、外村吉之介を紹介し、また及川の織物を積極的に東北地方民藝展などに出品させ、あるいは民藝館やたくみでも展観し啓蒙と普及につとめました。柳は及川の仕事について「厳密に植物染料を用いて正道を歩み続けている」と述べ、また地元の村で漉かれる和紙を植物染料で染めた及川による「和染和紙」を推奨しています。

また戦後の三六（一九六一）年に柳宗悦が逝去し濱田庄司が日本民藝館長に就任してから、濱田の肝煎りで、三越本店で「濱田庄司作陶展」（美術画廊）、「現代日本民藝展」（催事会場・日本民藝協会後援）と同じ週に「及川全三ホームスパン展」（工藝サロン）が開催され、この三つの会は、民藝関係の同時展観として長く続きました。なお、及川は戦後には岩手県民藝協会会長を務めました。

次に、吉川保正は明治二六（一八九三）年宮古市に生まれました。東京美術専門学校（現東京芸術大学）に入学、高村光雲、朝倉文夫に学び、卒業制作の「自像」は文部省買上げとなりました。昭和四年七月、岩手県工業試験所金工部長となり、二二年に退職。そのご県文化財専門委員、県立盛岡短期大学教授などを歴任、五四年には「岩手日報文化賞」を受賞しています。

吉川も三十代半ばのころ、昭和三年に出版された柳の著作『工藝の道』を読み民藝運動に傾倒、工業試験所時代に知り合った三歳年下の及川四郎《しろう》（光原社）にも強い影響を与えたといいます。吉川と及川四郎の事績についてはこのあと順次述べたいと思います。

さて、ここで岩手県における民藝の再生への活動のひとこまを紹介しましょう。昭和一三年、農林省雪害調査所（山口弘道所長）と日本民藝協会の協同事業として農山村における民藝品の調査と蒐集、展示会と「民藝の会」と称する座談会が行われました。このいずれにも柳、河井、濱田の三人の指導者が参加しています。

まず二月七日に日本民藝館で関係者による座談会「民藝の会」が開かれました。七月一日には柳たちはまず山形県新庄の雪害調査所（併設雪国協会・会長山口の兼任）を訪問、翌日「最上郡民藝展」と「民藝に関する座談会」を開催しています。

ところで岩手県下での柳たちの行動については、雪国協会の理事図司安正の記録「岩手県下の民藝視察」（『雪国』一三年一一月号）から見ましょう。図司によれば、

「今回の民藝視察には、多大の期待をかけていただけに、それに背かぬ収穫があった。それというのも、柳、今和次郎、河井、濱田諸先生の懇切なご指導と、日頃諸先生を崇拝し、進んで案内の労をとった吉川保正、及川全三、三浦正治（県農事試験場）、菅原清蔵（古漆器蒐集家）、宮昌太郎（南部鉄器）の諸君の熱心な協力の賜物にほかならぬ」と書いています。

初日の夕刻から行われた「民藝座談会」で柳宗悦は、「北国は雪が降り、冬が長く経済は疲弊し切っている、それで何とかして救済しなければならぬ」と聞かされてきました。「し

かしながら日本国中を、あちこち旅して見まして、少なくも私共の民藝という立場から申しますと、それは皆逆である。日本の北の国ぐらい、民藝の豊富なものはない」と語っています。

柳たちはこのあと二日目を盛岡郊外の仙北町の荒物屋で沢山の買い物をし、雫石、御明神村では小学校長の案内で笠や杓子などの職人を訪ねています。この村で見事な襟模様の祝い蓑を作り続けた南野久左衛門の回顧では、彼はその頃まだ若く、「柳先生にはお会いできず、その後試験所の吉川先生にいろいろ指導いただいた」と書いています（筆者あて手紙による）。三日目は一戸町や浪打村の鳥越部落のすず竹細工などを探訪、多くの収穫を得ました。四日目は柳、河井、濱田と吉川、菅原、宮の六人で県北部の浄法寺、荒沢地方の漆器の調査、蒐集を行い、秀衡椀、南部椀の名で知られた当地で、さまざまな発見がありました。

岩手の伝統工藝の粋　秀衡碗、南部椀のこと

このときの漆産地の探訪は柳にとってかねてからの願望でもありました。同行した人たちのなかでも菅原清蔵は古作漆器の蒐集研究家として、岩手ではかなり知られた存在であったようです。そして柳も秀衡碗など古くから知られた絵漆椀の源流に触れ、関心を触発されたのでしょうか、この後も再々一関の菅原を訪ね、古作碗の研究と蒐集に力を入れています。

そして昭和一四（一九三九）年一〇月から一一月にかけて日本民藝館で「絵漆古作品展覧会」を開催しています。柳の記録によれば、「中尊寺始め、東北の多くの方々、東京では山

鈴木繁男の漆絵が施された「工藝」第89号、1938年。

村耕花、杉山寿栄男氏等の出品を得て光彩を加えた」と記し、更に地元の吉川、菅原両氏の尽力が甚だ大きく、あらためて深く謝意を表したい、と書いています。

　ちなみに、菅原清蔵は明治三六（一九〇三）年宮城県に生まれ、長じて一関の石橋ホテルを継ぎました。市の文化財調査委員長を務めるなど工芸美術にも明るく、柳にも心酔し、柳が岩手県での定宿にするほど、その民工藝品と古作漆器の蒐集は見応えがあったといいます。

　次に、及川四郎について紹介しましょう。及川は明治二九（一八九六）年、今の奥州市に生まれ、一関中学から盛岡高等農林学校で学びました。高等農林では一級上に宮沢賢治がおり、終生の親しい友でした。その関係で宮沢賢治の作品『注文の多い料理店』などを出版し、また賢治のすすめで社名を「光原社」と名づけました。

　また柳の『工藝の道』を読んで早くから民藝の仲間となり、南部鉄器や漆絵の漆器の製造にもかかわり、とくに柳の発見による日本民藝館所蔵の鬼霰《おにあられ》湯釜を復元し、柳の知友たちの注文に応えました。なお光原社は四郎の没後（昭和四九年）も一族の人たちによって民藝店として継承されています。

なおここで、鈴木繁男についても記さなければなりません。鈴木は岩手県人ではありませんが、静岡の金蒔絵師の家に生まれ、昭和八（一九三三）年、一九歳のとき柳宗悦の『工藝の道』を読んで感銘し、翌々年、静岡で式場隆三郎、芹沢銈介を知り一〇月に上京、柳を訪ね、柳家にて一室を与えられ書生となります。

翌一一年、秋の日本民藝館の開館にさいし陳列什器の拭き漆塗装を担当。そのご柳の指示で漆絵による雑誌「工藝」の表紙制作を行い、また沖縄壺屋《つぼや》焼の皿への赤絵付、南部漆器の文様生成過程の調査と制作に従事します。また戦後は二八年に東京たくみの山本正三と共に初めて愛媛県砥部窯を訪れ、そのあと九谷でバーナード・リーチの助手を務め、自らも作陶を決意します。

二九年、初めての磁器染付と色絵の作をたくみに出品、三〇年の日本民藝館新作展では、出品の磁器への呉須《ごす》打掛《うちかけ》と印版手の作品複数が、民藝館の買い上げとなりました（この年の講評会で、柳は鈴木の作を手にとり「新しい試みだが成功している。これからも続けるといい」と述べました。筆者もこの会に初めて出席し、その時の柳の嬉しそうな笑顔と鈴木の緊張した顔が今でも目に浮かびます）。

柳は、鈴木の仕事の真価について、装丁、陶磁器への染付や色絵、また漆絵の模様に大きな期待を抱いていました。彼の足跡は、岩手の漆芸のみならず民藝運動全般に大きな刺激を与えたと考えてよいと思います。後に彼は日本民藝館展審査員、日本民藝館の理事を務めました。

岩手の協会設立と当時の民藝品総覧

ところで、ある資料によれば昭和一二（一九三七）年に岩手民藝協会設立とあり、地方協会の中ではかなり早い発足でした。当初の会員は吉川保正、及川全三、菅原清蔵、藤田謙（紫紺染の草紫堂）、及川四郎（光原社）、川村徳助（川徳デパート）、佐々木誠（翁知屋漆器店）、宮昌太郎（南部鉄器）、三浦栄（遠野小校長、遠野町長）など民藝に関わりのある仕事や地域の人が多く、それ以降も岩手の手仕事の再生と発展に広く貢献されました。これらの人びとが柳たちの岩手来訪のさいあらゆる協力を惜しまなかったことは、今日なお記憶に新しいことであります。

ここで戦前から戦後のこの時代に、柳たちの目と探訪によって、また多くの協力者によって生み出された岩手県の民藝品の主な品々を記しましょう。

陶器　小久慈焼（片口鉢、蓋付壺、碗など）
染織物　南部紫紺染、ホームスパン・マフラーほか、亀甲織、南部紬、裂き織、麻布地
漆器　南部漆器（浄法寺、衣川、秀衡塗ほか）
木工　手桶、杓子、木鉢
鉄器　南部鉄瓶、湯釜、五徳《ごとく》など
和紙　巻紙、草木染紙
編組品　みの、けら、背当（日ごも）、編笠、すね当、箕、手提げ袋、藁スリッパほか

竹細工　すず竹や根曲り竹の笊、籠など

戦後における民藝店の開店について

昭和二〇年代の戦後復興期にあって地方都市では手仕事の復興がすすめられ、各地に民藝協会の支部が発足します。合わせて各地で永年の同志による民芸店の開店が目立つようになりました。ここでは当時の代表的な店を北の地方から列挙しましょう。

札幌・青盤舎《せいばんしゃ》、弘前・つがる工藝店（相馬貞三）、秋田・海青社《かいせいしゃ》（三浦正宏）、盛岡・光原社《こうげんしゃ》（及川四郎）、宇都宮・羅曼洞《ろまんどう》（加藤英二）、東京・たくみ、いづみ工芸店（山口泉）、備後屋、べにや、松本・ちきりや工藝店（丸山太郎）、京都・やまと民芸店（林弥衛《はやしやえ》）、十二段家（西垣光温《みつはる》）、鳥取・たくみ工藝店、岡山県民藝振興株式会社、人吉・魚座民藝店（上村正美）、熊本・工藝きくち（菊池典男）。

右の店は、いずれも創業以来五〇年から八〇年余の歴史をもち、今日多くは次世代に継承されて健在であります。しかし世界が急速に電子化して、生活文化、民族文化の固有性を失いつつある今日、私達に課せられた使命は大きいと云わざるを得ません。（参考資料「工藝」四七号、一〇八号、「日本民藝」一、三、四号、「民藝通信」各号、工藤紘一「柳宗悦と岩手の民芸」『県立博物館研究報告』24号、晴山好通「民芸とクラフト」『岩手の手仕事』、『鈴木繁男作品集』大阪日本民藝館、「雪国」第三巻一一号・雪国協会、ほか）。

25　民藝運動の担い手たち

本土の最北端青森の民藝と大川亮、相馬貞三のこと

青森県の手仕事については、これまでに津軽のこぎん刺しの衣裳や八戸の菱刺しの前掛など、江戸時代後期から明治にかけて親しまれた青森ならではの刺繡作品について触れてきました。

前にも書いたように、青森における手仕事復興の先覚者としては大川亮と小井川潤次郎、相馬貞三らがいますが、ここでは大川について述べたいと思います。

大川は明治一四（一八八一）年、南津軽郡平賀町に生まれました。柳宗悦の八歳年上になります。八戸中学から現・東大農学部へ進学、一年半後に東京美術学校に転校、洋画を岡田三郎助に学びます。帰郷後は大光寺村村会議員、村農会長を勤め、大正二（一九一三）年、大凶作で苦しむ農民の姿を見て、農事研究会と、部落ごとに農事実行組合を結成させ稲作の改良普及に努めました。二年後，私費をもって農閑工芸研究所を創設します。

大正一四（一九二五）年には全国副業展に作品を出品、一等から三等まで入賞し、皇室お買い上げの光栄に浴しました。これらの作品は伊達ゲラ（襟に美しい飾織のある雨具）や織ハ

バキ（化粧脛当て）の手法を活かした手箱や手提げ籠などの日用品と思われ、その後大川亮の名は工芸の大川として全国の工芸界にその名を知られたといいます。

昭和六（一九三一）年、木村静幽の遺産で設立された木村産業研究所の理事となり、県産振興に意を注ぎ、河井寛次郎の元で修業した高橋一智を招き、県内の原料による陶器の生産に協力しました。大川はまた来日したドイツの建築家ブルーノ・タウトとも親交を持ち、柳や棟方志功、相馬貞三とも交わり多くの局面で協力をしています。そして昭和三三（一九五八）年、七七歳で逝去しました。

さて、次にもう一人の津軽の民藝人、相馬貞三について述べましょう。相馬が晩年に回想した文章によると、「実家の蔵の階上には壁面に添って和漢の書籍が函ごとに積み重ねられ、また棚には書画の軸物の箱が重ねられていた。この場所こそは、私の禁断の魅力ある場所であった。八歳、自家の裏手の小学校から帰るや私はここに入り込み軸物を巻きほぐして、その世界に入り込む」のが常であったと書いています。「爺さま」とあだ名をつけられた彼は、しかし祖父や父の理解もあって漢籍や古典を読む力を身につけていったのでしょう。

相馬は明治四一（一九〇八）年一二月、父貞一の三男として南津軽郡竹館村に生まれました。昭和二（一九二七）年旧制の中学を卒業した相馬は、弘前の書店で武者小路実篤編、岸田劉生《りゆうせい》装画の「大調和」誌の創刊号を求めます。そして巻頭の柳宗悦の論稿「工藝の道」の序章を読み、大きな驚きと喜びに包まれたといいます。このあと東京の文化学院文学部に入学した相馬は柳を訪ね、知己となります。

卒業後故郷に帰った彼は父親の農業会や小学校の代用教員の仕事につきますが、自らのすみ行く道について悩み柳に相談、昭和七年一一月の返信で、「道は険しいのですから、疲れずに確かに進む事、吾々は限りなき夢を追って、活き活きと進みたいものです」、と励まされます。鳥取に「たくみ工藝店」が開店し、「工藝」が発刊された民藝運動初期のことでした。

昭和八年一二月の東京たくみの開店のあと、柳たちの企画によるミニ版の小展示会を弘前で開くよう柳にすすめられ、一一年から「諸国民窯小展」、「現代朝鮮民藝展」などを開き、一六年には前年に発足した青森県民藝同好会とたくみ工藝店の共催で、「弘前民藝展」を開いています。そして一七年に同好会は日本民藝協会青森支部となり、相馬は本部理事に指名されます。

津軽と東京は遠く、当時連絡もままならなかったでしょうが、柳の推奨によって、たくみの店長浅沼喜実、仕入担当上野訓治との信頼感が深まり、また日本民藝協会の発足と日本民藝館の開館は相馬の弘前における民藝の啓蒙活動に大きな力となりました。

ところで一四年の半ば、日本民藝館の役員が選任され、「月刊民藝」誌（一四年九月号）に発表されます。それによると理事長柳宗悦、理事河井寛次郎、武内潔真、濱田庄司、監事山本為三郎とあり、評議員は運動に功労のあった方たちでしょうか、大原總一郎、芹沢銈介、吉田璋也、太田直行、式場隆三郎、寿岳文章、水谷良一、石丸重治、川勝堅一、村岡景夫、浅野長量、田中豊太郎、棟方志功、舩木道忠、浅沼喜実、柳悦孝、相馬貞三そのほか多く選任されたなかで、棟方、浅沼は三〇代半ば、悦孝、相馬の二人は三〇歳になったばかりともっとも若年でした。

そしてその後、一四年の大晦日から協会主催で二か月余りにわたって行われた沖縄民藝探訪に加わります。この時の相馬の肩書きは「民藝」誌(一五年三月号)では教育家となっており、同誌で「方言の問題」と題して、戦時下でも国語と方言が調和して存続することの大切さを説いています。右の事情をみても柳がいかに相馬を信じ、その可能性に期待していたかがわかります。

相馬はまた一四年八月に「民藝作家十氏展」(弘前市物産陳列館にて)を開催するに際し「民器と工藝作家と」と題する一文を「月刊民藝」に寄稿し、正しき工芸美の実現に作家と職人の違いのないことを説いています。

また柳宗悦は、大戦の終末期に東京からの疎開先を探す際、相馬家に世話になっていますが、選んだ理由に、「自分が執筆や思索のために必要と思われるほぼすべての書物が揃っているから」と書いています。

戦後における青森県民藝協会の歩み

日本民藝協会は戦後の昭和二二(一九四七)年から全国協議会を開催してきました。第一回が東京で、第二回が京都で行われたことは前に記しました。そしてその第三回目が二四年一〇月八、九の両日、富山県の城端別院で行われました。そしてこれを機に、これまでの青森支部を、正式に青森県民藝協会とし、協会規定を定め相馬貞三を協会長に選任します。そして第三回全国協議会に相馬会長が出席します。さらに二四年九月、「会報あをもり」第一号が発刊されました。

相馬による「青森県協会現況抄」によると、一月、高橋一智初窯展。三月、北海道協会長三宅忠臣来県、氏を囲む懇談会。四月、青森協会再建に関する協議。六月、三宅氏を囲む座談会。七月、三宅と高橋の協力で「河井寛次郎先生陶磁器展」を開催。来県。日本民藝館で一一月に開催される「諸国民藝展」の集荷のため、八月、本部理事村岡景夫来県、高橋、相馬が協力。一〇月、本部全国協議会に相馬が出席。以上を見ても当初から毎月、なかなかの活動ぶりであったことがわかります。

さらに県協会ではあの広大な県内に青森、上北、藤崎、黒石、弘前、五所川原、八戸の七地域に支部を置き、東京は棟方志功が支部長をつとめるなど地道に民芸の同志を拡げていきました。柳宗悦没後の昭和三七年一月には新しく「みちのく民芸」創刊号が発行されました。

この雑誌は単なる会報ではなく、毎号「円空」、「陸奥国の手仕事」、「小絵馬」、「陸奥の金工」、「凧絵」、「郷土玩具」、「古錦刺し」、「菱刺し」、「編組やあけび細工」、「悪戸焼《あくど》」、「棟方志功」、「河井寛次郎」などの特集を行なっています。また青森出身の陶芸の作家、高橋一智、濱田喜四郎、蒔苗忠次郎は河井、濱田に師事しながら悪戸焼などの陸奥の素朴な原点を忘れず、青森の陶芸として多くの人たちに愛されました。

また相馬も戦後の二四年に弘前市内に「つがる工藝店」を開き、地元や日本各地の民藝品を取り揃え、また民藝運動の趣旨を物と心を通して伝える努力をしてきました。さらに青森県民藝協会は相馬会長の時代から今日まで、本部関係の日本民藝協会全国大会や民藝夏期学校を定期的に開いています。これについては改めて記しましょう（参考資料「工藝」一三号、一四号、「月刊民藝」第一巻六号、第二巻三号、『大川亮と農村工芸』青森県立郷土館・一九九六年、世良啓「古錦・織ゲラ物語」「陸奥新報」、濱田淑子「津軽こぎん刺しと南部菱刺し」『青森県民藝協会創立七〇周年記念・講演記録集』、「みちのく民藝」各号、『柳宗悦を学ぶ会資料集』一、二・私家版、ほか）。

富山の同人、安川慶一と中田清兵衛、清吉のこと

さて、ここで北陸富山の初期の仲間について述べたいと思います。富山も昭和の初めから柳宗悦や河井寛次郎、濱田庄司と交友のあった人たちがいました。そのなかで、制作者として、民藝木工の指導者として、また新古民藝品の蒐集家として知られたのが安川慶一であります。

安川は明治三五（一九〇二）年一〇月、富山県中新川郡立山町に生まれました。棟方志功の一つ歳上になります。県立高岡工芸学校を卒業、その後富山市商工奨励館に関わり、昭和二年、磯野館長の奨めで京都の柳宗悦を訪ね、厚遇を得て三日滞在し、そのおり河井、濱田を紹介され一生の友となります。

そのあと富山工芸会の設立に参画し、また柳を介してバーナード・リーチ、棟方志功、芹

沢銈介を知り、その紹介に努めました。そして九年には静岡県袋井に外村吉之介、柳悦孝を訪ね、一三年には富山での友人中田勇吉らとともに朝鮮、中国への民藝探訪の旅を行い、その後の半生に強い影響を受けたといいます。

二〇年の復員後富山民藝協会を組織し、また鈴木大拙の松ヶ岡文庫の仏壇の制作指導や、北陸銀行の社宅や寮の設計を手掛けるなど、木工や和風建築設計に次第に頭角を現しその才を知られます。そのころ、柳宗悦が相談を受けていた松本の地場産業再生の事業に関わり、松本家具の池田三四郎と親交を深めます。そのことについては「信州の民藝同人たち」の章で触れることになります。

そして戦後の民藝復興がようやく軌道に乗った三〇年に安川は日本民藝館の理事に就任し、さらに館の主宰する日本民藝館展の審査員に指名されます。また、目利きとしての安川の声望は次第に高まり、その蒐集品を軸にして富山に民藝館を作ろうとの期待感が出てきました。そして、先代中田清兵衛の米寿の記念事業を考えていた中田家からその費用を寄贈したい旨話がありました。

富山市の協力によって幸いに良き地が用意され、また建物は岐阜県神岡町の立派な板倉が移設されました。安川の文章によりますと板倉というのは、良材に恵まれた飛驒ならではの建築様式といいます。もとより安川の指導で民藝の展示館として適切な改造が加えられました。そして昭和四〇（一九六五）年六月六日、富山市立民藝館が開館し、初代館長に安川慶一が委嘱されました。

ところで中田家は代々富山の売薬を商う商家で、明治以降は北陸銀行なども経営された名家でしたが、清兵衛、勇吉とも柳宗悦の信任も厚く、勇吉は三一年以降亡くなるまで、日本民藝館理事、株式会社たくみ取締役を務め、民藝運動を支えてこられました。

その後のリーダー、吉田桂介と水木省三

富山の手仕事で忘れてならないのが、吉田桂介による手漉和紙と型染紙であります。吉田は大正四（一九一五）年一月の生まれですから安川や相馬とは一世代あと、柳宗悦の長男宗理のほぼ同世代になります。

越中八尾《やつお》は江戸時代以前から和紙の産地でしたが、製品は売薬の包み紙や唐傘の紙、障子紙などで機械漉の品に押され衰退しつつありました。吉田がまだ若く婦負《ねい》郡製紙指導所の講習生であったころ、先輩の影響で柳宗悦編集の雑誌「工藝」を読むようになり、埼玉小川の武州紙や出雲の安部榮四郎の手漉きの仕事を知りました。また柳の私版本『和紙の美』を読み、そのことが紙漉きの道に進む決定的な動機になったと「季刊和紙」第九号の「紙すき桂介ひとり語り」という文章に書いています。

吉田は戦後紙漉きの工房として越中紙社を設立し、またそのころ型染紙の第一人者であった芹沢銈介を柳をとおして知ります。そして芹沢から学び、また型染カレンダーや団扇紙などの仕事に協力するために桂樹舎を設立します。そしてさらに紙の大切さ、美しさをより広く知ってもらうために国内外を問わず紙工芸品を約五百点蒐め、昭和六〇年に桂樹舎和紙文

庫を開館しました。なお吉田は安川の没後、富山県民藝協会長を務めました。

さて吉田のあと富山県民藝協会長を受け継ぎ、民藝運動を生活者の立場から、また人間の生き方の問題意識から問い直そうとしているのが水木省三だと思います。水木は元来教育者であり、富山県立高等学校校長を務めました。そして彼はおそらく教育としての民藝運動に早くから着目し、外村吉之介倉敷民藝館館長に対し、若者に対する情操教育の一環として「青年夏期学校」の開催を提案したのでした。外村は直ちに賛成し、協議に入り実行に移しますが、この「日本青年夏期学校」については、多面的な記述が必要で別項によりたいと思います。

水木はそのご富山の手仕事の発掘、紹介や暮らしと工芸のより解りやすい理解のために、講義や調査に精力を注ぎ、富山市民俗民芸村の特別展「富山の手仕事」図録出版に協力し、富山市民大学講義録を刊行しています（参考資料「工藝」五九号、八七号、「民藝」一九六五年八月号、二〇〇五年一二月号、二〇〇九年七月号、「季刊和紙」第九号、『民芸回向』富山民芸協会、『富山の手仕事』富山市民俗民芸村、ほか）。

26　新作民藝展のスタート

戦後初めての柳、濱田、リーチ外遊の意味

毎日新聞の遣欧文化使節として柳宗悦、志賀直哉、濱田庄司の三人が、昭和二七（一九五二）年五月末に羽田を発ってヨーロッパへ向かったことについては前に触れています。今回は、バーナード・リーチがロンドンから柳たちに同行したことも含めて、柳たちと欧米人との熱い交流について紹介します。じつは今回の渡欧は毎日新聞の文化使節としてのひと月余りの日程と、七月一七日から一〇日間、英国デボンシャー州のダーディントン・ホールで開かれた「第一回国際工芸家会議」に出席することが主な目的でした。この会議は、すでに欧米の工芸界では広く知られたバーナード・リーチの企画で、濱田のロクロや絵付けの実演と「日本の陶磁器」という映画、それに三百枚の日本民藝館収蔵品のカラースライドが上映されました。

リーチはすでに前年『陶工の本』（原題　*A Potter's Book*）を英文で著していました。それは陶工のバイブルともいわれ、国際会議の出席者の多くはすでにそれを読み、柳の思想や濱田、河井の技量についても知られていたのでした。さらに柳は「仏教徒における美」につい

右より一人置いて柳宗悦、志賀直哉、梅原龍三郎、濱田庄司、ヴァチカンにて。1952年6月。

て度々講演し、第二次大戦が終了して何年にもならないのに英国人、アメリカ人、ドイツ人を中心に東洋の工芸と美の哲学について熱心に語りあったと書いています。

　この旅において彼らはイタリア、フランス、スペイン、ポルトガル、北欧、英国、そしてアメリカと旅をし、アメリカでは請われて数多くの講演と陶器の講習をしています。また柳は旅の途中で手紙を多くの知人に送っていますが、そのなかで欧米人が思いのほか東洋思想、とくに禅の哲学に基づいた美の思想に関心を持ち、質問攻めにあったと書いています。また他方でヴァチカンの本堂が権威主義的で意外とつまらなかったこと、それに反して片田舎のアッシジのフランチェスコ聖堂が清楚で心打たれたと記しています。

また「民藝通信」第六号（二七年一〇月）に寄稿した「北欧の工藝運動」の中で柳はこう書いています。「私達は寧日なく色々なものを見て歩きましたが、なかでも注意したのは新しい工藝運動でした。この点ではデンマークとスエーデンは特に進歩を遂げ、ノールウェー、フィンランドこれに次ぎます。最も感心した点は、生活工藝への振興は国家や社会から厚い支持を受け協同的組合に発展し、消費組合とも厚く連携し、共同の店舗を経営し、また中心をなす人物が専心この仕事に当っていることです」。

柳は民藝運動初期の幾つかの失敗の経験から、協業や協団をはじめ共同の仕入れや販売など、欧米の例から学ぼうとしたに違いありません。このとき、六三歳であった柳は全てにおいてやる気満々だったと思います。

二八年二月中旬、リーチ同道の上ハワイを経由して柳、濱田は帰朝します。そしてこのあと民藝館で欧米から持ち帰った新古工芸の「蒐集品展」を催しました。さらに山陰、山陽、四国を旅行。八月から九月にかけて柳、河井、濱田、リーチの四人は信州松本へ。一〇月は柳、リーチは東北、北陸を旅行と忙しい日程でした。

戦後の染織の復興と女子美術大学工芸専攻の新設

柳、濱田の帰朝とリーチの再訪がどれほど待たれたものであったか、次の柳悦孝の文を見ましょう。

「民藝の問題について、いろいろに反省し、これからの方針を立てなければならない時に来ている。もう程なく、濱田庄司先生や叔父（宗悦）が帰朝されるので、外国の事情も判り、我々の進むべき方向も検討される事と思うが、今年度の私の仕事は、新作運動に重点を置きたい。（中略）今年から弟の悦博が独立して仕事をはじめるので、自然、私自身で、あらためて腰をすえ、植物染料と、手織りの勉強をやり直す事にする。それと共に、出来る限り新しく仕事をする人を養成したいと思う。偶然の機会から、女子美術大学で工藝の指導をはじめて丸四年になるが、若い学生達は意外によい仕事をするようになり、うちの数人は、将来も力になり合えば、有力な仕事をすると思う」（「民藝通信」第一〇号、二八年一月）。

悦孝が二〇歳の時から、外村吉之介と共に浜松のざざんざ織の平松実の工房で織物を習得し、また京都の染織研究家上村六郎のもとで植物染料と化学染料の理論と実際を半年間学んだことについてはすでに記しました。おそらく柳宗悦は、陶の河井、濱田、染の芹沢、織の外村、悦孝を新作民藝運動の、知と実を備えた指導者として将来を託そうとしたのだと私は思います。

そしてまず昭和一二年一月、第一回目の事業として柳悦孝と悦博を八丈島へ渡航させ、中世の鎌倉時代からの伝統をもつ黄八丈織の調査、研修に従事させました。さらに戦後には悦孝に加えて、染を芹沢に学んだ岡村吉右衛門もそれに参加、戦中、戦後の混乱の中で機織りの方向を見失っていた黄八丈の復興に協力し、山下めゆ、八百子、扶美子三代を軸とした黄八丈織の今日の再興に協力したのでした。

ところで柳悦孝は、戦前の昭和一四（一九三九）年に日本民藝協会の訪琉調査団の一員として、田中俊雄と共に六か月ばかり滞在し、主に琉球織物の実体調査に関わりました。さらに戦災復興もままならぬ二二年、二四年、二五年と三回にわたり、米軍占領下の沖縄に渡航し、現地の惨状をつぶさに見るとともに、今なお僅かに作られていた琉球絣《がすり》や上布《じょうふ》、芭蕉布などを求め、民藝館に持ち帰りました。また二七年に日本民藝協会主催、那覇市役所、琉球新報社後援で渋谷の東横百貨店で開催された「琉球工藝文化展」に際しては、東横の古仁所宣伝部長、たくみの仕入担当上野訓治を同道、琉球伝統工芸復興のための最善の手配をしたのでした。

この「琉球工藝文化展」はその準備期間、会期中いずれも沖縄の工芸文化に詳しい柳、濱田がまだ海外渡航中であり、その準備からの全ては柳悦孝を中心とするチームにまかせられました。会場は主催事場の第一室が紅型を中心とする染物、第二室が各地の絣や織物を集めた織物室で、いずれも日本民藝館、国立博物館、尚家、啓明会などの出品でした。そして第三室のB室が戦後に復興された壺屋の陶器、染織品はじめ漆器、くば、アダンなどの編組の品やジーファー（銀のかんざし）などの沖縄の民藝品で、その多くを完売したといいます。

そしてA室が新作指導作品——「琉球工藝を如何《いか》に受けとり、創作したか」と題し、カーテン、クロス、テーブルセンター、ショール、マフラー、着尺、帯、のれんなど、主に三年前に新設された女子美術大学芸術学科工芸専攻の学生による新作品が展示即売されました。

この女子美術大学の工芸を中心とした学科の新設は、柳の記録によれば戦後の昭和二三

（一九四八）年ごろに具体化し二四年から発足しました。染色が芹沢銈介（教授）、翌年から柚木沙弥郎《ゆのきさみろう》が専任講師（のち教授、学長）、織物を柳悦孝（専任講師、教授、学長を歴任）が担任し、その指導のもとに、右の琉球工芸文化展のための実習制作を含め、将来の教員候補や家庭での制作など幅広い染織工芸の普及を視野に入れた教育構想でした。

またこの後四一（一九六六）年に桑沢洋子によって設立された東京造形大学も、芹沢門下の四本貴資《よつもとたかし》（当時女子美大専任講師）を染色担任教授として招聘しました（参考資料「民藝通信」六号、一〇号、「月刊たくみ」各号、『柳宗悦全集』月報各号、「琉球工芸文化展」関係資料、『柳悦孝の仕事』女子美術大学美術館、ほか）。

日本民藝館展と百貨店における展覧会

さて、日本民藝館では戦後の新作工芸活動の活性化のために、個人作家、地方民藝の産地の製品を問わず新作の公募展を行なってきました。第一回の二六（一九五一）年度から二回の休止の年を除いて当初は協会展と称し、数年後に今の民藝館展となり、それからいままで六三回開催されました。当初は新作公募展で入選した品をより完成させ、その後、日本民藝協会主催の「協会展」に出品して生活具として普及するという計画でした。

そしてその第一回として三〇年九月から協会主催による「新しい生活工芸展」（会場東京三越、三回目から現代日本民藝展と改称、延べ二三回行われ、五三年一月に柳の後任者濱田庄司館長、協会長が逝去されたことにより打切られた）が開催されました。この会のタイトルと会場

昭和 30 年度日本民藝館展。上／民藝賞、椅子とテーブル、松本民芸家具。下／砥部焼、角皿、梅野精陶所。

構成は三〇年の第一回目は柳自らが行い、三越の宣伝部の話では、打ち合わせに何回も民藝館へ通ったとのことでした。

ところが残念なことに翌三一年一月下旬、柳は心臓に動悸変調を覚え治療生活に入ります。そして人との面会や執筆は次第に回復しましたが、商品手配や展示企画などの現場の仕事に立ち入ることはなくなりました。それらの責任は濱田庄司と柳悦孝が担いましたが、そのころは全ての同人が忙しく、販売に関する実務はたくみ工藝店に一任する状況となりました。

さて、話を日本民藝館展に戻しましょう。公募展という性格上、出品基準や資格、また審査のあり方については度々議論されましたが、しかし見方を変えれば、館長イコール審査委員長ということで、柳宗悦、濱田庄司、柳宗理、その後と、どんな変化があったのかも興味のあるところです。しかし六二年という長い期間の公募展の出品者や審査員も、世代的に三交代位はしている状況で公正な見方に立つためには、昭和三〇年度の館展批評を掲載した雑誌「民藝」あたりから定着した、毎年の館展講評を読み直してみることも必要と思います。三〇年度の会では松本民芸家具の丸卓とアームチェアが民藝賞を受け、鈴木繁男指導作品で、砥部の梅野精陶所協力の印版手染付の角皿が民藝館の買い上げとなりました。

柳宗悦、濱田時代の審査員は、おおむね初期からの出品者でもあった作家が主体でしたが、柳宗理以降は、民藝協会員ではない外部の建築家、デザイナー、批評家も加わり、今まで以上に技法やその未来性についての見方が多様化した観もありました。これについては改めて記しましょう。なお総括的な反省では「民藝」（七三五号）の特集「館展のあゆみ」の中の佐藤阡朗《せんろう》の「温故知新――民藝館展作品の流れ」が示唆に富みます。

萌木会染色協同組合と国画会のこと

染色という技法は、古代からシルクロードを通してもたらされた夾纈《きょうけち》、纐纈《こうけち》や蠟纈《ろうけち》という技法があり、また友禅、更紗《さらさ》、辻が花、そして琉球の紅型《びんがた》などの名でも親しまれてきました。現代染色の第一人者芹沢銈介は昭和三年、柳の集めた琉球の紅型のうちくい（大風呂敷）を見てその魅力に打たれ、型染の手法を自らのものとします。

型染は下絵を型紙に写し、糊伏せなどを施して染める技法ですが、同一の品が数多く作れる利点があって柳宗悦の民藝の理念に合い、柳は月刊誌「工藝」の表紙の制作を昭和六年の第一号から芹沢に課したほどでした。

芹沢は昭和の初年から女性を中心に「このはな会」という教室を作り、戦後の二一年には染色に従事する仲間で「萌木会《もえぎかい》」という集団を立ち上げました。このグループは国展にも出品し、次第に知られるようになります。萌木会はその後、芹沢や柳の意向もあってのことと思いますが、芹沢を除いた中堅、若手で、法人格をもった組合として運営されることになります。

東京のたくみ工藝店に残されている資料によると、染色協同組合として布地、染料、その他の資材の共同仕入れや販売企画などのほか全てに事務所経費、人件費がかかり、三三年末には東京たくみから一五万円の借り入れをしています。その際の署名役員の氏名を以下に記します。

「萌木会染色協同組合」理事長　柚木沙弥郎

理事　長沼孝一、小島悳次郎、関口信男、三代澤本寿

監事　大橋豊久、坂和正春」

なお会員には変動がありますが、他に四本貴資、大橋隼雄、大橋秀雄、立花長子など、最盛期にはかなりの会員がいました。そのころは小幅の着尺、帯だけでなく広幅の染物への試みも多く、また化学染料への取り組みも一般的になりました。三〇年には銀座のたくみ工藝店ギャラリーで、柚木沙弥郎による「広幅注染展」が催されました。そのころが柚木にとってのひとつの転機であり、また他の萌木会の会員作家にとっても芹沢の常に創意工夫に溢れた作品の刺激は強いものがありました。

その後、萌木会会員の共同展は百貨店でも恒例化し、芹沢の協賛もあって新しい染色デザインと製品の独自性は、海外でも高く評価されました。また会員による現代的で個性のある浴衣のデザインは、「萌木浴衣」の名前でたくみはじめ百貨店でも評判となりましたが、一般業者による無責任な模倣のため後に生産中止になりました。そして萌木会は平成になって、さまざまな要因から協団的性格が薄れ、解散のやむなきに至ります。これも時代のなせる業でしょうか。しかしいつかまた柳や芹沢が希った協同、協業の制作集団として、このような制作協団が再興されることを期待してやみません。

ところで、国画会は昭和の初年に設立された美術団体で柳宗悦たちとも関係があり、戦後

は工芸部門を中心に民藝派の作家集団とも目され、多くの作家を輩出し、民藝館展や協会とも深い縁があることは知られています。

また民藝館展の審査員のかなりの人たちが国画会の会員であったことからも、国画会（国展）と民藝館展の違いを定義づける必要はないでしょう。そのようなことから国展については、戦後の再出発の時からの会員の主な氏名を記すことにしましょう（物故者、高齢者のみ）。

柳宗悦

（陶磁）富本憲吉、河井寛次郎、濱田庄司、B・リーチ、船木道忠、河井武一、河井博、武内晴次郎、佐久間藤太郎、金城次郎、新垣栄三郎、上田恒次、生田和孝、島岡達三、瀧田項一、濱田晋作、船木研児

（染）芹沢銈介、片野元彦、小島悳次郎、柚木沙弥郎、長沼孝一、三代澤本寿、大橋豊久、四本貴資

（織）及川全三、外村吉之介、柳悦孝、宮平初子、柳悦博、本郷孝文

（木漆）丸山太郎、小柳金太郎ほか（参考資料『夢見る手――柚木沙弥郎「版」の仕事』アーツアンドクラフツ・二〇一二年、「民藝」七三五号、『国画会　工芸の展望』六〇年、六五年・西武アートフォーラム、館展関係資料、たくみ展覧会資料、ほか）。

27　信州の民藝同人たち

信州の民藝人、小林多津衛の戦後の活動について

大正から昭和の前期にあたる時期の、小林多津衛《たづえ》や赤羽王郎《あかはねおうろう》ら「信州白樺派」といわれた若き教育者たちが一貫して柳宗悦を信じ、平和主義、自由主義を貫いたことは先に触れました。小林は、戦後の昭和二一（一九四六）年、長野県北佐久教育会会長に選ばれ、そのあとに柳宗悦を講師として「民藝について」と題する講演会を開いています。

小林の生涯の業績で、民藝の精神に基づいた自由主義教育を貫いたことに加えて、昭和三三年から晩年まで一年も欠かさずに同志の人たちと「佐久民藝展」を開いたことを特筆したいと思います。それは地元の人たちに普段に民藝品を使ってもらうことで「民藝」のある暮らしを実感してもらうためでした。民藝のある暮らしとは何か。それを小林は、「人類意識」といっています。それは国家とか、部族、宗教、職業に関係なく、すべての人は固有性をもったまま平等であるということであります。

小林によると、柳の最初の大作『ヰリアム・ブレーク』の中に「人類」という言葉が三六カ所あるといいます。人類の運命の行くべき道とは何か。それは彼が若いころトルストイに

傾倒し、武者小路実篤の「新しき村」の精神に共鳴したこととも通ずるとし、こういっています。

「シュヴァイツァー、ロマン・ロラン、ガンジーの三人は、一国の繁栄よりもむしろ人類の運命と、人類がいかに真理に従って正しく生きるかということに関心がある。だから白樺の人類意識と三人の精神は一致している」。

現代社会の諸問題に関心の深い小林は、列強による第二次世界大戦の実相についても疑問を持ち、二三(一九四八)年、東京裁判についてマッカーサー元帥に対して質問の手紙を書いています。またその年、長野県民藝協会佐久支部を発足、支部長となり、さらに五六年三月、雑誌「協和通信」を創刊、民藝と世界平和についての所信を発信し続けてきました。その他小林多津衛の事績は多岐にわたりますが、晩年多くの支持者の協力を得て、柳よりのものも含め、蒐集品による陳列館「多津衛民藝館」を設立しました。平成一三(二〇〇一)年没、享年一〇四歳でした(参考資料　小林多津衛『平和と手仕事』ふきのとう書房、『小林多津衛座談録』民藝聞学の会、ほか)。

信州の染色工芸家・三代澤本寿のこと

ここで信州松本のユニークな染色家であった三代澤本寿について述べましょう。三代澤は明治四二(一九〇九)年四月、松本市に生まれ、松本尋常高等小学校、松本商業学校を卒業。松本の小学校では後に民藝の同志となる池田三四郎、丸山太郎、柳沢静子と同級でした。

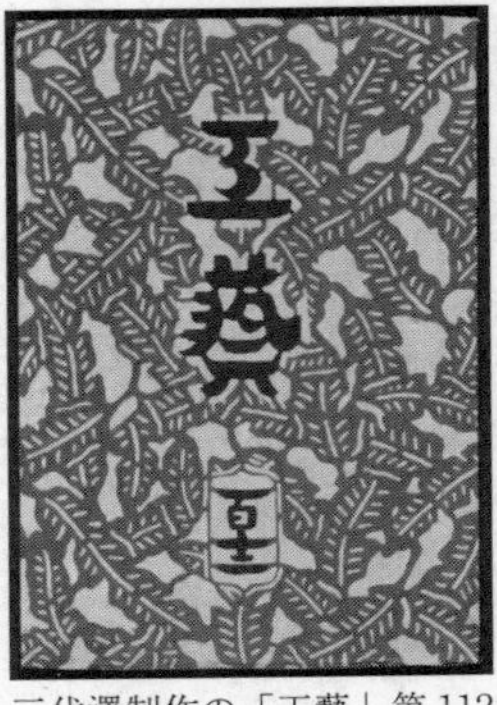

三代澤制作の「工藝」第112号表紙

二六歳の時、静岡で染料店を営んでいた姉夫婦の紹介で静岡の民藝同人小川龍彦（版画家、のち静岡市立芹沢銈介美術館初代館長）や鈴木篤（医学博士、のち静岡民藝協会会長）を知り、彼らのつてで芹沢銈介、式場隆三郎そして柳宗悦と親しくなります。東海道線の中間に位置する静岡駅は柳のしばしば通る駅であり、静岡の同人たちは柳の乗った列車の時刻を確かめ、競って弁当や熱いコーヒーを窓越しに届けたという逸話があります。

そういった縁で、三代澤は静岡で芹沢に師事し、染色の道に入ります。そして昭和一六年から芹沢の指導で、和紙に型染模様をした雑誌「工藝」の表紙の仕事に励み、昭和一八（一九四三）年には「月刊民藝」二月号に「和紙の有難さ」を執筆、五月には東京たくみ工藝店で初の個展「型絵染紙展」を開き、一一月には日本民藝館で「芹沢銈介　三代澤本寿　岡村吉右衛門　三氏染紙展観」が開催されました。

三代澤は兵役にとられることもなく戦時中も柳、芹沢と親しく往来していましたが、二〇年二月、母の病気と戦局の悪化により松本に帰省し、以後は松本を仕事の場として、型絵染や染和紙の仕事に精進し、かたわら広い人脈を生かして日本民藝協会の静岡支部、長野支部の結成に尽力、役員をつとめました。

また萌木会染色協同組合の理事や国画会の会員としても、戦後の復興期、展開期において実績を残しました。特に和紙、強制紙、木綿地、紬地などを用いた屏風、パネル、そして木綿地のクロース、センター、のれんなど主にインテリアに関連した作品に秀作が多く、広く親しまれました。平成一四（二〇〇二）年没、享年九三歳。八年後の二二年、松本市美術館と豊田市民藝館で「三代澤本寿生誕一〇一年展」が開催されました（参考資料『三代澤本寿生誕一〇一年展』松本市美術館、「工藝」、「月刊民藝」、『柳宗悦全集』第一一巻、ほか）。

リーチ、柳たちの松本での合宿と『焼物の本』

ところで柳と濱田、リーチの欧米への旅については前に書きました。このときの「国際工芸家会議」でリーチの著作『陶工の本』の評判がよく、しかし彼らはこれをより完璧なものに仕上げるために、柳を中心にこれを書き直すことに決めました。そして帰朝後の二八年夏から二九年、三〇年と三年間、毎年ほぼ一か月余りの間、信州入山辺の霞山荘と、冬は房州八幡の濱田屋に泊まり込み、河井寛次郎も交えた四人の真剣な陶磁器研究と執筆のための合宿が行われました。

この成果は柳によってノート一から一三までにまとめられましたが生前に出版されることはなく、草稿は岩手浪打村のすず竹で作られた行李に納められました。そして後に整理、編集されて昭和六〇年一二月、日本民藝館監修の上、共同通信社から刊行されました。この『焼物の本』編集刊行の経緯は、編集にあたった水尾比呂志によって巻末の「解題」と、別冊で添付された「『焼物の本』のノートについて」の二稿に記録されています。

この本の巻末の柳の論稿「光悦の価値とその欠点」、「個人作家と協同体」、「個人作家の使命」、「工業と意匠家」、「道徳と宗教」の五編は柳の最晩年のまとまった工藝論だと思います。またこの中の「ノート九」に「好きな焼物」と題してリーチ、河井、濱田の世界陶芸への好みを記しています。たとえば中国の漢代以前のもの、宋時代、中国民窯（戦前まで）、高麗、李朝、西洋中世、スリップ・ウェア、マヤ・インカ、縄文、弥生、埴輪、絵唐津、丹波、瀬戸、古九谷ほか、などであります（参考資料　柳・リーチ・河井・濱田『焼物の本』共同通信社、「民藝」昭和五七年三月号から五九年二月号、ほか）。

松本民芸家具と池田三四郎

さて、先に『焼物の本』について述べたのは、柳ら四人の口述と柳による記録が主に松本郊外の霞山荘で行われたこと、そして彼らの延べ百日にわたる夏の滞在が、ほかに信州の民藝発掘とその新作への指導、協力をも兼ねていたからであります。もとより柳たちが心おきなく討論、記述に集中できる環境や、民藝探索をする段取りなど同地の同人たちの懇切な手配によりました。そのなかで工芸の作り手として終始柳たちの傍で学んだ一人が松本民芸家具の創業者池田三四郎でした。

その数年前の二三年一一月、京都相国寺で開かれた第二回全国協議会に三代澤、池田と丸山太郎は誘いあって出席。池田が後に著作（『松本民芸家具』）に記した文章によれば、その日の柳の講義「美の法門」を聞き、多くの出席者の感動に包まれ、「まして先生の講演後、棟方志功氏と先生が抱き合って泣かれた劇的な場面にも居合せて」、自らも民藝への道に心を決めたと書いています。

昔から信州が木材、木工の産地であったとはいえ、戦後の急速な復興需要と米軍向けの粗雑な洋家具作りでは、松本でも木工業の正常な成長にはつながりませんでした。本来家具作りは手工業を基礎としており、必要とする木材の高周波による乾燥の問題、職人の技量向上などは、社会の急速な変動のなかで難題のひとつでした。

製品の良否を問わない、業界の成り行きに任せた状況がしばらく続いたなかで、松本にも変化が出てきました。池田の著作の中から一部を紹介しましょう。

「戦後、柳先生の何回かの松本滞在はこの特徴ある木工業の衰退にカンフル注射を与えてくれることになった。先生は機会あるたびに講演の中で、あるいは各方面との懇談の折りにこれに触れられたが、このようなことのつみ重ねがついに松本市当局を動かす要因になった」。「当時池上喜作氏を中心として日本民藝協会長野県支部が結成され、三代澤君、丸山君などが集まって努力し、当時松本市生活部長であった下条寛一君（のち市助役）がこれに参画した」。池田も一年後に協会に入ります。

そして市の主催による年一回の「中信工芸展」が行われ、制作指導者には柳宗悦の推薦によって富山の木匠安川慶一が招聘されました。しかし第一回は現場の未熟さにより成功せず、その後安川に続いて村岡景夫（協会理事）、伊東安兵衛（たくみ）、柳悦孝、芹沢銈介らが順次来信し指導に当たりました。また柳とリーチもたびたび松本を訪れ、激励とともに洋家具の新しいアイデアについて語りました。後にリーチが、セント・アイヴスから池田の著作の巻頭に寄せた文章を紹介しましょう。

「私がはじめて池田三四郎氏に会ったのは、今から一一年前、柳、濱田、河井と一緒に松本市近郊の霞山荘に滞在したときであった。この三人の案内で、市内にある同氏の工房を見せてもらった。そのとき私は氏の製作した椅子やテーブルを吟味し、またいろいろの質問をうけた。私はその熱心なまなざしをみて、近代の日本は、住宅や家具のために、単なる実用以上のものを必要としていることを知った。(中略)ある夜、池田氏は霞山荘へ、私の描いたスケッチを実物大に拡大した図面をもって来て、その批評と修正を求めた」。そこでリーチは坐り心地や、使って楽しいか、重すぎないか、暗すぎないか、材料に忠実かどうか、日本人の身体と生活風習との調和がとれているかどうかを尋ねたと書いています。

日本では昭和の初期から柳や濱田、石丸重治らによって近世英国の民衆家具が輸入紹介されて、かなりの愛好家がいました。しかしウィンザーチェアなどの海外の田園の家具を日本の現代家具造りに取りいれて、和洋の違和感のない様式を確立してきた松本民芸家具の足どりは、多くの愛好家と池田以下関係者の努力の賜物でした。そこで苦難の時代から成長期までの経過を、主な展示会や特注品を紹介することでたどってみましょう。

昭和二三年　第一回「中信工芸展」たくみ協力
二四年　第二回「中信工芸展」たくみ伊東の制作指導

同年　協会主催「民芸家具展」たくみギャラリー
二五年「レストラン鯛万」へ家具一切を納品する
二六年　北陸銀行新潟支店の家具発注と、国展、民藝館展出品のためたくみと協会から、村岡、伊東、山本、芹沢、悦孝、安川、松本から三代澤、池田が東京で会合を開き相談する
第四回「中信工芸展」でビューローが最高賞
二七年　三月、東京白木屋で「松本民芸家具展」開催
一一月、「信州松本家具展」東京たくみ
二八年　リーチ初の来松、指導を受ける
二九年　六月、「リーチ監製家具即売展」神戸大丸
三〇年　九月、三越「新しい生活工芸展」出品
三一年「民藝茶房まるも」誕生、家具一式納品
三二年　九月、東京高島屋「信州民芸展」
三三年　七月、大阪高島屋「松本民芸家具展」
九月、東京高島屋「第二回信州民芸展」
三四年　一〇月、「信州民芸展」のためのトラック一台が犀川に転落、展覧会が中止となる（以下略）
池田三四郎は、河井やリーチの没後あたりから精力的に民藝と家具に関する著作の執筆に

意を注ぎました。さらに市内の自宅に隣接して「松本民芸生活館」を設け、蒐集した内外の古家具や工藝品を陳列し、若い社員たちが生活を共にしながら学び働く場として多くの工人や志ある青年を育てました。

池田は明治四二（一九〇九）年松本に生まれ、旧制東京高等工芸学校（現千葉大学）写真科を卒業。昭和一九年、中央構材工業株式会社（現株式会社松本民芸家具）の設立に参加、のちに会長。また日本民藝協会常任理事、長野県民藝協会会長を歴任。平成一一（一九九九）年一二月没、享年九一歳でした（参考資料　池田三四郎『松本民芸家具』『信州の石仏』『民芸の家具』『李朝木工』東峰書房、『木の民芸』『石の民芸』『金の民芸』文化出版局、『原点民藝』用美社、ほか）

丸山太郎の仕事と「松本民芸館」のこと

松本育ちの民藝人として、丸山太郎も異彩を放つ一人でした。池田によれば少年期から丸山は誰よりも美しいものや道具が好きであったといいます。丸山の家業は和紙や洋紙を扱う老舗問屋でしたが、日本民藝館の開館以来民藝に関心をもち、池上喜作や三代澤たちと民藝協会長野支部を設立しました。そして柳の提唱した無名の工人の作った実用の品々の中にこそ真実の美しさがあることに目覚め、精力的に新古の民藝品を集めました。

丸山の念願は、松本の地に、柳に学んだ民藝品の陳列館を開館することでした。それは入り易く、見て楽しく、またその小民藝館や、丸山が生家に開いた「ちきりや工芸店」で、普段使いの民藝品を求める事が出来るという、鑑賞のためではない日々の暮らしのための、ささやかな美の殿堂なのでした。そして「松本民芸館」は昭和三七（一九六二）年一一月三日に開館しました。しかし丸山はその民芸館の将来を考えて、二一年の後、松本市へその土地、建物、一万点に及ぶ収蔵品の全てを寄贈し、以後、市立松本民芸館として運営され今日に至ります。

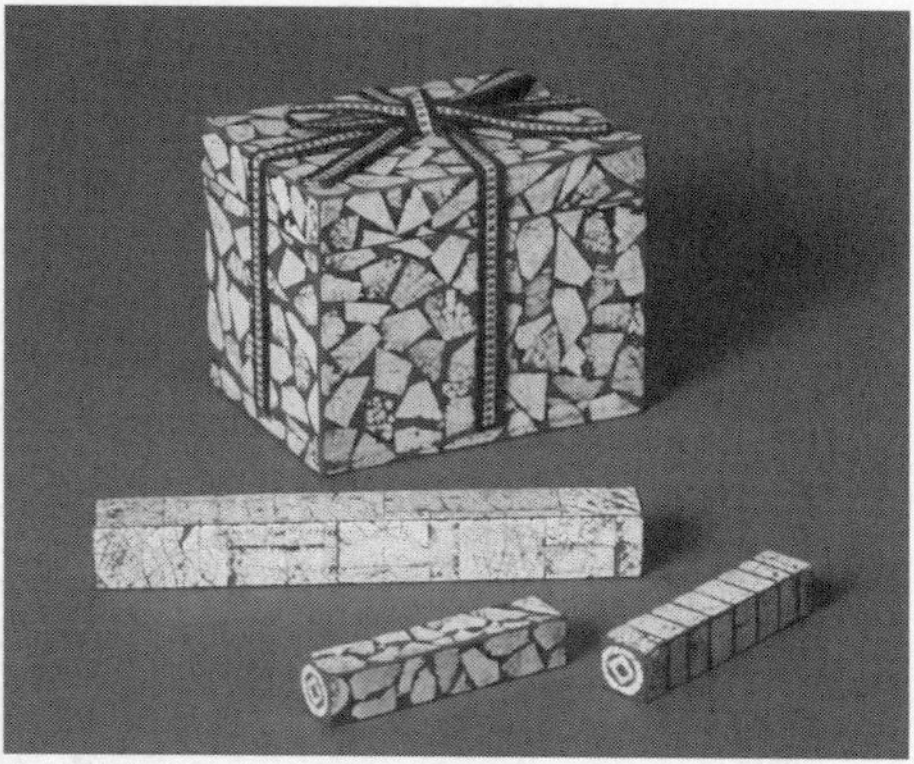
丸山太郎作、文鎮３点と李朝水滴の箱、いずれも日本民藝館蔵。

もうひとつ丸山太郎の業績として忘れてはならないことは、柳宗悦も高く評価した「卵殻細工」の仕事であります。これは鶏卵の殻を用いて什器を作るという誰でもできそうで難しい仕事であります。漆器に施す模様ですから、磨きや圧力への強度や美しさの持続など丸山は工夫を重ね、遂に柳も認めた技量を会得し、三一年の日本民藝館新作展で民藝館賞を受賞、また三三年には「六角菓子箱」が国展に入選し、柳によってルーマニア国立博物館に納められました。

丸山は一生を傾注した松本民芸館を公共の

手に託した安堵感もあったのでしょうか、その二年後の六〇（一九八五）年、逝去されました。享年七六歳でした（参考資料　丸山太郎『松本そだち』信濃路、同『鶏肋集』、「民藝」七一六号、特集「丸山太郎の仕事」、ほか）。

28　山陰での民藝運動

満州、北京の民藝調査と吉田、外村たち

さて、ここで中国東北部、昔は満州といった地方も含めて取り組まれた異国における民藝運動について紹介したいと思います。新作民藝の先駆者、吉田璋也は医師でありながら民藝の道を志し、昭和七（一九三二）年六月に鳥取市内に「たくみ工藝店」を開店し、かたわら軍医に任官。そして一三年六月に応召、北支派遣軍に所属します。そしてその翌月には地方紙「因伯時報」に「軍医の手記」を連載、また「月刊民藝」誌には北支（今の中国東北部）の人々の暮しと民工芸品について、写真や挿図も交えて毎月のように寄稿しました。

戦時でありながら吉田の中国人に対する眼は温かく、寄稿した「北京通信」などを読んだ民藝の仲間たちに強い関心を抱かせたのでしょうか。一五年には岡村吉右衛門と柳悦孝が吉田に協力するために北京に渡りました。中国でも特に満州は漢族、満州族、蒙古族、朝鮮族が共住し、衣食と住と宗教の多様さが彼らの関心を一層高めたのでしょう。吉田は一五年一月、軍医中尉を以て現地除隊となり、以後は民政的な仕事で北京へ留まり、中国民藝の研究に没頭します。

北京に移った吉田璋也と家族、右端は岡村吉右衛門、鳥取民藝美術館所蔵。

その翌年一六年のこと、日本民藝協会は過酷な環境にあった満蒙開拓団の自活のための、満州の民生調査を依頼されました。まず満州移住協会の調査団には杉岡泰が参加し、翌年には日本民藝協会に正式に依頼がありました。協会はそれに応じ、正しい美の基準を民藝によって示す「満州民藝館」の設立を提案しました。以下に外村吉之介の文を借りましょう。「時を移さず柳宗悦会長は計画をたて、左の調査団を指名結成された。濱田庄司、式場隆三郎、上野訓治、河井武一、上田恒次、外村吉之介、他に北京駐在中であった吉田璋也、村岡景夫も随時参加され」ました。

調査団はおよそ一か月半程の、北はハルビンから西は北京までの調査旅行で各地の生活雑貨を集め、また調査報告書もまとめて提出しましたが、敗戦により不明となりました。しかし、その一部は吉田、式場、村岡、外村、岡村、杉岡らの同人から「月刊民藝」誌に寄稿されました。また蒐集された沢山の民藝品も本土に到着せず、四〇年後に外村が著した「満州・北京民藝紀行」によって辛うじて知ることが出来ます。

朝鮮の民藝探索にはじまり、国内を網羅し、琉球、アイヌ、台湾の高地族、そして北京、満州と展開していった柳を中心とした地域の民藝調査は、民族の固有性と共生を基本とする前提で行われただけに、決して国家主義に迎合したものではなかったのです。

鳥取の新作民藝の胎動と「因幡の源左」

話は戻りますが、吉田璋也の新作民藝品への関わりは、六年一月の吉田医院開業とほぼ同じころに始まっています。近くの南明堂で求めた五郎八茶碗に魅せられ牛ノ戸窯を訪ねてから、数々の新作品を窯出しの場で柳や河井と喜びあい、そして京都で「山陰新作民芸展」を開催しています。このときから鳥取民藝の新作活動は牛ノ戸窯の小林秀晴だけではなく、木工家具の虎尾政次や、織物は横山千代の指導グループなど手仕事の多くの部門にわたりました。初期展示会からその一例を見ましょう。

六年一一月「芹沢銈介染物展」(南明堂)
七年五月「山陰新民芸品展」大阪高島屋ほか
六月「鳥取県民藝振興会」設立
六月「たくみ工藝店」開店、鳥取市本町
八年一月「メーレ夫人織物展覧会」鳥取たくみ

五月　「第二回芹沢銈介展」鳥取たくみ

一二月　「たくみ工藝店」東京店開店

一二年九月　吉田璋也、日本民藝館評議員就任

それ以後、鳥取たくみ工藝店の日常の業務は南明堂の松村直一と岡村友信、郁夫妻が担当しました（因みに染色家の岡村吉右衛門は友信夫妻の実子で、松村とも縁籍でした）。なお一六年三月吉田の指示でたくみ工藝店は資本金を五万円に増資し、本社を東京店に移転します。さらに一八年九月の鳥取大震災でたくみ鳥取店が倒壊し、社長の山本龍蔵が他界され、また吉田の自宅も損壊したことにより、戦後の吉田の帰国まで鳥取での民藝運動は休眠状態になります。

また、二度の一時帰国を除いて北京でのおよそ七年余りの年月を、軍務、医務、民政調査などに没頭した吉田璋也でしたが、日本の敗戦によって二〇年一二月に帰国し京都に居を構えます。そして二一年三月吉田医院を開業、七月には「北支民芸図録」を上梓し、京都民藝協会名誉会員となります。

そして二二年五月には、鳥取の新築成った自宅に吉田医院を開業します。さらに、日本民藝協会の第一回聯合協議会、第二回全国協議会（二三年、京都相国寺）に出席。そのあと吉田は柳、河井、村岡の三人を鳥取の自邸へ招き、そこで田中寒楼から妙好人として知られた「因幡の源左」の話を聞き、その場で柳は研究を発心したといいます。柳は、二四年七月中旬、鳥取の気高郡日置村山根の願正寺にほぼひと月滞在し、「妙好人」に関する資料を集め、

八月、ＮＨＫ鳥取放送局から「因幡の源左」と題して放送しました。

妙好人の、何ものにもこだわらない無碍《むげ》、無心の、凡人そのままの姿の深い信心を柳は尊く思い、民藝のこころと等しく思ったのでしょうか。敗戦のあと人々の価値観が揺らぎ、それだけに柳宗悦の言動の一つ一つが注目されました。

制作者集団としての「鳥取民藝協団」のこと

その頃吉田璋也の活動振りは獅子奮迅ともいえるものでした。昭和二四（一九四九）年八月、「鳥取民藝協会」が再発足しましたが、設立署名人二四名の内半数がたくみ工藝店の株主を兼ねていました。

またその年の春、新作民藝品の制作者のための集団として「鳥取民藝協団」（代表吉田璋也）が活動を再開しました。民藝運動における協団的事業は、昭和初期の京都上加茂の民藝協団が嚆矢とされますが、吉田の意図は運動初期の失敗から学んで、新作品の企画指導、製作、販売、啓蒙を一貫した流れの中で行おうとしたものでした。その吉田の思いについて彼の言葉から紹介しましょう。

「鳥取には昔からの様式そのままを続けて行けばよいという民芸品は殆ど見あたらず、強いていえば牛ノ戸の五郎八茶碗、芦雁鉄絵の漬物皿をあげる程度で、総《すべ》てが新しく工夫しなければならなかったのです」（「鳥取民藝振興会と「たくみ」」より）。

そこで吉田は陶器、家具、指物や染織物、和紙などの職人たちを、早朝仕事前に自宅に集め、どんなものを作ったらよいか膝を突き合わせて話し合い、自らのデザインを渡して職人とともに新作への努力を重ねたのでした。それが職人たちと吉田による「鳥取民藝協団」でした。そこに集った職人たちは、吉田によって物作りとしての誇りを学び、また仲間としての友情に目覚めました。

吉田の具体的な指導としては、陶器の他では家具、小木工の仕事があります。とくに医師としての吉田が必要に迫られて考案した診察用の椅子や、中国、朝鮮の暮しに学んだ卓や棚、英国のバタフライ卓、そして現代風にアレンジした和箪笥など、暮しの用途にかなった家具造りは、「鳥取民藝家具」の名で知られました。製品には行燈、盆、状差、硯箱、ペン立、帯留などの小品もあり、虎尾政次や福田祥の工房と、中規模の工場生産による辰巳木工の三業者で作られました。このほか一般家庭向きの竹細工や、山根の手漉き和紙、屑繭で紡いだ手織ネクタイ、手織の綿織物なども作られました。濱田や柳が招来したメーレ夫人の作品も参考になったことでしょう。

二八年の一一月には、東京の東横百貨店で「鳥取民藝協団展」が開催されました。この会はそれ以後一〇年続けられ、東京たくみでの日常的な販売も含めて多くの愛好者に親しまれました。筆者も若い頃協団展のための品選びに鳥取にうかがい、丸一日を吉田医博にご案内頂いたことがあります。

さて吉田璋也の一生と、新作民藝の活動を軸とする足跡を記すには紙数が足りません。そこでここでは三六年五月の柳宗悦逝去から、吉田の没年までの主要事項を記すことにします。

三六年　たくみ割烹店創業、吉田、社長に就任、出雲民藝協会認証式、リーチ、吉田出席
三七年　財団法人鳥取民藝美術館設立。館長就任
四一年　右の財団に「鳥取たくみ」を併合する
四五年　一二月、吉田医院耳鼻咽喉科を廃業
四六年　「西日本民藝協議会」を鳥取で開催
四七年　吉田璋也、脳血栓で倒れ九月一三日、永眠、満七四歳
（参考資料　『有輪担架』牧野書店、『吉田璋也――民芸のプロデューサー』鳥取民藝協会、『たくみと新作民芸』『吉田璋也の世界』鳥取民藝美術館、「工藝」、「月刊民藝」、「民藝」六八〇号、ほか）

共同窯「出西窯」と松江の陶工たち

「鳥取民藝協団」に他県の窯でありながら、ただ一つ参加した人たちがいます。彼らは島根県斐川町の農家の青年たちで、多々納弘光、井上寿人、陰山千代吉、多々納良夫、中島空慧の五人が共同の仕事としての陶芸を志していました。そして試行錯誤をしながら当時しばしば山陰地方を訪れていた柳や河井、濱田、リーチの知遇を得、また吉田璋也や舩木道忠《みちただ》を訪ね、新作民藝の道に足を踏み入れたのでした。

彼らは地元の字の名を取って「出西窯《しゆっさい》」と名づけ、一からのスタートながら、民藝の指導者たちの薫陶を受けて懸命の精進を続けました。共同窯としてのこの窯の仕事がとりわけて注目を浴びたのは、新作民藝運動の新しいあり方への期待からでした。

継承された伝統を持たない出西窯は、しかし吉田のすすめで二七（一九五二）年一〇月「鳥取民藝協団」に参加し、また江戸時代からの伝統をもつ松江宍道湖畔の布志名窯の船木道忠、研兒《けんじ》や、袖師窯の尾野敏郎、晋也、湯町窯の福間定義、琇士《しゅうじ》たちとともに民藝の仲間としての研鑽に励みました。そしてそれぞれに独自の作風を生み今日に至っています。

また松江を訪れたバーナード・リーチからも、布志名窯で食器の把手の付け方などを直かに教わるなど、彼らは洋式食器の新しい形態への進化と創造へも意欲的でした。そして松江出身であった河井寛次郎も、民藝の心と生活のなかの美について具体的な事例に即して語り、青年たちの心に強い影響を与えました。

二〇代、三〇代の青年時代に民藝運動に触れた出西窯や宍道湖畔の陶工たちは、民藝を新鮮なものとして受けとり、六十余年から八〇年を経た今も、その心を失わずに作陶に励んでいます。そしてまた平成五（一九九三）年一〇月に、東京の国立近代美術館工芸館で、民窯としては初の「山陰の陶窯――出西窯」展が開催されたことも特記しましょう。

出雲和紙と安部榮四郎の仕事

出雲の地は、出雲大社とともに古い文化と伝承に彩られ、また松江は、茶人大名松平不昧《ふまい》公《こう》の名で知られます。島根県の生活文化と工芸は、そのような歴史の中で育てられました。

しかし明治維新以来、繊維産業の工業化によって旧来の農村の手仕事による絵絣や、筒描きの染色は衰退します。またあらゆる生活の場面で必需品であった手漉きの和紙は、木材パルプを用いた洋紙の普及によって衰退し、替わりに稲藁を苛性ソーダで煮た藁半紙の産地として、出雲は名を挙げます。

昭和六（一九三一）年のこと、青年技師安部榮四郎が松江で開かれた「正しい工芸品の展観」と題した柳宗悦所蔵工藝品の展示会を訪れました。当時安部は島根県工業試験場の紙業部に籍をおいていました。柳は、安部の挨拶と名刺を受けて「これに干し板の板目があるとなお良い」といったといいます。安部の名刺は雁皮の厚紙を用いたものでした。一般に雁皮は薄紙（薄葉）が使われますが、柳は古い料紙にある気高い品格の雁皮の厚紙を永年追い求めていたといいます。

柳は早速、試験場で楮《こうぞ》、三椏《みつまた》に稲藁、麻、パルプなどを配合する研究をしていた安部に、雁皮の厚紙と、楮、三椏の漉きこみなどの多様な加工品を注文しました。

それらは巻紙、封筒用紙、襖張り、表具、本の見返し用などで、いずれも耳付きでした。柳は早速銀座鳩居堂で展示会を開き、安部もまた、間もなく八束郡八雲村で本格的な紙漉きをはじめました。それからの安部の仕事は柳と共にあったといっていいと思います。またバーナード・リーチも、昭和一〇年の帰英の際に安部の漉いたさまざまな和紙を選び、特にレターペーパーはイギリス・サイズで別注し持ち帰ったといいます。

安部の和紙は以後出雲民藝和紙とよばれ広く知られることになりました。それまで業種用、用途別に生産流通していた和紙が、多様で良質な文具として広く愛用されるに至った事情の一端はここにあったのです。

安部は戦後、パリやアメリカ各地、北京などで和紙の展示会を開き、日本の「和紙」の声価を広めました。そして昭和四三（一九六八）年、国の重要無形文化財保持者の認定を受け、また五八年一〇月には出雲市八雲町に「財団法人安部榮四郎記念館」が開館しました。
さて、ここで島根県における民藝の啓蒙と普及の場として人々の支えとなった、地域の民藝協会と民藝館について記します。

昭和七年　島根民藝協会発足（会長太田直行）
三一年　第一〇回日本民藝協会全国協議会を松江と大社（出雲）で開催
三三年　島根民藝協会出雲支部結成
三四年　出雲民藝協会発会（会長岸本正義）
四九年　一一月、出雲民藝館開館（館長山本茂生）

（参考資料『山陰の陶窯——出西窯』東京国立近代美術館工芸館、宇賀田達雄『日本民藝協会の七十年』、金子量重『和紙の造形』講談社、柳橋眞『日本の人間国宝・安部榮四郎、手漉和紙の特色』講談社、「工藝」二八号、三九号、四七号、「民藝」七〇八号、ほか）

29　東京民藝協会の発足

浅川巧の家族の帰国と柳宗悦

戦後の民藝運動における地方組織の活発化に対応して、柳宗悦は駒場の日本民藝館の体制の強化をはかります。昭和二二（一九四七）年三月、前年末に朝鮮から引き揚げてきた旧知の浅川咲、園絵を柳は日本民藝館の職員として採用し、民藝館正門左側の和室二部屋の住居を用意しました。言うまでもなく咲は柳のもっとも心を許した亡き親友浅川巧の妻であり、園絵は忘れ形見でした。浅川母娘はそれ以来五一年の末まで二九年の間、公私の区別のない純真さで柳と日本民藝館のために尽しました。

柳と浅川伯教《のりたか》、巧兄弟の交友については先にも書きました。柳は大正五（一九一六）年八月、初の朝鮮行のさい京城の浅川巧宅に滞在し、親交を深めました。そしてひと月に余る浅川兄弟との朝鮮各地の旅の中で、李朝の工芸だけではなく、朝鮮民衆の日常の暮らしの清楚なあり方や器物へも大きく目を開き、民藝への開眼をしたと回顧しています。また仏国寺や石窟庵の石仏の探訪なども、浅川兄弟の案内によったことは前に記しました。

朝鮮総督府山林課の職員であった巧は仕事のかたわら『朝鮮の膳』を出版、また「朝鮮の棚と簞笥類について」、「朝鮮古窯跡調査経過報告」を執筆しました。しかし巧は昭和六（一九三一）年四月、急性肺炎にかかり、知らせを聞いた柳は直ちに京城に向かいましたが巧の臨終には間に合いませんでした。柳は九年三月、雑誌「工藝」で「浅川巧記念号」を特集し、また九月には遺稿『朝鮮陶磁名考』が出版されて巧の遺徳を偲びました。

さて、浅川母娘の民藝館勤務によって、柳の日常はより活発なものになったと思います。

浅川咲・園絵母娘、日本民藝館敷地内の自宅前にて。

この年、園絵は丁度三〇歳になったばかり、咲も働き盛りで、しかも民藝館とは目と鼻の先でしたから、柳悦孝、悦博兄弟や芹沢の門下の岡村、小島、柚木、長沼たち、そのほか私淑する多くの人たちや、たくみの社員にとっても民藝館は出入りのし易いものとなりました。

気さくで誠実な人柄の二人は、柳を訪ねて朝早く地方から上京した人たちを招き入れ、朝食を供することも度々だったといいます。そのために二人は、みそ汁のだしを一升瓶にいつも用意していました。また民藝館で長居して夜遅くなった人への夕食の配慮も欠かしませんでした。また厖大な収蔵品の整理、陳列などもその都度ボランティアの民藝同人たちの働きによりました。

ここで戦後の民藝館再開から、柳の健康な時期の民藝館の主な催事を記しましょう。

昭和二一年「新作工藝展」「アイヌ・台湾染織展」
二二年「諸国箪笥、ガラス絵特別展観」
二三年「朝鮮工藝展」「ブレイク展」
二四年「棟方志功展」「諸国民藝展」
二五年「日本古陶磁器大展観」「河井寛次郎還暦記念特別展」
二六年「三春人形・相良人形・鴻巣雛特別展」「民藝協会新作展」
二七年「沖縄工藝品特別展覧会」
二八年「欧米蒐集品展」
二九年「朝鮮工藝特別展観」

三〇年　「日本民藝館展」（大丸）、「編組品展」

三一年　「丹波古陶特別展」

他方で、このころ柳による執筆活動、書物の刊行は盛んになります。その題名だけでも略記しましょう。『手仕事の日本』、『民と美』、『美の法門』、『妙好人因幡の源左』、『柳宗悦選集』、『南無阿弥陀仏』、『蒐集物語』、『民藝の立場』、『丹波の古陶』。

ここでもう一つ書き加えなければならない事があります。柳宗悦は二四（一九四九）年、自らの還暦を期して、日本民藝館正面の西館とよばれる住居を含む土地、建物、収蔵品の一切を日本民藝館に寄付しました。またその後柳は、自らの著作権の一切も民藝館に寄託したのでした。今日民藝運動が曲がりなりにも健全な状態で存在するのもその故であります（参考資料　高崎宗司編『浅川巧全集』『浅川巧日記と書簡』草風館、浅川園絵遺稿集『柳先生の思い出』私家版、ほか）。

「月刊たくみ」と東京民藝協会の発足

さて戦後のこの時期には、一部の地方協会の会報を除いては本部機関誌の発行はなく、東京ではたくみ工藝店が昭和二七年一〇月から発行した第二期「月刊たくみ」があっただけでした。それまでの「工藝」、「月刊民藝」は戦後間もなく終刊し、そのあとを継いだ「民藝通信」も不定期発行となり、民藝関係で第三種郵便物の指定を受けた定期刊行物は「月刊たくみ」だけとなっていました。

そして二八年一二月、たくみ工藝店は「開店二十周年記念号」を発行します。この号は二〇ページの小冊子ながら、巻頭の柳宗悦の「二十年を迎える「たくみ」」や吉田璋也の「たくみの発生前後」をはじめ、松方三郎、棟方志功、中村精、安部榮四郎、河井武一、舩木道忠、山田五十鈴など多くの人たちが祝意と随想、提言を執筆されています。

また写真七葉、芹沢の小間絵四葉、広告が高島屋、三越、松坂屋、東横百貨店、朝日麦酒をはじめ多くの関係者の協賛をいただき、ある意味でより普遍的な刊行物への期待感を抱かせたのでした。

右のような事情を背景に、東京でも独自の協会を設立しようという空気が出てきました。とくに月刊たくみの読者である「たくみ会」会員や昔からの「月刊民藝」の読者などを中心に、たくみ開店二〇周年の頃から急速に話がまとまりました。そして翌二九（一九五四）年二月二〇日、北陸銀行東京支店で世話人会を開き、五月一〇日朝日新聞社講堂で発会式を行いました。当日の出席者は柳宗悦、式場隆三郎、松方三郎、中村精、対馬好武以下二百名に及びました。会長には共同通信社の専務理事、松方三郎が就任しました。

東京民藝協会はその後、事務局を銀座たくみ内におき、事務局専従の白崎俊次を中心に、月例会として民藝や工藝作家の手仕事の工房見学や、地方の伝統文化の探訪などを企画、好評を得て次第に会員を増やしていきました。また広報活動は当時たくみから定期刊行されていた「月刊たくみ」を東京協会に譲渡することとし、二九年一一月と一二月号は「月刊たくみ」として刊行され、三〇年一月号からは「民藝」二五号として編集人中村精（慶応義塾三田評論編集長）と白崎の編集となりました。

ところが三二（一九五七）年五月に神戸で開かれた日本民藝協会全国大会で、「民藝」誌の発行権を本部に返せ、という動議が出て可決されました。この会には東京からは松方会長と何人かの役員が出席し多少の反発もありましたが、柳の意向ということで承諾したといいます。そして「民藝」の編集発行権は三二年一〇月の五八号から駒場の協会本部に移管されました。ここで若干補足を加えたいと思います。

第一に、柳館長は「民藝」の戦後の復刊を自らの手で果たしたいと思っていたこと。第二に、自らの執筆、監修による「茶道特輯」（三一年三月号）が評判良かったこと。第三に、柳は三〇年の末から神経痛、翌年心臓不調、左半身麻痺など体調が勝れず、本部業務の後任を早急に決めたかったこと。第四に、常勤の理事の候補として新潟の田中豊太郎の上京を促し、初めの数か月は新潟の田中と柳が手紙での編集打ち合わせをしていたこと。第五にその補佐として一年ほど前に採用した大門健を当てたこと、などであります。また田中協会専務理事が全般の業務を掌握するまで、東京の白崎俊次が補佐をしていました。

「民芸手帖」の発行と終刊のこと

「民藝」誌が本部編集となり、「工藝」の格調を思わせるにつけ、地方の伝統文化や手仕事の情報誌として親しまれた多面的な工芸雑誌の復刊が望まれました。そこで東京民藝協会では体裁も新しく機関誌を発行することになり、三三年六月号を期して、B6判横型の小型の雑誌「民芸手帖」を創刊しました。内容はインカの風物、スカンジナビアの陶器、インドの民藝品の写真や随筆、そして松方会長の「展覧会の町――東京」、表具師湯山勇の「表具の知識」ほか各種の情報で満たし読みでのある雑誌となりました。

「民芸手帖」誌の特徴は色々ありますが、地方農村の伝統行事や風物の紹介、民家探訪、海外の風物と民藝を辿った紀行文、地方の手仕事や民藝作家の紹介など民藝に親しみを感じさせる内容でした。とくに表紙図版は芹沢銈介、岡村吉右衛門、斎藤清などの型染絵や木版画をシリーズで特集してその頒布会を開くなど人気を呼びました。

「民芸手帖」誌はその後五七年の五月号まで、創刊からまる二五年、通算三百号まで刊行され、民藝協会内だけではなく広く愛読され、特にその執筆陣の幅広さは定評がありました。今日、日本の文化史や民藝を研究している海外の研究者にとって、「工藝」、「月刊民藝」だけではなく「民芸手帖」や「民藝通信」、「月刊たくみ」も資料として不可欠であるとオーストラリアの国立図書館の司書から聞いたことがあります。

しかし母体である東京民藝協会も創立から足かけ二九年、会員も世代が代り、事務局も高齢化し、松方三郎の亡き後会長職を継いだ山本勝己会長も入院され、役員会の数度の会合で解散が決まりました。東京協会は同時進行で協議されていた再建の計画が実り、翌五八年五月八日、〝新生〟東京民藝協会が発足、今日に至っています。これらの経過については、かつて「民藝」誌の編集責任者を務めた宇賀田達雄（元朝日新聞記者）が、のちに『東京民藝協会の五十年』に詳しく書いています（参考資料「日刊たくみ」「開店二十周年特集」号・たくみ工藝店、宇賀田達雄『東京民藝協会の五十年』、「民藝」七〇〇号、ほか）。

民藝運動の隠れたる重鎮・松方三郎のこと

ここで、柳の信任が厚く、東京民藝協会でも陰に陽に会を導いた初代会長松方三郎について述べましょう。

三郎は明治三二（一八九九）年八月一日、明治の元勲松方正義の一三男として生まれました。大正八年、学習院高等科を優等で卒業、京都大学経済学部に入り河上肇教授に師事、卒業後一三年末にヨーロッパへ留学します。翌年嘉治隆一（のち朝日新聞社論説委員）との共著で『マルクスとエンゲルス』を出版（弘文社）。また日本山岳会会員、スイス山岳会会員となり欧州ではマッターホルン、アイガーなどの多くの登山をとおして、欧米の知名人と親交を深め、日本山岳会の中心の一人となります。

昭和三（一九二八）年二月、シベリア鉄道経由で帰国。四月には南満州鉄道株式会社東亜経済調査局に勤務。かたわら松方三郎名で随筆を、後藤信夫の筆名で評論を執筆します。この年六月五日、改造社から『マルクス・エンゲルス全集』が刊行されます（昭和八年全三一巻完結。責任編集委員　向坂逸郎、大森義太郎、猪俣津南雄、石浜知行、山川均ほか）。後藤（松方）の翻訳担当は、マルクスの「アムステルダムの民衆大会における演説」、「剰余価値学説史」、エンゲルスの「ブレイの牧師」でした。

昭和五年、『社会科学辞典』（改造社）に執筆（アダム・スミス、エンゲルス、デンマーク社会運動史など一三九項）。八年、カナダ・バンフでの第五回太平洋会議に新渡戸稲造団長、副島道正副団長の随員として参加。このあと戦前は同盟通信社アジア各地総局長などに就任し、戦後は共同通信社編集局長、専務理事（のち代表理事）をはじめ数多くの役職を歴任します。

柳宗悦（左）、松方三郎（右）、松ヶ岡文庫にて。1960年6月。

さて松方の、民藝運動とはさして関係のない経歴を記したのは、筆者が彼の人間形成に関心があるからです。彼の親友の一人、松本重治（国際文化会館理事長）によると三郎は大変な読書家で、京都大学時代から研究室にあった社会主義関係の洋書を翻訳し、またクロポトキンやトルストイ、ドストエフスキーの作品は英訳本で読んでいたといいます。さらに二人は、柳宗悦の「宗教とその真理」の読み合わせをしたとも書いています。

さらにウィリアム・ブレークや岸田劉生の絵も自室に掛けていたということからも、松方三郎の人間形成は、少年期からの白樺派への傾倒と、大逆事件後の国家主義化への反発がある意味で軸になっていたとも考えられます。当時第一次世界大戦の前後で、世界中で平等と自由、民族の独立が叫ばれた時代でした。もとより理念と現実の乖離はきびしいものでしたが、彼は戦前、多くの状況において常に支配層の側に身をおきながらも、自己の精神と行動のバランスを保ち続けた稀有な人物だったと思います。

その要因の一つは、松方の学習院時代からの読書遍歴にみられる前記五人のドイツ、ロシアの哲人と柳宗悦という稀有の存在に導かれたということ、第二に、彼が常に社会の現場に身を置くという自覚に徹したこと、第三には、彼の生来の寛容さ、他者を排し非難することのない徳と、他方で自らを律する精神の強さを感じるのです。ですから松方三郎の周りには摩擦がなく、妙な安心感があるのです。彼は戦後も数多くの役職をもち、また兄松方幸次郎の蒐集したいわゆる松方コレクション返還の立役者でもありました。ここでは民藝運動に関わる役職だけを付記します。

昭和二八年四月　株式会社たくみ取締役に就任
　二九年五月　東京民藝協会会長に就任
　四三年九月　財団法人日本民藝館理事に就任
　　　　　　日本民藝協会会長に就任
　四六年四月　国立西洋美術館評議員会副会長就任

四八年九月一五日逝去
（参考資料『松方三郎』共同通信社、「民藝」、「民芸手帖」各号、ほか）。

30　茶と民藝

沖縄の工藝文化の復興と民藝協会

戦後の民藝の復興において、民藝の仲間たちがひと時も忘れることのなかったのが、戦争の被害のもっとも激しかった沖縄の島々のことでした。戦後沖縄はアメリカ軍の占領下にあり、基本的には日本本土からの民間人の渡航は許されませんでした。しかし終戦から六年経って、沖縄の復興の助成のためにも本土との民間貿易の活性化が望まれました。

そこで米軍は翌昭和二七（一九五二）年度からの対本土交易を許可し、琉球政府と那覇市役所もまたその第一弾として、戦前からの深い縁につながる日本民藝館の柳宗悦に相談をしました。柳は早速河井寛次郎、濱田庄司たちと協議し、万般の計画を立てたのであります。

そして、戦前の民藝協会による沖縄文化調査団に参加し、永く滞在して現地の事情にも詳しい柳悦孝とたくみの上野訓治、それに会場の東横百貨店の古仁所宣伝部長の三名が派遣されました。上野によると、「壺屋窯の被害が少なかったので、日常のまかい（飯碗）、わんぶう（丼鉢）、からから（酒器）、皿などの食器が盛んに作られていた。そこで戦前作っていたあらゆる種類の形、釉薬、絵付けを復習しひと窯焚いてもらったところ、少しも格は崩れていなかった」と書いています（「戦後初の沖縄旅行」「月刊たくみ」昭和二七年一月号）。「琉球工藝文化展」は二七年一一月六日から一六日まで、日本民藝協会主催、那覇市の後援で催されました。この催事は、第一と第二室は日本民藝館、国立博物館、尚元王家などの所蔵品による琉球紅型《びんがた》と織物の展観、第三室は倉敷や女子美術大学生による沖縄から学んだ現代作品、そして第四室は今なお作られている琉球現代作品となっています。この会は戦後における本土の染職工藝振興の大きな刺激となりました。また会場入口には芹沢銈介による型染の大作「琉球染織地図」が飾られました。

この「琉球工藝文化展」はこのあと隔年で、東横百貨店美術画廊で開催され、二九年から三七年まで計六回行われましたが、柳宗悦の逝去と、三七年からの本土との民間貿易の自由化によってその役割を終えました。

筆者は三〇年五月二日にたくみへ入社、三一年度の会から担当することになりました。柳先生は毎回初日朝から会場に見えて、三〇分ほどでモノを選ばれましたが、主に金城次郎の陶器、芭蕉布、首里絣、八重山、宮古などの織物、紅型のうちくい（風呂敷）、荒物などでした。

そしてこの会の最終日には、つがる工藝店を開いていた相馬貞三が必ず来て、午後三時ちょうどから自分の店用の品を選ぶのが通例でした。最後まで残った品々が相馬の目で選ばれ、みな輝いていることを伝えると、いつも「残りモノに福です」と微笑んでいたことを思い出します。また三七年の会は二週間の会期でモノが足りなくなり、濱田庄司先生の指示で大阪の業者南風原物産を訪ねました。その頃はなにかにつけて先生方の指図を仰いだものでした。

さて戦後の復興期も二六、二七年から落ち着きをみせ、日本民藝協会やたくみも、黄八丈（柳悦孝、悦博、岡村吉右衛門）、琉球の染織（柳、芹沢、悦孝）、沖縄壺屋の陶器（濱田、河井）、信州木工家具（柳、リーチ、安川慶一、池田三四郎、伊東安兵衛）、鳥取の新作民芸家具（吉田）、倉敷本染手織（外村）、東北の蓑や籠（相馬、たくみ仕入担当）、砥部焼（鈴木繁男、阿部祐工《ゆうこう》）などの復興に協力しました。

また若い農村青年たちによる出雲・出西窯《しゅっさい》の仕事などの協業によるモノ作りなど、さまざまな展開が試みられた時期でありました。

柳の外遊と「たくみ」の増資のこと

昭和二七年五月、柳宗悦、濱田庄司、志賀直哉の三人が毎日新聞社の遣欧文化使節として渡欧したことは、民藝運動にとっても一大エポックでした。

直哉の日記によれば毎日新聞からの渡航費は税引きで一人五四万円であったといいます。柳は毎日新聞との契約期間のあと、濱田、リーチとともに欧州からアメリカに渡り、国際会議や講演をこなし翌年二月に帰朝しました。

毎日新聞の日程を除いて三人の旅行日数は七百日を超えたと思われます。その旅行費の総額は正確には分かりませんが、その過半が大原總一郎の保証により、駿河銀行（岡野頭取。芹沢とビュフェの蒐集家として知られる）からたくみが借入れ調達したのでした。これらのいきさつについては濱田庄司館長（たくみ取締役）の没後間もなく日本民藝館の常務理事であった田中豊太郎と村岡景夫の二人がたくみに来られ、説明を受けた事があります。

そのころは戦後の税制の改正で、大資本家も多額な寄付金が制限されていました。そういったことからたくみは二六年、二八年、三〇年と続けて資本の増資を行なっています。この三回の増資のさい引き受けた主な株主の名を記します。

藤山愛一郎（日商会頭）、山本為三郎（朝日麦酒社長）、高橋龍太郎（大日本麦酒社長）、帆足計（経済同友会代表幹事）、武田正泰（三井倉庫社長）、橋本保（東亜火災海上社長）、中田勇吉（北陸銀行頭取）、松方三郎（共同通信代表理事）、倉敷レイヨン（大原總一郎）、倉敷民藝館、駿河銀行、大成火災、高島屋、松坂屋、東横百貨店、竹中工務店、松本民芸家具ほか多くの民藝同人たちでした。

これらの名前を見ると戦後の財閥解体と旧経済人の追放を背景にリーダーとなり、また調和的社会を志向する点で、当時結成されたばかりの経済同友会の人脈が多かったと思います。また氏名は略しましたが、創立以来の多くの民藝愛好家、生産者株主の方々の無私のご支援には今なお感謝の言葉もありません。

筆者がたくみに入社したのはちょうどそのころで、商事部の分離などもあって社員が減り、私は百貨店での催事や常備売場、頒布会、企業外商、そしてそれらに関連する商品仕入等を担当しました。思い出深いのは入社年の九月、日興証券の新社屋竣工記念品の相談で会長室に伺ったことがありました。創業者の遠山元一会長との商談で、会長は見本の砥部焼が気に入らず、縦横の寸法を直し、自ら白紙に草花文をスケッチされました。

見本品が合格し、五千余個を納品しましたが、そのころ民藝品の引き合いで参上した企業トップの方々の見識と柳、河井、濱田への親愛の念が、並々ならぬものであったことを記したいと思います。

昭和三〇年といえば五月の東京大丸における初の出開帳としての「日本民藝館展」が催され、秋には日本橋三越で、柳の会場構成による「新しい生活工藝展」が開かれたのでした。丹波篠山を訪れ、『丹波の古陶』を執筆するのもその年でした。そして濱田庄司が重要無形文化財保持者に認定されます。さまざまな意味で、社会が「民藝とは」という問いに、答えを求めた時代でした。

初の「日本民藝館茶会」のこと

「芸術新潮」の昭和二九（一九五四）年三月号から、「日本藝術シリーズ」と題して、音楽から造形、芸道の各分野にわたる識者による座談会が企画されたことがあります。そしてその七月号が「茶道」に当てられました。出席者は千宗興（裏千家）、小堀宗慶（遠州流）、志賀宗雲（宗編流）、山口有雪（江戸千家）、そして司会が青山二郎でした。

戦後一〇年目を迎え、裏千家など日本の伝統文化の紹介として欧米でも茶会を開き、「茶道」をティーセレモニーではなくアート・リヴィングという言葉で説明し、日常的な親近感をもたせようとしました。この座談会は司会者の予断もあってか議論が「茶道」の本質からはずれ、家元制度や道具茶の是非論に終始した観がありました。「芸術新潮」では、次の八月号の「芸術シリーズ」⑥を「民藝」の座談会にあて、柳が図版の選択とその解説を行っています。

柳宗悦が前月号の「茶道座談会」に目を通さなかった訳はなく、またもともと民藝運動の当初から、柳は民藝の精神と茶道のそれとが一如《いちにょ》であることをくり返し説いてきたのでした。そのころ日本民藝館に勤務し、秘書役として柳を支えた浅川園絵は次のように書いています。

「それは霜月のある晴れた午後、民藝館の大火鉢を囲んで、「茶」の道に志をたて、現在の茶道への憤懣と改革とに若さを燃やしているK君の、ふと云い出したことに始まりました。……その時すぐに相談がまとまり、日時が決まりました。柳先生から館の器物は何なりと自由に使ってよろしいとのおゆるしが出て、元気と希望に満ちました」(「民藝」昭和三一年三月号)。

そしてこのとき柳は、同じく「民藝」の「茶道特集」に「茶の改革」と題して次の文を寄せています。

「私の見るところでは、茶の歴史はどうしても紹鷗《じょうおう》が絶頂であり、又それまでが純粋であったと思う。利休になると発展はしたものの、色々の濁りが来て、純度を失ってきたのである。どうも彼を「茶聖」とは呼びかねる」。そして「建物にももっと健康を取り戻したい。(中略)半座礼(椅子式)を試みるとするなら、民藝館の室も強ち《あながち》悪くはあるまい」と述べ、「併《しか》し私の近くに浅川母娘、岡本田鶴子、近藤京嗣の如き茶生活をした人々がいて(中略)茶礼

朝鮮の三つ脚の火鉢（石器）、霰釜、竹製の柄杓、水指に見立てた丹波焼の灰被《かず》き壺、その他にも柳の見立てによる道具が用いられている。いずれも日本民藝館蔵。日本民藝館本館1階第1室にて。1955年12月5日。

には彼らの意向を主にした。そのほか水尾比呂志、乙訓健二、長谷川不二子、高野洋子の諸兄姉から手伝いをうけた」と書いています。

こうして柳宗悦と浅川母娘、近藤京嗣を中心に何人かの茶好きや若者による勉強会やリハーサルが行われ、昭和三〇年一二月五日、棟方志功一家をはじめ主に東京在住の同好の士による第一回民藝館茶会が催されました。

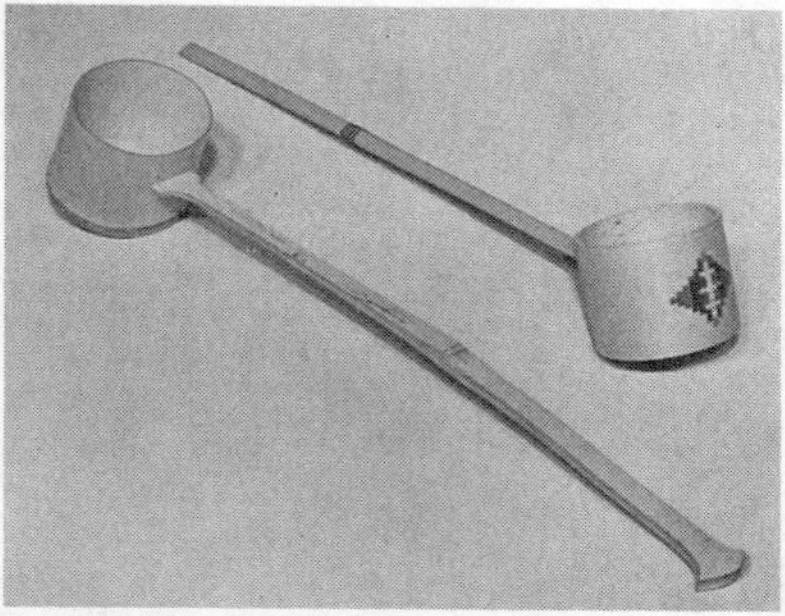

第1回民藝館茶会で使用した柄杓2本。「民藝」第39号より。

ところでこの第一回茶会に用いた茶道具については、前記「民藝」三九号の口絵小解に茶会記を添えて柳自ら解説をしています。ここでは竹柄杓について述べたいと思います。民藝館茶会では第一回、第二回とも竹の柄杓の作者は東京三鷹市在住の竹細工師青木隆介でした。青木はその頃電気スタンドやシェード、マガジンラックなど新しい生活様式のための竹細工の制作をし、日本民藝館展やクラフト展に出品していました。そして当然柳の目にもとまり、泥絵や大津絵などの竹縁の額装も手掛けています。

さて竹柄杓ですが、第一回茶会の折の柳の指示図面を参照すると、指示図の寸法と出来上がった実寸とが若干異なることがわかります。たとえば柄の長さが図

第１回民藝館茶会で茶入として用いられた丹波焼の鮎の塩辛を入れた壺。日本民藝館蔵。

には一尺とありますが、実物は一尺一寸（約三三センチメートル）であります。ある書によると今の柄杓の長さはおおむね一尺だそうで、千利休在判といわれる古作はほぼ一尺一寸といいます。

　柳が小間の茶室の寸法に依らなかったのは、民藝館茶会が広間の茶であったことや、大霰や大寄せの湯釜を用いたこと、また合（水汲みの部分）に対する柄の角度からして風炉《ふろ》用の品であることがわかります。

柄の形態も図と実作では異なり、とくに柄先が切止《きりどめ》ではなく擬宝珠《ぎぼし》風になっています。これについて青木翁の語るところでは、民藝館の二階広廊下で柄杓の作業をしていたとき濱田庄司が通りがかり、「柄杓も茶杓も切止めが決りなのに、どうしてこんな形にするのか」と訊いたといいます。そこで柳先生の指示だというと、濱田は「それは違う。私から柳に話してみよう」と言ったといいます。しかし結局柳は、自らの創案を変えることはありませんでした。

　また柄杓の合を表皮付きで制作していますが、これも柳の強い意志でした。青木翁によると何回作っても翌日には青竹の合が乾燥して割れてしまい、一〇個に一つ二つしか残らなかったといいます。今の市販の品が表皮をむいた芯だけの作りであることの理由が良くわかったとの青木の弁でした。後に筆者が近藤京嗣に確認したところ、青竹のものは当日使用することはなかったということでした。

ほかにこの茶会で柳宗悦が見立てた道具で注目されるのは、朝鮮の三つ脚の石器でありま す。彼の国の石器は、酒注ぎや鍋、釜にも素晴らしい作がありますが、風炉として用いたこの火鉢も名物と言っていい作行きであります。またこれに合わせた大霰釜も、柳自身が戦前に東北で見出したもの。民器ながら他に類品を見ない名作であります。

水指で第一に挙げられたのは丹波焼の灰被《かず》きの壺で、もともとは塩壺でした。また茶入も鮎の塩辛用の壺で、数多く作られ自由な作行きです。昔から丹波焼は茶陶として名がありますが、柳はそれについて「古丹波の美」(『丹波の古陶』所収、日本民藝館)にこう書いています。

「古丹波は日本の焼物の最も奥深い峰の一つである。だがそれは造作された茶陶においてではない。その健康な自由な自然な民器においてである。そうしてそれらの民器に勝る茶器はない。この事が見届けられると、忘れられた丹波の雑器は、高い鑑賞の的となるであろう。(中略)眼に自由があってこそ、始めて焼物の美しさが見えるのである」。

柳宗悦による茶道具の新しい見立てや創作、そして現代にふさわしい茶会の構成も、その後間もない柳の病臥のため中断のやむなきに至ったことは、返すがえすも心残りなことでした。ここで右の「茶道特集」号に柳が記した茶偈から三句を紹介しましょう。

茶ニテアレ　茶ニテナカレ
一フクメセ　茶衣メサデ
追ヘヨ茶ヲ　茶ナキマデニ

（参考資料　「芸術新潮」一九年七月号、八月号、「民藝」三一年三月号、「柳宗悦と竹細工師青木さんのこと」「たくみ」合本第二集、柳宗悦『茶と美』『茶の改革』春秋社、ほか）

寿岳文章と柳宗悦の交友のこと

「茶の改革」の話のあとになりましたが、柳の親密な友人であった寿岳文章《じゆがくぶんしよう》についても触れない訳にはいきません。

寿岳は明治三三（一九〇〇）年三月、神戸市垂水区にある真言宗の小さな寺に生まれました。関西学院で英文学を学び、またウィリアム・ブレイクを卒業論文に選び、すでに「宗教とその真理」を読んで私淑していた柳宗悦を訪ねたのが交友の始まりだといいます。

昭和六（一九三一）年一月から柳、寿岳の共同編集で月刊雑誌「ブレイクとホヰットマン」を刊行して丸二年続きました。柳は、この後の寿岳による「向日庵私版」の発足に触れて、終刊号の後記に次のように書いています。

「寿岳が出版を企画している。特殊ないい本を、いい装丁で限定版として刊行したいという望みである。本への愛着から来ている。之につけても、よき装丁者、よき製本者、よき用紙、そうしてよき活字を得たいものである。これらが結合して始めて、立派なプレスになる」。

ウィリアム・モリスのケルムスコット・プレス工房をおそらく念頭においた柳の感慨でしょう。このあと柳、寿岳のところにボストンの世界的絵本蒐集家カール・ケラーから、日本独自の様式での『ドンキホーテ物語』制作の注文が入りました。二人は相談の上、染色家であり装丁家としても信頼のあった芹沢銈介にその物語絵本の制作を依頼しました。そしてその全巻がボストンに送られる前に、その試作が日本民藝館の開館の折り一階広間の壁面を飾ったことは、一五九、二〇九頁で記しました。

ところで「よき用紙」ということについては柳、寿岳とも何よりもこだわったところでした。戦前すでに国際観光局の依頼を受けて、寿岳は英文で『日本の紙』を出版し、さらに日本語版も和紙の現物添付により刊行したといいます。またそのあと寿岳はよりいっそうの資料を求めて、昭和一二年から一八年にかけて、しづ夫人を伴い日本各地の紙漉き村をくまなく歩き、その歴史と現状を調査し、戦後『紙漉村旅日記』として刊行しました。手漉きの和紙が著しく衰退した今日、全国の和紙調査において寿岳の果たした役割はまことに大きいものでした。

寿岳は民藝運動の初期から、ブレイクやホイットマンの研究などを通して柳と親交を深め、親しく振舞ってきましたが、戦後は次第に柳の周辺に対して批判的な表現を寄せるようになりました。この問題については複雑な側面もありますが、無視する訳にはいかないと思います。

田中、寿岳による問題提起「民藝と平和」について

柳の古い友人に田中俊雄という染織の研究家がいました。家業が米沢の織元で、昭和一四年の民藝協会による琉球民藝調査に参加し、柳の指示で沖縄に長期間滞在して琉球の織物の調査研究に従事しました。後に玲子夫人と連名で『沖縄織物の研究』という大冊を上梓し、また戦後の一時期、村岡景夫と共に協会本部の業務を担当しています。

そして田中は、当時本部機関誌であった「日本民藝」二五年一二月号に「民藝研究の一展開――民藝運動の反省と手工芸の運命」と題して、民藝運動の現状についての率直な疑問の披瀝を行なっています。その要点は、生産技術の進歩、需要と流通の変遷などを考察した上で、柳が一九二七年に「大調和」に連載した「工藝の道」を引用します。

「――私は資本下の社会に、工藝の美を再建する努力を徒労に感じる。同じように個人道に工藝の美を期待する根気を放棄する。――私の心は今来るべき時代につながる。(中略)来るべき工藝とは、かくあるべき時代における工藝との義である」。さらに柳は資本主義と社会主義を比べて、「いずれの道が工藝の道を保証するであろうか。私はラスキン、モリスらとともに当然前者(筆者註・資本主義)から輝かしい未来を期待することが出来ない」。そして時代の変革が、「それは程遠いことではあるまい。私はそれを信じ、力ある未来を待ち、輝かしい工藝の時代を感じる。それが今如何に批判せらるるにせよ、早かれ晩かれ社会主義時代は来るであろう。(中略)――私は美に対する私の直観と理性とが、社会主義的結論と一致するのを発見する」。

田中はこう柳は述べているとした上で、昭和初年の頃の、かくも革新的な柳の思想が、今日の運動の中で実践的に生かされていないと記し、同時に彼は懸念を抱きます。「現在の矛盾に満ちた資本主義体制にある限り、手工芸の美は大衆のものとはならず、手工品製作者は大衆的販路を失い（すなわち民藝ではなくなって）、次第に作品の伝統品としての性格とその稀少性を武器として、ついには工藝美術品として生き残る道しかない」。そしてまた「いわゆる民藝作家といえども同じ傾向を辿るものであろうし、また辿りつつもあるようだ」。しかし田中のこの辛口の批判が、結局は理念であって、運動として現実に生かされていく実体を欠いていたことは、彼自身が文末に、戦争体験の反省から「今度こそは誤りのない正しい方向に進みたいと切願する自己矛盾の精算書」であるとしていることからもうかがえます。

ここで民藝運動と社会との関わりについて、寿岳文章の見解を紹介しましょう。彼は戦後のある時期、民藝の理解と運動の実践面について多くの論稿を発表しています。その一つ、「民藝運動の秘密」（「淡交」増刊第七号、三五年一一月）を見ると、寿岳と柳の間に微妙なズレがあることに気付きます。

第一次世界大戦の戦後処理が、軍縮と植民地再分割、世界恐慌を経て昭和の五（一九三〇）年前後、イタリア、ドイツのファッシズム化、そしてソヴィエト連邦の独裁化が再び世界をゆるがせます。寿岳は書いています。

「濱口首相が狙撃された昭和五年には失業者は全国で四〇万を数え、農村は危機に瀕した。

ことに京都は、後に共産党員となった河上肇が京大の教壇から多年社会主義へのオリエンテーションを行なっていた土地である。静かな千年の古都は、社会改造へのどこよりも烈しい地熱をひそめていた」。それにも拘わらず、「本来社会主義とは最も密接に結びつかねばならないはずの民藝運動は、結局一種のディレタント的な有閑者の遊びに傾斜していった」。

また寿岳は柳宗悦が没してすぐの、三六年七月の「日本の工藝」第七〇号「私の言いたいこと」で、柳先生が晩年、民藝の宗教性に沈潜して民藝の社会性への探求が薄らいだことを指摘し、「柳さんの民藝論の欠落を充実させる意欲なく、しかも民藝の宗教性において、果たして柳さんの真意を汲みえているかどうか疑わしい民藝愛好者」を民藝の〝エピゴーネン〟と呼んだ。

寿岳のこの批判は前年の論稿を含めて、吉田璋也との論争となりましたが、民藝美論を実社会に活きた思想として実践的に理解することの難しさを思い知らされるのであります。群盲象をなでる、のことわざがありますが、それぞれが、それぞれの立場や深さで、また時代の制約のなかで柳の思想を受けとる訳ですから、何らかの形で相違があらわれるのは、やむをえないことなのかも知れません。

しかし、柳の没後に寿岳が書いた「民芸品と平和の問題」のなかで、柳が刀剣の鍔の優品を集めない理由を聞かれて「刀や鉄砲だの、人殺しを連想させるような代物は、たとえ民具であっても、僕は嫌いだ」と答えたといいます。これまで述べてきたように、徴兵制度や軍国主義を嫌い、朝鮮の三・一独立運動に際し日本の政策を敢然と批判した柳宗悦が、戦時中の沖縄やアイヌ、台湾の先住民、中国東北地方の住民に対して真に人間的な温かさをもって接し、彼らの歴史と文化をそれぞれ至上のものとして称えたことを思うと、戦後、寿岳文章が強く主張する民衆の安寧と、世界平和という民藝運動の果たすべき社会的責務を、柳が二次的なものとみなしたとは思えません。

むしろ第二次世界大戦の終結が世界各地での民族自立の発端となり、またベトナム戦争の終戦がその二〇年後であったことからみても、柳宗悦が単なるイデオロギー論議を避けたことがわかります。それよりも、民藝運動が目標とする美の世界への道を同志たちが見失わないことを心から願っていたと思うのです（参考資料　寿岳文章『柳宗悦とともに』集英社、寿岳文章・しづ『紙漉村旅日記』春秋社、「日本民藝」一、二、三、四号・日本民藝協会、ほか）。

31　個人作家と民藝

三宅忠一による日本工芸館の設立とその周辺

柳の創めた民藝運動でしたが、その理念について「社会正義と世界平和を根底にもつ生活工芸運動」という考え方、あるいは「大衆の生活の美化運動」という見方、そしてもうひとつ、「工藝の美を概念ではなく、直観で観る」という立場、などがしきりに議論されるようになりました。しかしこれらは決して対立するものではなく、いずれも本質的な側面の一つだと思います。

そういったなか、戦前から北海道や大阪で柳宗悦や河井寛次郎、棟方志功、寿岳文章たちと親交のあった三宅忠一《ちゆういち》が、当時の拠点、大阪市堂島に「日本工芸館」という民藝品の展示館を設立しました。昭和二七（一九五二）年三月のことで、館長は三宅、理事長は寿岳でした。この館は土蔵作りで手狭であったため、三五年九月、移転新築し、財団法人日本工芸館として今日に至ります。

その間三宅は、三〇（一九五五）年九月から、月刊誌「日本の工芸」を発行します。その第一号で三宅は「全国民芸店に望む　民藝と作家の区別　整然とされたい」と題し次のように書いています。

「民芸運動は大衆生活の美化運動である。（中略）さて実際はどうであろうか。民芸協会がこの運動を起してすでに三十幾年の歴史は積んでいる。しかしその三十年に、協会の、最大目的である大衆の生活にどれだけの貢献をし、どれほど生活が美化されたか、これらを考えると恥しくもあり、淋しくもなるのである」。

そして「町の荒物屋、瀬戸物屋のどこを覗いても民芸品らしいものは見当たらない。是非求めようと思えば民芸店と銘打った特殊店に行くより仕方がない」。これらの店にしても「全国で十指を数える程度のものだから心細い次第である。ところが近時民芸は非常に高価だという声が起こっている」。その原因は民芸専門店では近ごろ工芸作家の作品が多く陳《なら》べられ、民芸品との混同が甚だしいから是正してほしいという論旨なのでした。

この論文が発表された年は筆者がたくみ工藝店に入社した年であります。そのころたくみ工藝店では柳、濱田先生の暗黙の指示で、民藝品の値札に製作者の名前を表示せず、産地表示のみとするよう指導がありました。民藝品に関する知識が広まるにつれ、地方の職人にも名工といわれる人が出て、購買者が名前や民藝館展などの受賞歴で作品を選ぶという傾向も次第に出てきました。

しかし、いわゆる民藝作家といわれた人たちの作品も当時はほとんど使うための購入であって、三六年ごろまでは、河井、濱田、島岡の作品は箱書きなしで持ち帰る方がかなり多かったことは、今なお記憶に残ります。価格も濱田の抹茶碗が四千円、リーチの水指が六千円、河井の作品も五千円から大皿で二万円でした。棟方の板画も墨刷りは二千円から一万円まででした。

これが次第に庶民に手の届かない価格となっていったのは、工芸作家の方々の、重要無形文化財保持者指定、文化勲章、文化功労者指定ほか各種の栄誉が重なったことにもよりましょう（受賞歴の詳細は省略します）。しかし河井寛次郎のように戦前のパリ万国博覧会でのグランプリ受賞など海外での二、三の受賞を除き、その後は一切の栄誉を固辞した自由人でも、いや、それだからこそ声望は高まりました。

ところで柳宗悦は、三三年一二月号の「民藝」の巻頭に「民藝と個人作家」という論稿を発表しています。この文は先に紹介した三宅忠一による、「民藝協会においては作家部と民芸部を確然と分けるべし」、という主張に対する回答でもありました。ここで柳は、これまでの経験からして、地方民藝の復興や新作において、吉田璋也や西脇新次郎（小千谷《おじや》縮《ちぢみ》）、外村吉之介、柳悦孝など有識者や作家の協力指導がどれほど多くの成果を生んだかを述べています。それと作家と民藝の工人は対立する概念ではないこと、それぞれの歴史と役割のもとに、同じ道を歩む同志であることを強調しています。

しかしここで、柳と三宅の間には基本的な問題意識の違いがあることが明確になってきました。昭和三四（一九五九）年一〇月二、三日、名古屋市の愛知県文化会館で第一三回日本民藝協会全国大会が開催されました。その数日前の九月二六日に死者行方不明者五千人余りを出したという伊勢湾台風のあとで、病床の柳も録音でメッセージを送りました。

この大会の前に開かれた全国理事会でどのような議論が交されたか、民藝誌にも記録はありませんが、大会終了のあと、三宅が二、三の人を連れてたくみに来訪し、またその翌日外村吉之介が二、三の方と立ち寄られたことは、たくみが東京民藝協会の事務局でもあったため、情報交換の意味もあったのでしょう。

三宅は当時、大阪民藝協会の常務理事でしたが、本部専務理事の田中豊太郎との確執もあって、一〇月末に大阪協会に辞表を出し、翌一一月に日本工芸館の地に日本民芸協団を立ちあげています。その時の主なメンバーは、三宅のほか寿岳文章、中村忠（協団常任理事）、加藤三之雄（大阪府教育委員）、浦辺鎮太郎（建築家）、上村六郎（染色研究家）、髙田一夫（民藝研究家）であります。

ここであえて付け加えたいことは、民藝運動の現状に対する批判を声高に言う人々の多くが、実作者ではない批評家や、他に職をもつ愛好家であることに筆者はひとつの要因をみるのです。戦後復興から高度成長に移りつつあるこの時期に、浮き沈みはあるにせよ、モノを生産する職人や作家は日々創意工夫に努めた筈です。そして作るモノが良いのか悪いのか、使い手に喜んでもらえるのか、そのことが最大の関心事であったと思います。

そして、何がきっかけであったか判りませんが、そのころ「僕はモノ派だから」とか「彼はコト派だからね」という言葉がはやり、民藝の在り方についての是非の議論は、次第に敬遠されていきました（参考資料　「日本の工芸」第一号から七〇号、『民芸美術館　日本工芸館のこと』日本工芸館、柳宗悦「民芸と個人作家」「民芸」第七二号、宇賀田達雄『日本民藝協会の七十年』、ほか）。

染色の可能性を拓いた「芹沢染紙研究所」の仕事

ここで日本の染色工藝というジャンルのなかで、作家としての創作力と、その協業的制作のあり方によって驚嘆すべき多くの作品を生んだ、芹沢銈介とその工房、有限会社「芹沢染紙研究所」の仕事について述べましょう。

さらに芹沢の幾つかの原点を探れば、青年期の徹底した写生と、家業の呉服商の体験からくる女性の衣裳や身辺の品のデザインへの関心、沖縄の紅型染との出会いなどがあります。そして柳宗悦たちの主宰する国画会展へ、「手描蠟伏せ杓子菜文壁掛」を初出品し、N氏賞を受賞（昭和四年）しました。芹沢はそのとき三四歳、その才能と可能性を周囲に知らしめたのでした。

また、染色や意匠（デザイン）の技の習得や、その創造性は民藝運動初期からの柳たちとの親密な交友のなかでいっそう磨かれて、数多くの制作という工芸の本性を会得し、雑誌「工藝」の型染による装丁をはじめ、書物の装丁、和綴絵本としての「わそめゑがたり」、「絵本どんきほうて」、「法然上人絵伝」、「法然上人御影」など和本ならではの美しい作品群を生みだしました。

これらはもとより和紙に型紙と顔料などを用い、造形表現としては木版、石版、銅版とも異なり、いかにも日本的な華やいだ美しさがあります。この仕事は芹沢の静岡と東京の初期蒲田時代に制作されましたが、数多くという性質上、地元の職人や柳の紹介による門下の岡村吉右衛門、鈴木繁男らの協力も得たといいます。

さて、芹沢は終戦のわずか四か月前、空襲によって家財、工房の一切を失い仮住まいの身でしたが、仕事の再興には意欲的でした。そしてその年の晩秋のころ、たくみの山本正三の発案によって、和紙を用いた年間一二枚組の型染によるカレンダーの制作に取り組みます。その時期の事情などを芹沢と柳悦孝の対談からみましょう。

「柳　その頃、型染のカレンダーを作ってらしたでしょう。

芹沢　そうです。布の型染は場所や道具が揃わないし、和紙ならなんとか手に入れることが出来たので、いきおい染と和紙が結びついたのですね。カレンダーを初めとしてカード、ポスターなど作りましたね。「沖縄風物」などの頒布会もそれでやりました。仕事が数ものになってきたので、学校の先生や画家や、またアルバイトの人達や、実にいろいろの方々の加勢と好意を受けましたね」（『芹沢銈介全集』月報から）。

さて、芹沢の三八年に及ぶ創作カレンダーの図案の中で、やはり最初の一九四六年度版を注目すべきでしょう。彼の絵暦に共通するデザインは西洋の聖書や聖歌の楽譜に見られる中世筆写本の装飾文字（カリグラフィー）を連想させますが、よく見るとそれが西洋の模倣ではなく、まさに和風装飾文字であることに気付きます。また芹沢暦は毎年、模様のモチーフが異なり、童話、日本の祭り、郷土そのほかの玩具、四季の草花など多岐にわたりました。芹沢工房におけるこのような経験の蓄積は、当然より広く仕事のし易い工房へと発展します。

そして昭和三〇年、かつての蒲田工房の地に和紙と布地の二つの部門に分けられた染色工房、芹沢染紙研究所が誕生し、染色を志す若い男女の教育、研修、生活の場として以後三〇年ほど続き多くの工人、作家を育てました。

ところで民藝運動初期の作家たち、河井、濱田、リーチ、棟方、そして芹沢の創作意欲は無限ともいうべきものでした。成熟期における芹沢の、絹地、木綿布、麻や科布《しなふ》に染めた着物、帯、屏風、のれん、壁掛など。そのほか型染うちわと扇子、ガラス絵や陶器への絵付け、鉄板を打ち抜いて作った芹沢模様の照明器具など、作品は人々の生活空間を彩る無限の広が

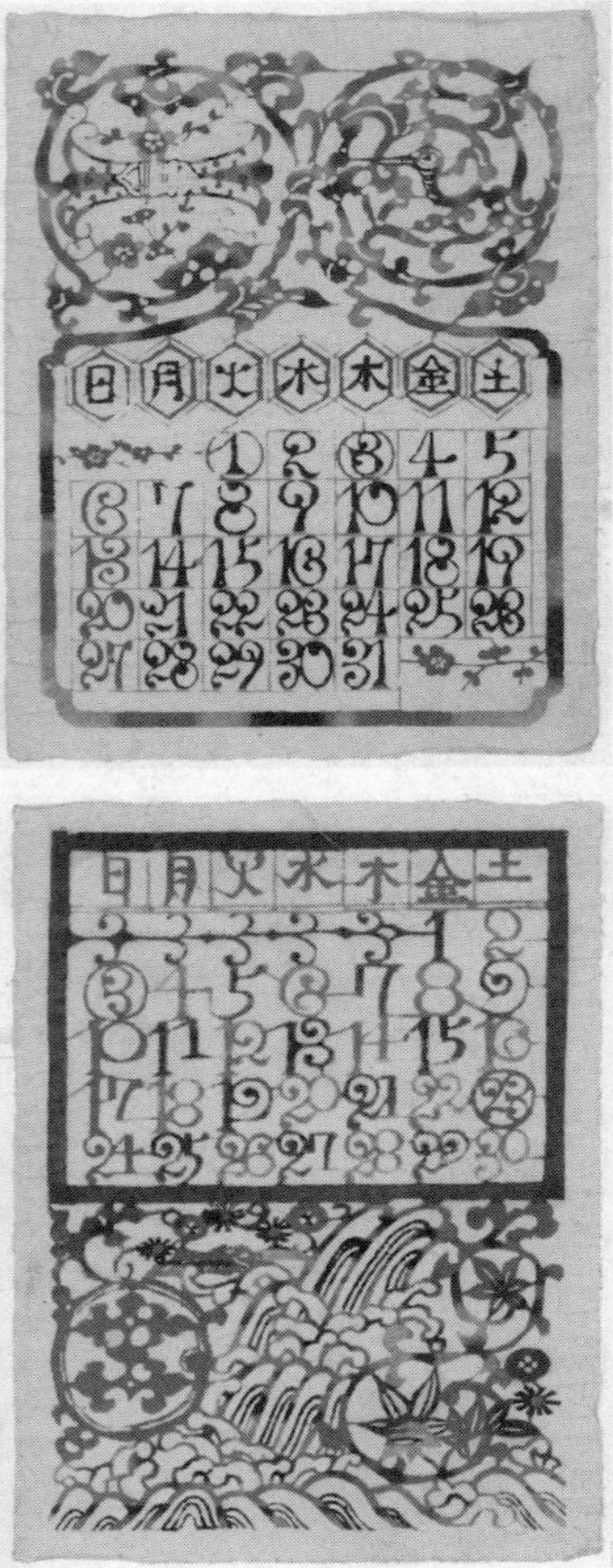

上／1946 年 1 月、下／1946 年 11 月、芹沢銈介図案カレンダー。個人蔵。

りを見せました。

美しいものへの芹沢の関心と蒐集が、若い頃の、南部の小絵馬と瀬戸の行燈皿から始められたことは前に述べました。美しいものを創作したい、手許に置きたい、というのは芹沢の終生の願いでした。そして彼は晩年に海外へも足を延ばすことはありましたが、主に国内の海外工芸品のギャラリーで優れた品々を見出すことに熱中します。芹沢の目は、そのことを通して海外工芸品専業の若者の何人かを育てることにもなりました。

パリ国立グラン・パレ美術館における芹沢展のこと

芹沢銈介の多岐にわたる業績の全容は、国内ではかねてから多くの百貨店の展覧会場で紹介され、また日本民藝館、大原美術館芹沢館、静岡市立芹沢銈介美術館、東北福祉大学芹沢銈介美術工芸館で常陳されています。そしてかなり以前から海外より芹沢を訪ねる人も増えていました。

フランス・パリでの「芹沢展」開催までの詳細については省略しますが、昭和四二(一九六七)年、フランスのバルチュス伯爵(ローマ・フランス文化館館長)が芹沢を訪ねて作品を購入、四年後、友人のジャン・レイマリー(フランス国立近代美術館館長)に見せ、二人で芹沢のパリ展の希望について語り合ったといいます。

その後、芹沢のパリ行き、レイマリーの訪日を経て両国の間で正式な契約書が交わされました。会場はパリの国立グラン・パレ美術館に決まり、会期は一九七六年一一月二四日から

上／グラン・パレの正面玄関。下／パリ市内に掲げられた「芹沢銈介展」パネル。

翌年二月一四日まで。図録の写真を見ると美術館の正面入口にローマ字で「ＳＥＲＩＺＡＷＡ」とだけ大きく表示されています。そしてその期間中、パリ中の街角が芹沢のデザインによる「風」の字の藍色のポスターによって埋めつくされたのでした。

この芹沢展について、パリでも多くの反響が寄せられましたが、このときパリ駐在員として働いた大阪日本民藝館の鈴木尚夫は、その日記にこう書いています。

「人々は明澄な色彩の呼応する空間に静かに立ちつくして見入り、二、三時間も留ることは決して稀なことではなかった。来観者のしんとした手ごたえの、力のこもる見方が場内を引き締めて、いよいよ清々しく思えた。

多く集中して好まれたのは、たとえば「滝文様のれん」であった。……「具象がほとんど象徴となっている」という言葉は到るところの作品の前で幾度も繰り返された。「モダーン」であるとの驚きを込めた言葉もまた繰り返されたひとつであった」。

またある初老の紳士が「私はかねてから日本の伝統はすでに冷却固化していると信じていましたが、この会を見て考えを改めました。新鮮で生きています。全くモダーンです。この

「民藝」1977年1月号よりグラン・パレ「芹沢銈介展」。上／右から2人目が芹沢銈介。

作者は祝福されました」。

父親がキリスト教会の司祭であったという鈴木は「私はひどく感動させられた」と記しています。

そしてパリの有名なル・モンド紙は、芹沢が、芸術家としてブラックやパウル・クレーに匹敵するとし、日本人では一六世紀の本阿弥光悦の名をあげています。

さて、芹沢のその後の略歴を記しましょう。

昭和五一年　国から文化功労者の称号を受ける

五七年　「釈迦十大弟子尊像」を完成する

五八年　フランス政府より芸術功労勲章を贈られる

五九年　四月五日逝去。享年八八歳

　四月二六日、日本民藝館にて日本民藝館葬

（参考資料　『芹沢銈介全集』各巻、金子量重「芹沢銈介の八十年」、「民藝」六六〇号「芹沢銈介のカレンダー」特集、金子量重編・吉田桂介・志賀直邦ほか『芹沢銈介巴里展』芹沢銈介国際展委員会、そのほか展覧会図録各種）

32　柳宗悦の死

柳宗悦の晩期の仕事とその継承について

前章で述べたパリ国立グラン・パレ美術館で開催された芹沢展を、もし柳宗悦が見ることが出来たなら、どんなに喜んだことでしょうか。そう思い、柳が元気であった昭和三〇（一九五五）年に筆を戻しましょう。

終戦後一〇年、各地民藝協会は再興期にありましたが、民藝館や協会本部には資金の余裕がなく、その三年前の銀座のたくみの店舗改装費も山本為三郎（朝日麦酒社長）、大原總一郎（倉敷レイヨン社長）の資金提供だったといいます。これも柳の口利きでした。このほか柳の元気なうちは河井寛次郎、濱田庄司による「抹茶碗の頒布会」や柳自身の「書軸頒布会」が複数回催され、日本民藝館運営の援けになりました。

また、前にも書いたように、柳が常に運動の要と信じてきた本部機関誌の発行は、「工藝」、「月刊民藝」とも戦後間もなく終刊となり、後を継いだ「日本民藝」、「民藝通信」も発行中止となります。そこで銀座のたくみが「民藝通信」の代行をした上で二七年一〇月から「月刊たくみ」を再刊します。

この冊子は二九年の東京民藝協会設立と同時に発行権を東京協会に譲り、三〇年一月号から誌名を「民藝」と改めました。これら東京協会発行の雑誌にも柳たちは執筆をしていますが、柳としては民藝運動本部の方針を正しく伝えるには、自らすべてに目を通さなければならないという使命感を抱いていたと思います。

たとえば民藝論を社会科学や経済論の観点から議論し、また柳の論稿の一部を取って、むかし「廉価と美とは見事な一致を見せた。（中略）あの大名物と呼ばれる茶碗や茶入は、ことごとくが本来の安もの、民器であった」という柳のたとえの是非について論ずることが、彼の真意とは隔たりがあったのではないかと私は思います（田中俊雄「民藝美再論」「日本民藝」第四号より）。

他方で、伝統を継承しながら現代の生活に適した民藝品がどれだけ育ち、または衰微しつつあるのか。各地方協会の有志が精力的にその実状を調べ、また再生への手助けをしたのもこの時代でした。

さて、ここで戦後の復興一〇年目にあたる昭和三〇年の、百貨店での日本民藝館及び協会主催行事について記します。

一、「日本民藝館展」（五月、東京大丸、館蔵品による）
二、「全日本民藝展」（五月、上野松坂屋）
三、「棟方志功板業展」（八月、渋谷東横百貨店）
四、「新しい生活民藝展」（九月、日本橋三越）

五、「第三回鳥取民藝協団展」（一〇月、東横百貨店）

右の内、「日本民藝館展」は館蔵品の中から柳が選んだ逸品を展示したもので、民藝館初の出開帳ともいえる会でした。この会は大丸東京店の新設開店を記念した会で、祝賀品として河井寛次郎と濱田庄司作の陶製の「帯留」（桐箱入）それぞれ数百個が用意され、大丸から頒布されました。

「新しい生活民藝展」1955年9月。日本橋三越。

次に五月の「全日本民藝展」と九月の「新しい生活民藝展」は、前年一〇月から、翌年三月にかけての柳たちの北陸、越中の旅や丹波などの民藝探索の成果を踏まえたものでした。しかしこの年暮からの柳の神経痛や心臓発作によって、彼が現場の仕事にかかわることはなくなりました。なお「新しい生活民藝展」を担当した三越宣伝部のN氏によると、このとき会名も会場構成もすべて柳の指図で、たくみの伊東安兵衛と一緒に何回も民藝館に通ったとのことでした。

東横百貨店での「鳥取民藝協団展」については先に記しました（二八八頁）。

八月の「棟方志功板業展」は七月の第三回サンパウロ・ビエンナーレ「版画部門」最高賞（「釈迦十大弟子」ほか）受賞を記念したもので、日本民藝館主催によります。この時の展示品二百点はいずれも開館以来民藝館が買上げ、または寄贈されたもので柳の選択によります。

東横百貨店の会長五島慶太は、棟方の人と作品を愛し、その後も永く同店での「棟方志功板業展」を続け、また本店内に「棟方志功ギャラリー」を設けています。

右のような規模の大きい展覧会は、それ迄も「東北民芸展」、「琉球工芸文化展」など催されましたが、その全てにおいて柳たちの大きな指導力の賜物と思います。

柳宗悦は昭和三〇年には六六歳、河井は六五歳、濱田も六一歳となり、見識、人格とも爛熟の境にあり、相互の信頼感も強いものがありました。柳は、民藝の活動の中に多様な立場や見解を認めつつも、何よりも自由でこだわりのない境地を求めました。職人か作家か、伝統か新作か、量産か寡作かという概念に捉われず、使いたい物、使ってもらいたい品、美しいと思う品を作る悦びを皆に解ってもらいたいと願っていたと私は思います。

右の三人に芹沢を含めた先覚の、自由な目については具体的な事例を添えながら改めて述べましょう。

柳宗悦の病床からの想いとその後の本部体制

そのころ、全国に展開した地方民藝協会と本部との意志の疎通は充分とはいえませんでした。柳の目の届いた組織とその運営、そして本部発行による中央機関誌の刊行は柳宗悦の悲願でした。三〇年当時、日本民藝館の正規な常勤職員は浅川咲、園絵母娘しかいませんでした。民藝館では、戦時中は不定期で柳、濱田、村岡、柳悦孝ほか若干名で運営委員会が開かれていましたが、戦後も同様だったと思います。

委員会は基本的な催事や出版などの年度計画、年二回の常設展示の企画と陳列、新作展関係の募集と審査、そして財務や日常の会計業務など、柳がらみで処理されていたのが実情でした。もっともその頃は来館者も少なく冷暖房もありませんから、夏の八月と冬の一月、二月は休館で、その間に多くの実務を処理したといいます。

ところで、柳は民藝館に顔を出す青年男女と言葉を交わすのが好きでした。その年一二月五日の「民藝館茶会」に、浅川母娘とともにその準備に加わり、この後も民藝館と深い絆をもった青年三人について述べましょう。

まず栃木市の茶道家近藤京嗣ですが早稲田大学を卒業。民藝に関心を持ち民藝館に通って目を開き、従来余り知られていない窯元を調査し、宮城の堤窯、相馬の館の下窯、瀬戸本業窯の古作品を見出し柳のもとに届けます。他にも栃木曲島《まがのしま》の磨き土器の火鉢やスツールなどを指導、そのころ一時職員として民藝館に勤めました。

水尾比呂志は美術史家であり、柳宗悦全集の編集責任者としても知られますが、当時は来日していたバーナード・リーチのために、柳の仏教四部作の英訳を手伝ったといいます。水尾は武蔵野美術大学学長を退官後、日本民藝館理事や民藝夏期学校の講師などを務めました。

乙訓健二は学習院大学で哲学を鈴木大拙に学び、卒業後も読売新聞社に勤めながら大拙、宗悦との縁を保ち続け、後年、民藝館の評議員を永くつとめました。

右の三人は、その後それぞれ別の道を歩み、筆者も慶応義塾大学史学科を出て株式会社たくみに入社しました。いずれも二〇代半ばでした。私も家が井の頭で駒場に近く、民藝館や柳家にはときどき伺いました。

さて民藝館の本部体制の強化はまさに焦眉の急でした。日本民藝協会の本部事務と、将来の中央機関紙発行を視野に入れて二〇代半ばの青年の採用は急がれました。そして翌三一年の春、朝鮮工藝の研究家、浜口良光（『朝鮮の工藝』著者）の子息浜口君が採用されました。しかし彼は秋には退職し、そのあと大門健が日本民藝協会職員として採用されました。翌三二年の柳から新潟の田中豊太郎宛の書簡を見ると、大門の給与を柳が自ら定めている様子がわかります。

そしてその年春の協会全国理事会の際、緊急動議によって「民藝」誌の本部移管が決議されると、同時に田中の常務理事も内定します。そして「民藝」誌は翌三二年一〇月の第五八号から協会本部に移管されました。しかし編集発行者が替わっても、三年も前から出版されている雑誌の編集実務、写真、広告欄、そして雑誌の発送と集金、支払いなどの業務は素人の技を越えました。そこで東京協会事務局の白崎俊次がほぼ一〇カ月余り、臨時職員として田中常務理事の補佐と大門の教育に当たりました。またその発送作業はたくみが協力しました。

ところで柳は「民藝」三三年三月号に「田中豊太郎君の紹介」という一文を寄せています。そこで柳は、田中が代々の経済人の家に生まれ、自らも新潟で相互銀行の専務を勤めていたこと、したがって経営にはうってつけの人材であるが、それ以上に柳との四〇年にわたる交際の中で、生活と蒐集に筋が通り、朝鮮李朝陶磁の研究を重ね、書物として刊行していることを述べています。

三三年春から田中（専務理事に昇格）が東京井の頭に居を移し、民藝館に常勤するようになって、柳館長の民藝館での負担は大幅に軽減されましたが、病状は一進一退でした。しかし本部刊行になって執筆者も広がり、永年の後援者であった山本為三郎も「民藝運動の初期――三国荘の由来」という文章を書き当時の空気を伝えています。参考までに一部を引用しましょう。

「その頃の人で後年淋しく民藝運動から離れねばならなかった人もありますが、民藝運動は精神的の面が強いのだから、誠実を失うと離れなければならぬ立場となります。運動に便乗して自分を利すような考えの人は、所詮同志としてやってゆかれぬのが、民藝運動の特色ともいわれましょう」（『民藝』三三年四月号）。

民藝運動の初期から柳宗悦たちを支えてきた多くの支援者の中でも、山本為三郎、大原孫三郎、總一郎たちの終始変ることのない温かい眼差しは、柳にとって大きな宝でもありました。

さて、民藝の啓蒙は何よりも「生活に即した美しいものを見ること、使うこと、作ること」にあります。そのどれを欠いても民藝の本質は解りません。ですから館も、協会も会員たちも例年のように民藝館や百貨店や民芸店などを活用して展観や即売会を開きました。

染織の分野でも、その頃は手仕事の工業化が進み、需要も洋装へ変り、糸も、生地も染料も年を追って品質が低下し、あるいは生産が減少して当然価格にもその影響が出ます。そういった中で伝統を継いだ東北のこぎん刺しや菱刺《ひしざ》し、ホームスパン（及川全三）、北国の科《しな》布《ふ》、小千谷縮《おじやちぢみ》（西脇新次郎）、関東の唐桟《とうざん》織（斎藤家）、黄八丈《きはちじょう》（山下めゆ）、信州紬（本郷大二、他）、東海の藍染や絞り染（片野元彦、竹田嘉兵衛）、山陰の絵絣（島田悦子）、四国のしじら織、沖縄の琉球絣（宮平初子）、芭蕉布（平良敏子）、八重山上布、宮古の絣など、多くの地域で継承、発展への努力が重ねられました。

しかしそのなかの多くの産地や技術者が、国指定の重要無形文化財保持者や伝統的工芸品産業に指定されても、彼らの未来を保証することが出来ないのです。意外と知られていないことですが、三〇年以上も前から、日本の誇るべきものの多くの分野、西陣、友禅、絣、絞り染などが、中国、韓国などに技術指導のうえ委託生産されているのです。しかしその委託先も急速な工業化の渦のなかで、安定した生産元ではなくなっているといいます。

今日、社会的な多くの分野で、量産、均一、安価の品が求められています。しかし戦前、つまり八〇年以上前から日本を訪れ、その伝統文化、建築、生活工芸につぶさに触れた建築家のフランク・ロイド・ライトやブルーノ・タウト、シャルロット・ペリアン、そしてグロピウス、ル・コルビュジェたちの誰一人もが、日本が伝統文化を捨てて、西洋の模倣の道に入ることを望んではいませんでした。世界の巨匠たちの思想や美に対する見方は、日本の民藝運動の巨匠たちときわめて共通するものがありました。

柳宗悦告別式祭壇、1961年5月7日、日本民藝館にて。

広く惜しまれた柳宗悦の死

昭和三六（一九六一）年五月三日、柳宗悦は逝去しました。三一年一月の心臓不調から柳は毎年のように不調と回復をくり返してきました。しかし民藝館での企画展、百貨店や民藝店での展覧会、そして多くの友人からの心こもった接待の地方行脚、湯治を兼ねた旅、そして暇をみての病床での執筆、そして原稿の出版。たとえば、

三一年　『蒐集物語』、『民藝の立場』、『丹波の古陶』
三二年　『無有好醜の願』
三三年　『民藝四十年』、『茶の改革』
三五年　『民藝図鑑一』、『大津絵図録』、『美の浄土』
三六年　『民藝図鑑二』、『法と美』、『船箪笥』

そして三二年一一月の「文化功労者」の顕彰。

三五年一月の「朝日賞」の受賞など。

柳は、三六年四月二九日、脳出血により昏睡状態となり、五月三日、友人や同人たちに見守られ、穏やかにこの世を去りました。七二歳でした。五月四日通夜、五日密葬、七日日本民藝館葬。会場の設《しつら》えは芹沢銈介、導師は本所源光院の浅野長量が勤めました。また五日には次代を背負う工藝作家を代表して、岡村吉右衛門、鈴木繁男、柚木沙弥郎、棟方志功、安川慶一、小島悳次郎、船木研兒、武内晴二郎らが柳の棺を捧持して、館長室から各展示室を

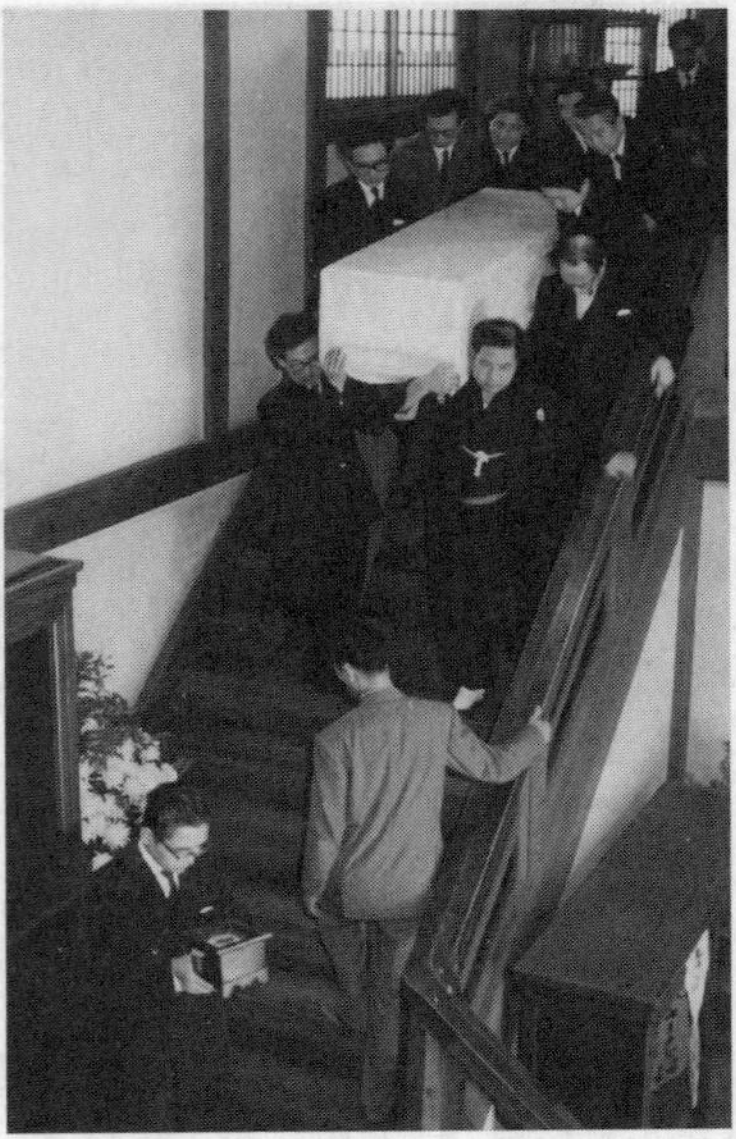

日本民藝館の各展示室を巡回する柳の棺、1961年5月5日。

巡回しました。なお、館葬には鈴木大拙、志賀直哉、武者小路実篤らも列席されました。

そして五月二〇日、福岡で日本民藝協会全国理事会が開催され、新協会長に大原總一郎が、日本民藝館館長に濱田庄司が推挙されました（参考資料「民藝」、「民芸手帖」、「日本民藝」、「民藝通信」、「月刊たくみ」各号、浅川園絵遺稿集『柳先生の思い出』、宇賀田達雄『日本民藝協会の七十年』、ほか）。

33　柳亡き後の民藝運動

柳宗悦亡き後の民藝運動の展開

柳宗悦と河井寛次郎、濱田庄司、富本憲吉ら親密な同志たちによる「日本民藝美術館設立趣意書」の発表から足かけ九〇年になります。それ以来一日として休むことのなかった、生前の柳たちの思索と活動を、具体的な事柄に即して記述することの道の遠さを感じます。

この九〇年という年月の間の、世界における ゆがんだ形での発展と抑圧、侵略と講和、貧困と繁栄、非情と思いやり。それらが私たち人間の本性を正しく磨くことなく、世界的に漫然と社会の流れに甘んじることを怖れます。私たちはいま、柳の哲学を、社会の急速な変化のなかで、どう発信したらよいのでしょうか。

柳没後の、たとえば館長職の方の区切りでいえば、近年の小林陽太郎《ようたろう》、そして現職の深澤《ふかざわ》直人《なおと》館長の時代の事柄については現在進行中のこともあり、その多くを若い方の将来の執筆に委ねなければなりません。

そして戦前からの地方民藝協会の設立や地方独自の活動の数々、また外村吉之介と水木省三の発起により地方協会の協力を得て、既に百回を越えて熱心に行われてきた日本青年夏期学校（現日本民藝夏期学校）についても、地方協会や夏期学校委員の総括的な記録が望まれましょう。そして地方民窯や染織品、手漉き和紙、編組の品々、木工や金物など、全国の手仕事の変遷と現状についても、毎年行われる日本民藝館展とあわせて報告と活発な論議が期待されます。

さて、本年（平成二八・二〇一六）一〇月は日本民藝館開館八〇年の記念すべき日を迎えます。柳の没後から五五年になりますが、ここでは濱田庄司が館長に就任して以来の主な動向を年譜的に記しましょう。

昭和三六年（一九六一）、富本憲吉、文化勲章受章
　三八年六月八日、富本憲吉死去、七七歳
三七年八月「第一回日本民藝協会夏期講座」開催
　講師　村岡景夫「柳宗悦の工藝美論」
　　大原總一郎「現代と民藝」
　　柳宗理「現代の工業デザイン」
　座談会「民藝とグッドデザイン」
　　（濱田庄司、芹沢銈介、柳悦孝、柳宗理、安川慶一、柚木沙弥郎）
　座談会「民藝の生産と消費の問題」
　　（吉田璋也、池田三四郎、松方三郎、大原總一郎、田中豊太郎、伊東安兵衛）
　出席者約百名、軽井沢会場

三八年八月「第二回夏期講座」

講師　河井寛次郎「作家としての信念」

外村吉之介「民藝運動の志向」

大原總一郎「民藝夏期講座に臨む」

対談「作り手の立場」（河井寛次郎、河井博次）

出席者四八名、比叡山宿院会場

三九年八月「第三回夏期講座」

講師　B・リーチ「柳宗悦の美論」

濱田庄司「イームスの事」

柳宗玄「民藝と個人作家」

松本市入山辺会場

右の三回の夏期講座は、柳宗悦の逝去から間もなく企画され、第一回は民藝協会の中堅以上を対象とし、第二回は若手にも門戸を広げる趣旨で行われました。第一回は二百人もの申込を絞り込んだといいますが、二回目は若手を多くといいながら結果的には、多々納弘光《ただのひろみつ》（出西窯《しゅっさい》）、佐久間孝雄、成井藤夫《なるいふじお》（以上益子窯）、宗像亮一《むなかた》（会津本郷窯）、上野洋治、志賀直邦（たくみ）ほか若手は少数でした。

この三回の夏期講座は、第一回が民藝運動の直面するあらゆる問題を網羅して、多くの講師による活発な議論が行われたにも拘わらず次第に尻すぼみになりました。しかもこの夏期講座の講義や座談会の内容は、本部の「民藝」誌では特集せず、東京協会発行による「民芸手帖」誌一一月号において「民藝夏期講習会の論点」と題し伊東安兵衛（東京協会常任理事・たくみ営業部長）が執筆しただけでした。大きな期待をもって開催された協会同人啓蒙の場であっただけに、夏期講座が三回で中断したことは大きな不満を残しました。

他方で戦後復興も十数年経ち、濱田館長をはじめ民藝の同人たちの行動はより活発になります。

昭和三七（一九六二）年三月から大原協会長が「民藝」誌に「民藝と「消費をつくり出す人々」」というタイトルで民藝の現状分析の連載をし、さらに続稿として四〇（一九六五）年一月号に「民藝協会員はエリートか」と題して辛辣な批判をしています。その内容の是非については別として次の文章だけは引用しておきたいのです。

「すでに知識の木の実を食べた民藝協会の人達は、たとえそれが民藝理論という「正しい美に関する」理論であろうとも、無知の美徳から転落した楽園からの被追放者の一人であることを否み切れないであろう」。

経済界で重きをなしていた大原ですから、生産、流通消費という連関の中で、いかに民藝の有機的な運動が困難な道であるのか承知していたからこその言葉でしょう。

しかし、時は否応なしに経過し、柳宗悦の死去からわずか数年という短い間に、戦前からの日本民藝協会の重鎮の何人かの方が亡くなります。以下に記します。

昭和四〇年一一月二一日、式場隆三郎死去、六七歳

四一年二月四日、山本為三郎死去、七二歳
同年一一月一八日、河井寛次郎死去、七六歳
四三年七月二七日、大原總一郎死去、五七歳

大原の死去により、日本民藝協会理事長に濱田庄司が、協会長に松方三郎が就任しました。

濱田館長、田中協会専務理事時代のことから

民藝協会の幹部のなかでももっとも働き盛りと思われた大原の急逝により、協会運営は駒場の本部が軸となりました。本部職員も大門健の退職のあと佐々木潤一が入り、それより前、柳の晩年からは日本民藝館職員として田中洋子が勤務しています。

また東京民藝協会の活動の活発化、たとえば新しい月刊誌「民芸手帖」の発刊や、協会員以外の工芸愛好者への投稿の呼びかけを積極的に行いました。そして月例会という形で各地工芸品の見学旅行などを白崎俊次と女性職員の、計二人の専業スタッフが切り盛りするなど、さまざまな交流の場を設けました。

そのころ吉田璋也から東京たくみに対し、より販売のルートを協会加盟店に広げるために、「民藝」誌に全国の民藝品の生産者リストを掲載するように、との指示があり、それは益より害の方が多いということでお断りをしたことがあります。これに対し吉田は全国大会の席上で、個人主義的だとして厳しく叱責されました。

またそのあと地方協会の提案で、大分の小鹿田《おんた》窯など協会推薦の窯の品は、信頼できるセ

ンターから各民藝店に公平に分配する方法が提案され、西日本で一、二回行われたことがあります。これも公平感で納得しない店が多く長続きしませんでした。

そのころグッドデザインという言葉がはやり、指定の作品にはGマークが添付され人気がありました。民藝協会でも、「民」の指定マークを採用し本部承認の民藝品に添付したらどうか、という意見もありましたが、濱田館長、田中専務理事は反対でした。その濱田館長から「たくみは味噌もくそも一緒に売る」とお叱りを受けたことがあります。これも小鹿田の大壺が原因ですが、濱田は「たくみは作品の出来の良し悪しでなく、その寸法で値段を付ける。ニューヨークのハーマン・ミラーの店では曇りガラスのショーケースの裏からスポットライトを当てて、たった数百円のメキシコ・インディオの玩具を二、三万で売っている。たくみももっと勉強しなければだめだ」。

私はどうも納得しかねるところがあって民藝館に行き、田中専務理事に相談しました。田中はすぐ「それは濱田さんが違うよ。もしたくみで小鹿田に限らないが出来の良いと思う品に高い価格を付け、二級品は安くつけたとすると、その原価にかかわらず自分の目で気に入ったものを選ぶ醍醐味がなくなる。目も育たないじゃないか」といわれました。

モノをみる目を育てるということは一朝一夕ではできませんが、私は今から思えば、濱田庄司から教わったことの幾つかが心を離れないのです。その一つは、モノを見る時に、作家の作だからとか職人の作だからというように、モノを概念で、先入観で見ないということです。

日本民藝館展講評会の様子、右より柳悦孝、田中豊太郎、濱田庄司、相馬貞三、芹沢銈介。1965年。

ところで一九六三年六月、濱田庄司は次男晋作を同伴し渡米、自作の個展を開き、日米文化教育会議に出席しています。さらにメキシコ、スペインを探訪、海外民藝の宝庫といわれた地で多くの民藝品を蒐集しました。そして翌年、三越本店で濱田の目で選ばれた「スペイン・メキシコ民藝展」（日本民藝協会協賛）を開催、両国の陶器、手吹きガラス、手造り家具や木工、敷物や玩具など初見の品も多く、評判を呼びました。

その濱田の館長時代に海を越えて東京の百貨店で開いた展覧会を挙げると、昭和四〇（一九六五年）「台湾民藝展」（西武）、四一年「中国現代民藝展」、「韓国現代民芸展」、四五年「沖縄壺屋窯三人展」（三越本店）があります。

この時代、海外旅行が自由になったため外村吉之介、芹沢銈介、棟方志功など海外に渡航し、大きな収穫を挙げました。濱田もまた四〇年二月から度々海外を訪れますが、翌年春にはデンマークで個展を開催し、そのあとセント・アイヴスにバーナード・リーチを訪ねています。
そして濱田庄司は、四三年一一月三日、文化勲章を授与されました。

大阪日本民芸館設立と同人たちの協力について

昭和四二（一九六七）年九月、三年後の大阪万国博覧会に民藝館を出陳することが決まり、日本民藝館、協会は早速準備に入ります。新設される大阪の民藝館は将来的に永続する建物として造られ、主に関西を基盤とする企業一七社の支援によりました。展観する工藝品も古作品は日本民藝館の収蔵品から選び、新作の品々は国画会などの工藝作家や、伝統民藝の工人の作から選択されました。これらの作業は協会同人にとってかつてない修練の場となりました。以下に主な人名を記します。

濱田庄司、芹沢銈介、外村吉之介、柳悦孝・悦博、河井博次、鈴木繁男、鈴木尚夫、野間吉夫、岡村吉右衛門、柚木沙弥郎、武内晴二郎、四本貴資、小島悳次郎、長沼孝一、上村正美、伊東安兵衛、森口太郎ほか。

また一、二階吹き抜けの広い壁面（第四展示室）には、棟方志功の七二枚の板に彫られ摺られた、板壁画「大世界の柵」が飾られました。この「万博・日本民藝館」は昭和四五年（一九七〇）三月六日に開館式が行われました。そして博覧会の終了後は一部を改装し、「大阪日本民芸館」として今日に至っています。なお昭和五〇（一九七五）年四月一日には沖縄首里に日本民藝館沖縄分館が開館しました。

「万博・日本民藝館」展示風景。「民藝」1970年3月号より。

熊本国際民藝館の誕生と倉敷本染手織研究所のこと

さて、「万博・日本民藝館」開館のほぼ半年前に、「熊本国際民藝館」が増築、新装オープンしました。実はこの民藝館は、倉敷民藝館の外村吉之介館長が、地方民藝館のさらなる展開を願って昭和四〇（一九六五）年五月に開設されたのでした。これには地元の有識者や市当局などから、一方ならぬ厚意と協力が寄せられたことはいうまでもありません。しかし展示の品々が増えるにつけ手狭になり、四四年秋に増築され今日に至ります。

外村の思いは日本各地や海外の民衆の暮らしの中で生き続ける民藝品の優作をじかに見てもらい、使うことで親しみ、また作り手を励まし、人びとの日常の暮らしを健康な美しさで満たすことでした。そしていま熊本では、国際民藝館、熊本県民藝協会、作り手や民藝店の連携のもとに民藝夏期学校などを開催し続けています。

ここで、織物作家としての外村について触れましょう。昭和一二（一九三七）年、民藝館の財団法人認可とともに評議員となり、かたわら静岡袋井のメソジスト教会牧師としての伝道と信徒への織物伝習に力を注ぎました。その弟子の家族からの「感謝の言葉」と題した手紙から要約します。

「私は四月一五日を迎えて八五歳となりました。昭和一四年（一九三九）の夏、私は教会の外村牧師の招きで、働きの場を与えられて袋井に行きました。そこで外村牧師夫妻に住み込みで機織りを習いに来ていた佐藤まつゑと会い、後に外村夫妻のご媒酌で結婚し家庭を持って三島に来て住みました。妻のまつゑが外村夫妻から学んだ手織で織ったものは、東京銀座の「たくみ工藝店」を外村先生が紹介して下さり、納品して家計の大きな助けとなりました。まつゑは不治の病で逝きましたが、残した織りの技は私と娘千恵子が受けつぎ、私は機に上がって織る時には、まつゑが今も私の中に生きて共に織っている思いでいます。皆さまの上に神様の祝福がありますように。

熊本国際民藝館展示風景。「民藝」1970年2月号より。

井上一雄」

戦後すぐの、沖縄からの倉敷紡績の挺身隊であった平良敏子たちについては前に触れました。さまざまな経験の蓄積の上に倉敷に「本染手織研究所」が発足したのは昭和二八年、そして平成五（一九九三）年の外村の逝去までの四〇年間に卒業したのは二一一人であったと石上信房現所長は「倉敷本染手織研究所の仕事」に書いています。

ここでさらに訃報と人事について記します。

昭和四七（一九七二）年九月一三日、吉田璋也（鳥取民藝美術館長）死去、七四歳

昭和四八年九月一五日、松方三郎（日本民藝協会長）死去、七四歳

昭和五一年一〇月一九日、浅川咲死去、八二歳

同年一一月一三日、浅川園絵死去、五九歳

昭和五二年四月一〇日、濱田庄司蒐集による「濱田庄司記念益子参考館」が開館します。

同年一二月一三日、濱田庄司が日本民藝館館長を辞任、同日、館の理事会で後任館長に柳宗理を指名します。

昭和五三年一月五日、濱田庄司死去、八三歳

同年一月二五日、柳宗理が協会全国理事会で日本民藝協会長に就任

同年五月三一日、田中豊太郎が民藝館常務理事、民藝協会専務理事を退任、雑誌編集は水尾比呂志が代行。

（参考資料 「民藝」各号、「民芸手帖」各号、倉敷本染手織会関係資料、たくみ展覧会関係資料、

宇賀田達雄『日本民藝協会の七〇年』、ほか)。

34　デザインと民藝

沖縄の本土復帰と工藝品の復興

柳宗悦のあとを継いだ濱田庄司館長の時代は、民藝の運動を担った初期からの同志たちが、共に齢を重ねただけではなく、その多くが濱田に先だってこの世を去り、また職務から離れた時代でした。しかし彼らの遺産はそれぞれの場においてより若い者たちへ受け継がれていったことは当然のことでした。

それにしても昭和四七（一九七二）年、沖縄の本土復帰を記念した幾つかの行事が重なり濱田は多忙でした。太平洋戦争の惨禍のもっとも激しかった沖縄に、戦後に早くからあらゆるつてを使って渡航し、壺屋の窯や染め織物などの作り手の無事を確かめ、励まし、壺屋で共にロクロを引き、窯出しに立ち会ってきた濱田でした。

この年五月一五日、米軍の軍事基地を大幅に残しながらも、沖縄は日本本土に復帰します。そして日本民藝館では五月二日から六月二五日にかけて、復帰記念「沖縄工藝品」特別陳列を催します。また復帰前の四五年には「壺屋三人展――小橋川仁王、新垣栄三郎、金城次郎」（日本橋三越）、そして四七年には「沖縄工藝文化展」（三越）、「金城次郎展」（銀座たくみ）など目白押しでした。これらの全ては濱田の肝いりだったのです。

そしてその締めくくりとして琉球電電公社新里総裁の依頼による限定図版本『沖縄の陶器』の監修執筆に携わりました。この本は琉球政府立博物館、日本民藝館、倉敷民藝館、益子参考館の所蔵品一二六点、オール・カラー版でした。濱田は写真の映像が実物を忠実に再現することにこだわり、光村写真印刷会社の担当部長を各博物館、民藝館に同道しすべての現物を拝観させました。濱田は常に自らの仕事に手を抜くことはなかったのです。そしてこの年すでに七九歳であった濱田は、この後の五年を益子参考館の開館のために全力を注ぎました。

日本民藝館「沖縄工藝品」特別陳列、1972年。

日本民藝夏期学校の発足と地方協会の協力

ところで、ちょうどその頃、経済の活性化もあって地方民藝協会はそれぞれに地域の特性を活かした活動に取り組みます。それはまた世代交代への当然の成り行きでもあったのでしょうか。

私が後に外村吉之介から直接聞いた話を記しましょう。外村は民藝夏期講座への強い思いを抱き続けていましたが、昭和四七年の某月、富山協会の水木省三から、青年層を中心とし情操教育と地域に根ざしたテーマをもった青年夏期学校を毎年三、四か所開催したらどうかとの提案を受け、即座に賛意を表したと語りました。

全国に三〇か所に余る地方協会が誕生した当時としては、一年に三、四カ所の開催は可能であると考えられたのでしょう。外村、水木たちの提案は日本民藝協会理事会で検討され承認されました。もとより各会場で五〇人前後を集め、平均二泊三日の行事を運営することは容易なことではありません。しかし民藝青年夏期学校開催への思いは熱く、講師の年代も幅が広がり、また協会の「民藝」誌への原稿掲載も各分野に広がりました。

因みに当初の数年間の講師の顔ぶれを記します。四八（一九七三）年度は、外村吉之介、水尾比呂志を講師として巡回（以下は会場名、年度を略、新講師は職種記入）。

濱田、外村、水尾以外の講師は村岡景夫（常務理事）、池田三四郎（家具）、安川慶一（木工）、柚木沙弥郎（染色）、瀧田項一（陶器）、柳悦孝（織物）、島岡達三（陶器）、鈴木尚夫（研究家）、柳宗理（デザイナー）、岡村吉右衛門（染色）、水野半次郎（陶器）、相馬貞三（つがる民藝店）、多々納弘光（陶器）、水木省三（教育家）、沈寿管（陶器）、鈴木繁男（漆器）、萱野茂（二風谷《にぶたに》アイヌ館）、平良敏子（織物）、金子量重（民族造形学）、小林多津衛（教育家）、井上泰秋（陶器）、吉田桂介（和紙）、沢口滋（漆器）、秋岡芳夫（デザイナー）、小谷真三（吹きガラス）の各分野の方々で、当初からの一二年間、合計五〇回に及ぶ講師の顔ぶれで凡そ三〇人余りになります。

その後の民藝青年夏期学校は、より受講者と講師の幅を広げるために青年の名を外し、そして外村吉之介は平成四（一九九二）年八月の安芸会場での講義「工藝文化」を最後に夏期学校の講師から離れます。しかし夏期学校の企画運営とその永続化を図るために定期的に行われてきた倉敷での運営委員会は、各地から選ばれた委員たちによって以後も運営され、民藝協会の主要行事として、雑誌「民藝」の編集発行と並んで今も続いています。

柳宗理新館長の決意と民藝運動の改革

ここでもう一度、工業デザイナーとして国の内外に知られた柳宗理の人柄と、濱田のあとの民藝館館長着任の周辺事情について述べましょう。前述のように、宗理は濱田庄司のあとを承けて昭和五二（一九七七）年末に日本民藝館館長に、翌年一月二五日には日本民藝協会会長に就任しました。濱田の退任は、以前から話題にはなっていたものの、当時柳一門には長男の宗理、次男の宗玄（西洋中世美術史）、古くから宗悦を支えてきた甥の悦孝（女子美術大学長）などがまさに働き盛りであり、柳一門以外からの館長継承は予測されてはおらず、意外と問題なく柳宗理の館長、協会長の就任が決まりました。

宗理は昭和一三（一九三八）年、東京美術学校洋画科を卒業し、二年後、父の友人水谷良一（商工省貿易局）の推薦で社団法人日本輸出工芸連合会の嘱託となりました。そして来日中のシャルロット・ペリアンの日本視察に同行、彼女の力になるとともに、彼女のモノをみる目、仕事ぶりなどから多くのものを学んだことはよく知られています。翌一六（一九四一）年、高島屋で開催された「選択・伝統・創造」と題したペリアン選による日本の生活デザイン展については、宗理の父宗悦が「月刊民藝」誌で辛口ながら愛情のある言葉で批評をしています。

さて、柳宗理のデザイナーとしての仕事は広く知られていますので、ここでは彼が世界に知られるきっかけとなった初期の作品、エレファントスツール（幾つも重ねられる）とバタフライスツールをあげましょう。彼は戦後の厳しい状況の中で、合成樹脂や合板成型に新しい活路を見出そうとしたのでした。スタッキングの椅子は今でも日本民藝館の講演会の折りにいつも使われており、またバタフライスツールは柳宗理のシンボルのようなもので、国際的に知られています。

ところで、柳宗理は日本民藝館にかかわることになってからも、柳工業デザイン研究会を足場に精力的にデザイン活動を続けました。そのことが民藝館館長や協会長の職務と両立するのか懸念されました。

昭和五三年三月八日、東京民藝協会では「民芸手帖」四月号の特別企画として宗理新館長を招き、所信表明の座談会を開きました。出席者は新館長のほか東京協会から村岡景夫会長、白崎俊次編集長、伊藤清忠（東京学芸大助教授・当時）、福村豊（クラフトセンター・ジャパン評議員）、志賀直邦（たくみ）の六名でした。このとき宗理館長は〝民藝とデザイン〟の両立についてかなり意欲的でしたが、話が協会の人事に及んだところ、民藝館も協会も六五歳定年制を実行するつもりだと言われたのです。このとき宗理は六二歳、司会の村岡が、館長の任期はあと三年ですがそれでいいのですか、と尋ねると「かまわない。自分はこの三年の内に、民藝館の改革をやりたいのだ」といわれました。

村岡と白崎は驚いて、この話はオフレコにしましょうと言うのに、「かまわない、ちゃんと書いてくれ」と宗理は言い切りました。しかしこの発言は「民芸手帖」には載りませんでした。そのころ、民藝館も協会も主な幹部は宗理より年上でしたから、私が後に、以前は強力な宗理館長の支持者であったある方に、「貴方はいつごろから、宗理館長との溝を感じられたのですか」と聞くと、「そうだな、三か月目位かな」ということでした。

バタフライスツール ©Yanagi Design Office

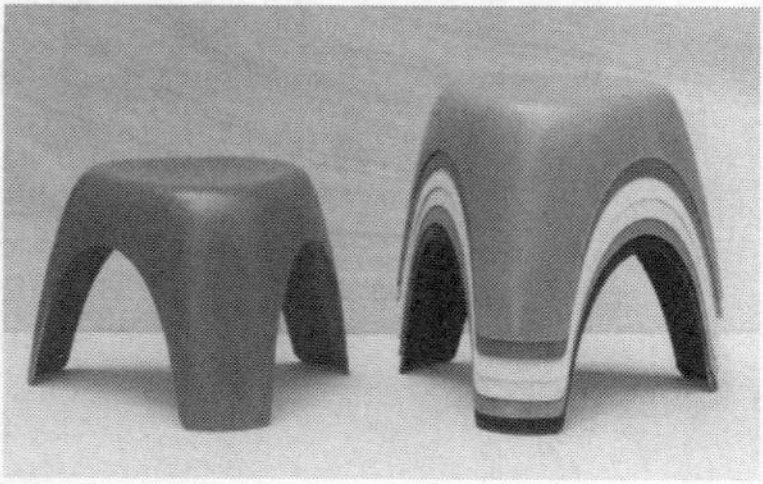

エレファントスツール ©Yanagi Design Office

「民藝」1978年9月号表紙。

これらのあと季刊誌「暮しの創造」での宗理と金子量重（民族造形学）の対談や全国大会での館長講演、新聞雑誌などへの寄稿などで、理念と現実との乖離の著しい民藝の現状や、これからの民衆の日常生活に真に役立つべき工業デザインの停滞についてもしばしば語りました。

そして宗理館長はその年九月号の「民藝」に「民藝とモダン・デザインの接点」と題して、彼が推奨する海外の工業デザインの製品を紹介しました。特に表紙に載せた外国製の杓子はレイアウトも極めて単純で印象深いものでした。その後「民藝」の表紙裏は「新しい工藝」、さらに「生きている工藝」と改題して、生活に結んだ実用品を紹介しましたが二〇回ほどで中断しました。

私は宗理館長に、なぜグッドデザインの品々の紹介を続けないのか聞いたことがあります。宗理の答えは「それがね、君、ないんだよ。今でも作り続けている品なんかほとんどないのだ」。「民藝」誌で紹介すべく資料を集めているうちに、内外ともに工業デザイン製品の寿命がいかに短いか、業界や消費者が移り気で、売らんがために絶え間ないモデルチェンジを繰り返すことに慣れてしまっていることに気づいたのでしょう。その後だいぶ経ってから「デザイナーとしての先生の後継者はどなたですか」と訊ねたとき、少し考えてから「いないな」といわれました。

ここでその後の日本民藝館や民藝協会関連の事項について年譜的に触れましょう。

昭和五四年五月六日、バーナード・リーチ死去　九二歳
五五年一月、日本民藝館創立五〇周年記念事業として『柳宗悦全集』の刊行が決まる
五六年一月、館創立五〇周年記念事業として、本館の増改築などのため三億円の募金を決める
同年四月、京都民藝協会、京都民藝資料館を開設
同年六月、静岡市に市立芹沢銈介美術館開館
同年一一月一〇日、田中豊太郎死去、八二歳
五七年五月、民藝協会全国大会において、小林多津衛提案による「核の廃絶と軍縮を求める声明」を採決
同年六月五日、日本民藝館新館竣工
五九年九月、韓国から故柳宗悦に宝冠文化勲章を追贈される
六二年三月八日と六月六日、協会全国理事会で、水尾比呂志の武蔵野美術大学学長就任による専務理事辞任と宗理会長の再任が決まる

この年の協会全国理事会ではさらに、会長指名理事に島岡達三、岡村吉右衛門、鈴木繁男、瀬底恒、四本貴資、瀧田項一、多々納弘光、水尾比呂志、志賀直邦、辻野純徳、高坂制立《こうさかせいりゅう》、

及川紀一、久野《くの》恵一（年齢順）が指名され、専務理事には会長一任で四本が指名されました。これらの人たちは比較的年齢層も若く、四本専務理事をはじめとして新しい着想がでてきました。

そのひとつは平成元（一九八九）年五月の仙台での全国大会で、宮城県協会の呼びかけによる「工人の会」が開かれたことです。講師は阿満利麿《あまとしまろ》の基調講演に続いて多々納弘光、小谷真三、蟻川紘直《ありかわひろなお》、佐藤阡朗ら陶器、ガラス、織物、漆器各部門の第一人者による討論を行いました。

またこの時の決議によって、柳による『手仕事の日本』に記された全国八百を越える手仕事の産地の現状調査を近藤京嗣、志賀直邦、久野恵一に委嘱しました。そのさいの日本民藝協会事務局は、尾久彰三《おぎゅうしんぞう》が担当しました。その成果として平成五年五月一四日から協会の第四七回全国大会を協賛して、有楽町の阪急ギャラリーで「手仕事の日本――民藝ふたたび展」が開かれ、民藝運動の新しい可能性を問いかけたのでした。

さてこれより少し前に、日本民藝館の理事構成も変わりました。もとより初期からの柳宗悦、河井寛次郎、濱田庄司、大原總一郎、山本為三郎、武内潔真、田中豊太郎、村岡景夫、柳悦孝の方たちの物故、高齢化により大幅な欠員が出ていました。これについては正確な年次資料がなく、ここでは宗理館長時代に指名された小山五郎、小林陽太郎、岡崎真雄、黒川紀章、島岡達三、水尾比呂志、瀬底恒、内海禎子らの名前を挙げましょう。

右の顔ぶれはあえて言えば過渡期のメンバーとも言えましょう。しかし実は科学技術の無限の進歩が信じられているかに見える今日でも、世界は果てしない過渡期の混乱のなかにあります。私は〝いま柳宗悦が健在であれば〟と常に思いますが、その答えは実践のなかでしか得られないと考えます。

古い話になりますが、昭和三年の暮、柳宗悦は訪ね来た外村吉之介にこういったといいます。「君の考えは消極的だ。悩みのない聖者風な（安心立命の）生活というものを望んでいるのではないか。それは決して聖者の生活ではない。悩みのない生活は実に危ない」（一部省略、外村『民芸遍歴』朝日新聞社）。そして柳は牧師の傍ら、浜松での柳悦孝との手織物工房の仕事を外村にすすめたのでした。

日々の暮らしの品々を作ること、それらを生活者に届ける仕事、それらの行為なくして民藝は判らないと柳はくり返し語ります。そういう理念のもとに、自らを至らないと知りつつ日々励むしかないのです。

ここで昭和から平成に変わる頃の出来事を記します。

昭和六三年四月五日から、日本民藝館で「柳宗悦生誕百年記念特別展――柳宗悦の眼」開催

同年一二月、名古屋民藝協会本多静雄会長から日

「手仕事の日本――民藝ふたたび展」の様子、1993年5月。

讃岐高松　凧

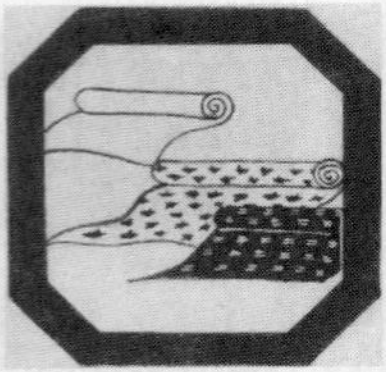

越後　小千谷縮

岩代若松　絵蠟燭

筑前野間　行平

京都　巾着

下野鹿沼　箒

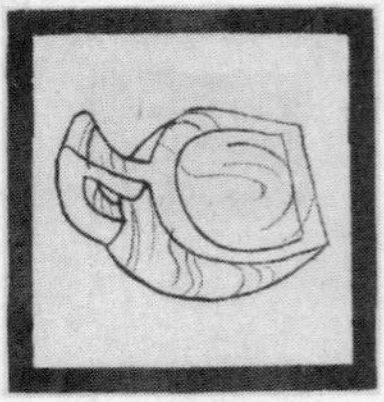

沖縄糸満　垢取

出雲袖師　土瓶

尾張扶桑　端折傘

芹沢銈介による『手仕事の日本』1948年用の小間絵。全て日本民藝館所蔵。

本民藝館に二千万円が寄付される
六四年一月七日、昭和天皇が崩御される。翌一月八日から「平成」と改元される
平成元年五月、東北福祉大学芹沢銈介美術工芸館開館
同年九月二五日、相馬貞三死去、八〇歳
二年七月八日、村岡景夫死去、八八歳
五年四月一五日、外村吉之介死去、九四歳
同年九月、外村家より民藝夏期学校振興のため、日本民藝協会へ一千万円が寄付される
一〇年九月四〜六日、日本民藝夏期学校百回目の記念行事を駒場近代文学館で行う。主催東京協会
一一年五月六日、本多静雄死去、百一歳
同年一二月一五日、池田三四郎死去、九一歳
一二年七月、倉敷と熊本で、八月、上田で少年夏期学校が開かれる
同年一二月、熊本国際民藝館館長外村民彦から夏期学校基金として一千万円が寄付される
一三年三月一七日、小林多津衛死去、百四歳
一四年十月三一日、柳宗理、文化功労者となる
同年一一月二九日、岡村吉右衛門死去、八六歳

一五年八月二〇日、柳悦孝死去、九二歳
同年一二月一〇日、鈴木繁男死去、八九歳

（参考資料『沖縄の陶器』琉球電電公社、「民芸手帖」各号、「民藝」各号、「暮しの創造」各号・創芸出版社、『柳宗理デザイン』セゾン美術館、『柳宗理エッセイ』柳工業デザイン研究会、『シャルロット・ペリアンと日本』鹿島出版会、宇賀田達雄『日本民藝協会の七十年』、ほか）。

35　手仕事の現在と個人作家の仕事

手仕事の現状とこれからの展望

日常生活に根ざした民工芸品は伝統を受け継ぐだけではなく、その時代に広く役立つための現代性と多様性を兼ね備えています。民藝運動も八〇年というその長い歴史のなかで、地方的特色や個性のある多くの手工芸の作り手を紹介して来ました。それらの仕事の全てを紹介することは紙数が許しませんが、柳宗悦の『手仕事の日本』にならって、いまなお日用の工芸品制作に励む主な産地を紹介しましょう。

○東北（青森、岩手、秋田、宮城、山形、福島）
こぎん刺し、菱刺し、ホームスパン、科布《しなふ》、紫紺《しこん》染、津軽爪絵、編組品（篠竹、すず竹、山葡萄、イタヤなど）、吹きガラス、南部鉄瓶、漆器（浄法寺、会津、鳴子、川連《かわつら》）、曲物細工、樺《かば》細工、和ロウソク、陶器（楢岡《ならおか》小松窯、会津本郷宗像窯、白岩、小久慈焼、平清水焼）など

○関東（東京、神奈川、千葉、埼玉、茨城、栃木、群馬）
唐桟織、黄八丈、紺染浴衣、結城紬、本藍染、型絵染、組紐、鯉幟《こいのぼり》、手漉《す》き和紙（細川紙、

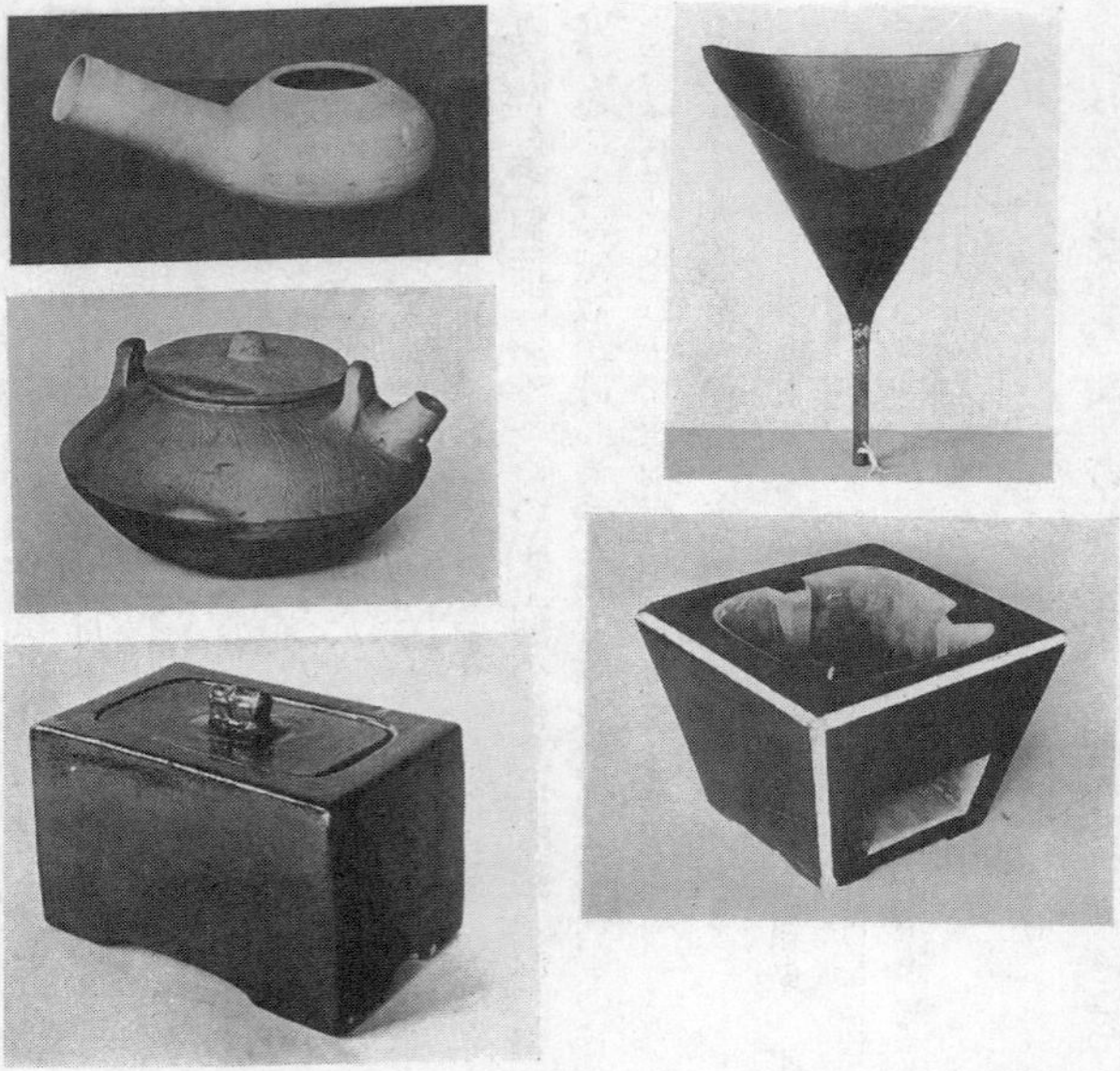

右上／香川県善通寺丸亀で売る塵取り、右下／秋田阿仁の岩七厘、左上／新潟の胡麻煎、左中／山口の瓦土瓶、左下／新潟長岡の火消壺。「工藝」47 号より。

西の内紙）、張り子達磨、鹿沼箒、日光下駄、栗山桶、団扇《うちわ》、寄木細工、漆器、吹きガラス、陶器（益子焼、笠間焼ほか各地に個人で窯を築き製陶に励む作者も多い）など

○中部（岐阜、愛知、静岡、山梨、長野）
上田紬、型絵染物、有松絞《しぼり》、甲州印伝、内山紙、美濃紙、飯田水引細工、篠竹細工、松本民芸家具、飛驒春慶塗、掛川葛布、和傘、和ロウソク、吹きガラス、陶器（瀬戸本業窯）など

○北陸（福井、石川、富山、新潟）
小千谷縮と能登上布、裂織《さきおり》、漆器（輪島、山中、越前塗）、和紙と型染紙、挽き物、和ロウソク、刃物と鍛冶、陶器（九谷焼、越前焼）など

○近畿（京都、大阪、兵庫、奈良、和歌山、三重、滋賀）
丹波木綿、組紐、間合紙、伊勢型紙、木工家具、銅食器、陶器（丹波焼、信楽焼、伊賀丸柱焼の器や土鍋）、陶磁器の産地では各工房で修業し独立した陶工たちがそれぞれに器作りに励んでいる。

○中国（岡山、広島、山口、鳥取、島根）
弓浜絣、藍染筒描、出西織、革細工、花莚、倉敷緞通、蒲細工、柳行李、手漉和紙（因州、石州、出雲、斐伊川）、野鍛冶、倉敷ガラス（小谷工房）、陶器（牛ノ戸焼、布志名焼舩木窯、湯町窯、袖師窯、出西窯、石見浜田窯、倉敷武内窯ほか）

○四国（香川、徳島、高知、愛媛）

しじら織、讃岐塗、団扇、一閑張ちり取、土佐刃物、阿波和紙、土佐紙、和ロウソク、吹きガラス、陶器（大谷窯、能佐山窯、砥部窯）

○九州（福岡、佐賀、長崎、熊本、大分、宮崎、鹿児島）

久留米絣、薩摩上布、大島紬、曲物細工、博多菱足鋏、竹細工、来民《くたみ》団扇、肥前吹きガラス、陶磁器（高取焼、小石原焼、小鹿田焼、有田焼、小代焼、龍門司焼、苗代川焼）。九州の陶磁器は桃山時代から江戸時代初期にかけて朝鮮から伝えられ、各地に広がったものが多く、それぞれに特色がみられます。

○沖縄

紅型染、藍型染、琉球絣、芭蕉布、宮古上布、久米島紬、みんさー織、琉球漆器、クバ団扇、アダン葉の編組品、吹きガラス、陶器（上焼の器類と南蛮といわれる無釉の壺、かめ、徳利、獅子など）

さて、右の資料は戦後間もなく昭和二一（一九四六）年に出版された柳宗悦の『手仕事の日本』を参照し、また三六二頁で紹介した日本民藝協会主催の「手仕事の日本――民藝ふたたび展」の調査資料を筆者が要約したものであります。

ここで『手仕事の日本』初版本に柳が記した「序」の一部を紹介したいと思います。「この一冊は戦時中に書かれました。記してある内容は大体昭和一五年前後の日本の手仕事の現状を述べたものであります。戦争は恐らく多くの崩壊を手仕事の上にもたらしたと思います。（中略）併《しか》しどの地方においても、失われた幾ばくかのものは、必ずや立ち上がるに違いありません。今は特に工藝の面で日本を立て直さねばならぬ時に来ました。（中略）日本は手仕事の日本を更に活かさねばなりません。それ故この一冊は戦争直前の日本を語ったものではありますが、戦後においてかえって必要とされる案内書となるかと思われます」。

さらにこの本の出版が遅れた理由として、日本出版文化協会による検閲をあげています。柳によると、地理を述べる時「日本は朝鮮のような半島ではなく島国である」と記したら抹消されたこと、また岐阜提灯には「強さの美はないが、平和を愛する心の現れがある」と書いたら平和の二字は削除されたといいます。

昭和、平成時代の個性ある作家たち

平成年代に入って民藝運動初期の工芸部門の先生方は、おおむね第一線を退かれ、あるいは他界されました。次の世代はこれらの方たちの直接、間接の門下でした。彼らもまた、染織でいえば糸と布、植物染料と化学染、織機の構造など万般について学ぶことから出発しました。陶芸でも粘土に釉薬、窯の構造から焼成まで、体験的にも自ら身につけなければなりません。

芹沢銈介の門下の方は「先生から誉められたことは一度もない」と口々にいいます。柚木沙弥郎から伺った話ですが、芹沢の門下萌木《もえぎ》会の会員たちの展示会のおり、芹沢が不機嫌な顔で一通り見て「君たちは、いつまでタイ焼きを作り続ければ気が済むのだ」と声を荒げたといいます。美味しいタイ焼きを作り続ける事が自分たちの使命だとさえ思っていた我々は、声も出なかったと柚木は語りました。民藝運動とタイ焼き、無心で作ること、無心とは何か。いやしくも芹沢の門に自分が弟子として入った以上、目指すものがある筈です。それを師匠は感じ取りたいのでしょう。併し師匠にとって不肖の弟子であっても、彼らは確実に育っていったと思います。

しかし戦後も二〇年くらい経つ頃には、日本の繊維産業もかなり多くの品々が韓国や中国に大量に注文され、安価な工業製品として逆輸入されます。しかも国内では需要の減少に比例して繊維、糸、染料などに良材が激減します。そんななかでも織物作家たちは伝統の継承と新しい試みへの努力を惜しまず、国画会や日本民藝館展などへの出品を続けました。また、萌木会染色協同組合は、協業的な材料仕入れや流通などの一種の協団経営的な在り方を通して制作に励み、定期的な作品発表を重ねました。それらの中から二、三の方について述べましょう。

柚木沙弥郎について

柚木は、三代にわたる美術家一家の家に生まれ、昭和一七年東京帝国大学美学美術史科に入学。しかし学徒出陣で応召、程なく終戦となり東京の自宅焼失による一家の倉敷への帰郷もあって大原美術館に奉職します。そこで館長の武内潔真や息子の晴二郎を知り、民藝の道に眼を拓き、とくに芹沢銈介に教えを請う決意をします。

そのころ倉敷レイヨンから月刊の社内誌の表紙制作の話があり、柚木に三年、三六か月分

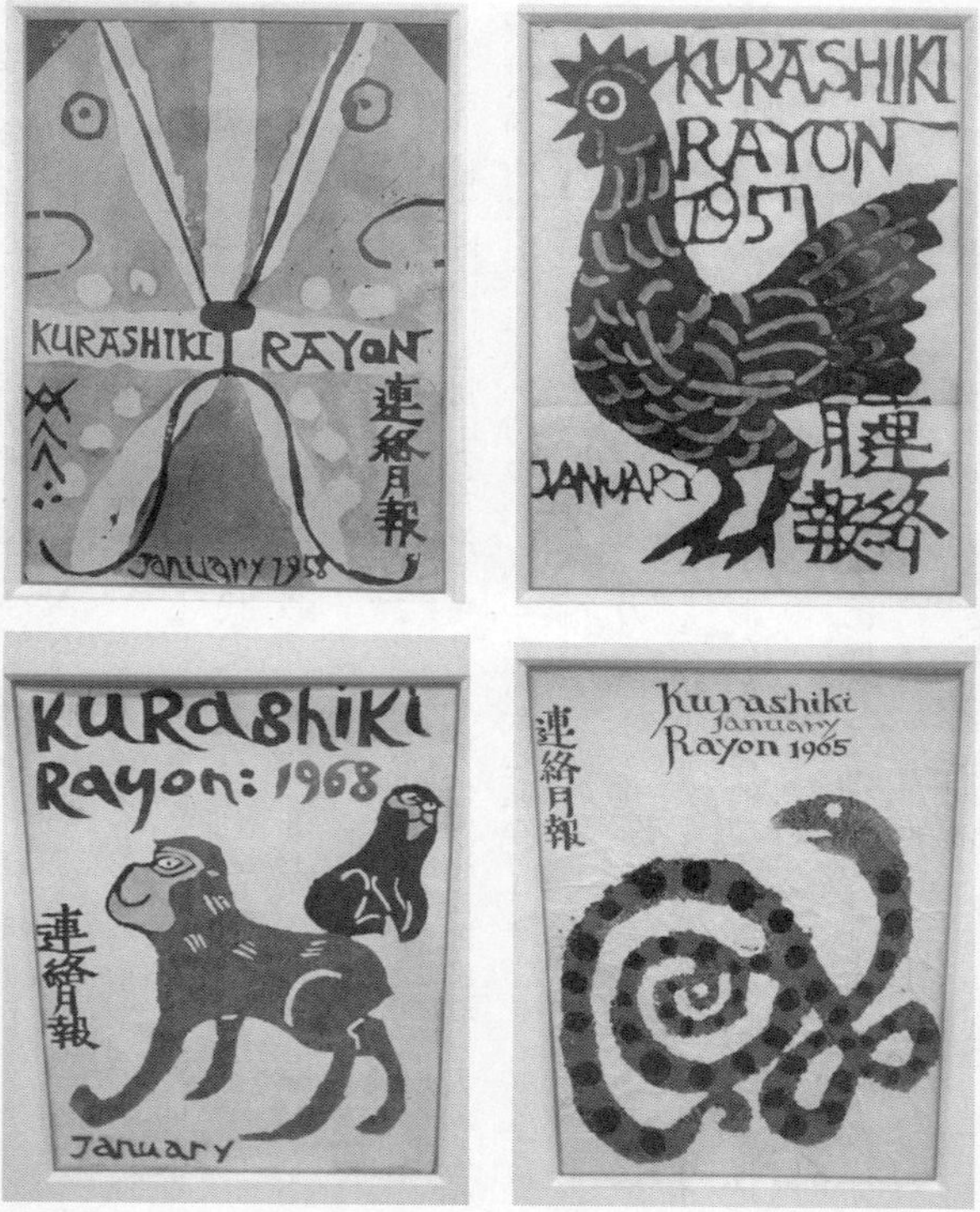

株式会社クラレ（旧倉敷レイヨン、初代社長大原孫三郎）社内雑誌「クラレ」の表紙。左上／1958年1月、右上／1957年1月、左下／1968年1月、右下／1965年1月。

が委嘱されました。この表紙絵は干支の動物を一二種、月別に配色と年月が入ります。これら初期の個性ある動物画の表現は、ある意味で彼の原点とも思わせるものがあります。

柚木のその後の作品を見るにつけ、あの明澄な色彩、造形の単純さ、モチーフへの愛着、そしていつも心が少年のように沸騰し、対象と一体化しているかに見える若さに打たれます。私にはそこに、第二次大戦直前の時代の、解放された民衆の自由を謳歌した一瞬の時代、ロシア・アバンギャルド絵画やバウハウス、ル・コルビュジェの民衆に根ざした現代建築が重ねあわされるのです。

それらの運動はスターリンに弾圧され、あるいはヒットラーによって国外へ追放されたのでした。日本国内でも自由教育や、キリスト教信仰を校風に取り入れた私立の学校が、国体護持を理由に廃校に追いやられていった時代と重なります。

柚木は女子美術大学で芹沢銈介、柳悦孝の後任として学長を務め、平成三(一九九一)年、大学を退職後は作品の制作と発表に力を注ぎ、造形表現のための多くのアイデアを取り入れていきました。例えば型染だけでなく手彩色、ガラス絵、板絵、モノタイプ、リトグラフィ、カーボランダム、謄写版、その他人形など立体的な造形表現を含め、多岐にわたる作品制作を行いました。

また柚木は、国内外の各地で多くの展覧会を行っていますが、平成二〇(二〇〇八)年からパリのヨーロッパ・ギャラリーで、三年連続で個展を開催しました。パリはある意味で、彼の持ち味の色彩や表現を活かす良き風土でもあったのでしょう。二六年一〇月には、東洋美術の蒐集ではヨーロッパ最大といわれるパリの国立ギメ東洋美術館で「柚木沙弥郎　色彩の舞」展が開かれ、今まで知られていなかった新しい日本の造形として高い評価を得ました。

岡村吉右衛門について

岡村は民藝運動の早い時期から芹沢銈介に師事し、型染の技法を学び芹沢の仕事を手伝います。また戦前の日本民藝協会の「琉球工芸文化調査団」に棟方志功などと若手の一人として参加し、染織文化の調査研究に加わりました。その後中国東北部での民藝調査、北海道のアイヌ文化の研究をはじめ、戦後は東京民藝協会の海外民藝旅行団に同行してインドや東南アジアの工芸文化を調査し、幅広いフィールドワーカーとして知られました。

笹文様一つ身（部分）、1937年頃、岡村吉右衛門、日本民藝館所蔵。

また自己の作品では、手仕事の職人をモチーフとした型絵版画の絵本やアイヌの暮しを描いた版画、そして文字絵などが愛好されました。しかし彼の特色は調査と執筆への強い執着でした。彼の初期からの論稿は『デザインの歴史』（講談社）、『図録　沖縄の工藝』（青銅社）、『日本の民窯』（平凡社）、『柳宗悦と初期民藝運動』（玉川大学出版部）、『アイヌの衣文化』（衣生活研究会）、「日本の染物」

「アイヌの織物と木工」「沖縄の染物」（『民藝図鑑』宝文館）、『装飾論』（京都書院）、そのほか多岐にわたります。

岡村は工芸論を独自の視点から捉え、山辺知行（元東京国立博物館染織室長）など各専門分野の方の間で評価されました。また世界各地の染織工芸の蒐集についても永年にわたる実績があり、鳥取県立博物館、長野池田町立美術館での展観は、彼の目と仕事への声価を一層高めました。

地釉縄文象嵌梅文碗、1968年、島岡達三、日本民藝館所蔵。

島岡達三について

島岡は大正八（一九一九）年に東京市港区愛宕町に生まれました。府立高校三年のとき駒場の日本民藝館を訪れて感激し、東京工業大学窯業科に入学、翌年益子に濱田庄司を訪ね、卒業後の入門を許されます。卒業後濱田に師事し、三四歳の時に濱田の窯の隣に窯を作って独立します。

そんなまだ若い頃、島岡は師匠からよく「島岡さん、自分のものを作りなさい」といわれたといいます。そこで生まれたのが島岡の縄文象嵌の手法でした。用いた紐は組紐師であった彼の父の編んだ組紐でした。「よくぞここに気がついたね」と濱田は悦んだといいます。

しかし島岡の作風はそれ以降もさまざまな展開を見せ、益子の釉薬の流し掛け、彫文象嵌、象嵌彩色、塩釉、刷毛目など幅広い展開を見せました。落ちついて、しかも普遍性のある島岡の陶芸は、海外の日本工芸蒐集家にも愛好家が多く、アメリカのマーサ・ロングネッカー女史（サンディエゴの民芸館館長）、スイスのチェラー氏（棟方志功と島岡の蒐集家）、ロンドンのサー・コータッチ（元駐日大使）など一流の方ばかりです。

そして島岡達三は平成八（一九九六）年、国の重要無形文化財保持者（人間国宝）に認定されました。

なお濱田庄司の逝去後、そのあとを継いで柳宗理が日本民藝館館長、日本民藝協会会長の職務を継いだことは前に記しました。この事に関連して島岡達三も日本民藝館理事、日本民藝協会常任理事に任命され、その後柳宗理、そして宗理のあと一時館長の職務を継ぎ、日本民藝館のリーダーシップをとられた小林陽太郎を、陰に陽に補佐されたことは、知る人ぞ知ることであります。

柳宗理民藝館館長の引退と小林陽太郎新館長の登場

平成一四（二〇〇二）年二月、日本民藝協会は四本貴資専務理事の辞意により、福本稔の専務理事、内海禎子の常務理事の新任が決りました。また四月八日、かねてから工事中であった日本民藝館の平成大改修の竣工披露式が行われました。また柳宗理館長は七月の浜松での夏期学校公開講座「私のデザイン考」で七八〇人の聴衆を集め、「伝統と創造」について語り盛況だったといいます。

しかし宗理館長には父宗悦たちが創始した民藝運動の継承のみならず、自らの多年にわたるプロダクト・デザインの事績と資料を整理し、後世に残さなければならない責務がありました。そこで平成一五年五月の全国理事会で柳宗理は日本民藝協会会長を辞任し、水尾比呂志が後任に指名されました。またそのころ柳宗理はすでに民藝館の館長職についても辞意を洩らしていました。

宗理はその頃、健康ではありましたが、八八歳と高齢であり体力、気力では限界に近かったと思います。また彼に替わる人材がおいそれといないことは皆の知るところでした。こんな時に問題の糸口をほぐし解決の方向を見出すのに力があったのは、小林陽太郎理事長、島岡達三理事、柚木沙弥郎元理事の方であったと私は思います。

小林理事長は経済同友会代表幹事、富士ゼロックス社長、ほか国際的にも活躍された方ですが、元は民藝館とは縁のない方でした。同友会で先輩であった小山五郎（元三井銀行社長）が宗理の指名によって理事になり、財界の人たちに民藝館の社会的使命について語った時に、もっとも真剣に聞いたのが小林だったといいます。

柳宗悦による民藝の理念と実践的な方向が、自分たち経済人にとっても真理なのだ。君ももう少し民藝を勉強してくれと言われて、小山の推挙で理事になったと小林は私に語りました。そして小林もまた、企業の社会に対する責任（コーポレートガバナンス）を常にとなえました。島岡も柚木も自分には館長は務まらないが、小林さんの暫定館長がベターではないかという意見に積極的に賛同されたと私は理解しています。

このあとの小林陽太郎館長時代は、経済界などの要職を引かれたこともあって、民藝館の会議や会合にも積極的に参加され、安定した状況が続きました。また柳宗理も名誉館長として終生務められました。

なおここで、大切な二人の方の訃報を記します。

昭和五九年四月五日、芹沢銈介死去、八八歳

同　六月一日、柳兼子死去、九二歳

右の二人の葬儀はいずれも日本民藝館葬として取り行われました。

（参考資料　柳宗悦『手仕事の日本』、「追う手Ⅱ　創作者・柚木が開く、新たな地平…」「銀花」一六〇号、柚木沙弥郎『92年分の色と形』グラフィック社、同『旅の歓びⅡ　柚木画集』用美社、同『わきあがる色と形』岡山県立美術館、岡村吉右衛門『北方民族の詩』アイヌ民族博物館、『岡村の芸術、型染版画』フリーダジャパン、『幻のロシア絵本』東京都庭園美術館、『柳宗理デザイン』河出書房新社、『柳宗理生活の中のデザイン＝Sori Yanagi design in everyday life』東京国立近代美術館、ほか）

36　これからの民藝運動

「民藝の美」　柳による最初の発見から百年

柳宗悦が、庶民の暮らしの健やかさと美しさに目覚め、実感したのは、浅川伯教《のりたか》、巧《たくみ》兄弟を、朝鮮京城の住いに訪ねたのがきっかけといわれます。それは柳たちが「日本民藝美術館設立趣意書」を発表する一〇年前の大正五（一九一六）年八月のことでした。浅川兄弟の案内で仏国寺や石窟庵などの名跡を訪れ、また各地の市場など庶民の暮らしをつぶさに見て柳は心うたれたといいます。

柳はそのあとも毎年のように朝鮮を訪ね、その古格のある建物や、儒教の国らしく上下階層とも清楚な暮らしぶりに魅せられ〝民衆の暮しに根ざした工藝の美〟という思いの最初の種を心にとどめたと私は思います。そしてその年、大正五年一二月、柳の強い誘いで中国から戻ったバーナード・リーチが我孫子の柳邸に窯と仕事場を築き、陶工として再出発をしたのでした。この年は、奇しくも今年（二〇一六）から逆算して百年前になります。前にも書いたように、柳宗悦の創めた「民藝」の啓蒙運動は、大正一五（一九二六）年一月、柳と河井寛次郎、濱田庄司が高野山西禅院で議論を交わして「日本民藝美術館設立趣意書」を起草、そして四月に富本憲吉の名も加えて公けに発表したのが嚆矢《こうし》とされます。その一〇年後の昭和一一（一九三六）年一〇月、東京駒場に日本民藝館が誕生しました。自ら「民藝運動」と名付け、思想の啓蒙だけでなく、人々の生活に根ざした民藝品の蒐集と、器物の制作と普及という実体をもった活動は、世界的な規模の不況や戦乱を乗り越えて、今日の私たちに、今何をなすべきかを問いかけています。

しかしもとよりこの一世紀という期間の過半に関わった人がいたわけではありません。全体としての民藝運動の発端、理念の熟成と啓蒙、民藝品の生産と普及、同志の結集と組織の結成、そして未来の民藝につながる新しい試みへの努力などの、さまざまな実体を含む仕事は、試行錯誤をしながら柳たち創始の人たちを中心に、そして運動の中で育った多くの仲間たちに継承されてすすめられました。

「民藝」という、二〇世紀もしばらく経ってから提唱された新しい言葉、あるいは概念が、なぜ、こうも急速に人々、とりわけ知識階級に受け入れられたのか。また日本の近代化が、欧米の帝国主義的対外政策の時代と重なり、また日本の国家理念が、「天皇制、国体護持」を根幹とした時代であっただけに、大正デモクラシーという言葉で表現されたこの時代の本質がなかなか見えにくいのです。

民藝運動と時代背景、また近代日本における真の「リベラル」とは何か。私たちは今なお真剣に考えなければなりません。「民藝」というものが、科学技術の限りない進歩によって、ロボットや工業製品にとって代わられると予測する人たちも多いのですが、私はそうは思いません。

第一次、第二次の世界大戦、その前後の地域紛争や飢饉、災害がどれほどの大きな損害を人々に与えたか。さらに世界が、地球自体が病んできていることに私たちは気付かねばなりません。今や世界は一国の平和と繁栄、あるいは、一身の心や暮らしの安寧をのみ望む時代ではないのです。私は、それらの難問をひも解く糸口として、柳宗悦による実践的哲学、「民藝運動」があると考えたいのです。

さて、私は民藝運動の草創期から戦時中の苦難の時代、戦後の復興期と停滞期、そして日本民藝館館長が柳宗悦から濱田庄司、柳宗理、小林陽太郎、深澤直人と継承されていく過程の推移について不十分ながらも述べてきました。しかし北海道、東北から沖縄まで、時代によって多様な展開を見せる手仕事の工房や産地の現状の紹介は一人の仕事で出来ることではありません。また各地方協会による全国大会の開催や民藝夏期学校の企画協賛など厖大な量の協会行事を、逐一紹介するのは不可能に近く、それらはいずれ順を追って、現在の地方協会の皆さんの手でまとめていただきたいと考えています。

そこで、ここでは戦後の七〇年における数多い群像のなかから、主に第二世代、第三世代の方たちを選び、語るべきエピソードを紹介したいと思います。彼らは若く、純真な時期に柳、河井、濱田の直の薫陶に触れただけに、柳たちの亡き後もその精神を伝えるべく努められました。しかしそれはそれぞれの仕事の上で、あるいは内面の葛藤のなかで、多様な形をとりました。そんな先輩たちの多様な一面を知り、今後の糧としたいと思うのです。

民藝運動第二世代の群像

黒田辰秋について述べましょう。

黒田は明治三七（一九〇四）年、京都の塗師屋の家に生まれました。一九歳の時、富本憲吉の『窯辺雑記』を読み、工芸の道に進む決意を固めます。その後京都の工芸仲間の付き合いから河井寛次郎を知り、河井から柳宗悦、青田五良《ごろう》を紹介されます。そして大正一五年には柳、富本、河井、濱田の連名で発刊された「日本民藝美術館設立趣意書」の表紙の表題を黒田が彫ったといわれます。

拭漆蓮華刻文莨箱、黒田辰秋、1930年。

その後、柳の肝いりで翌昭和二年三月に上加茂の社家を借り受けて発足した「上加茂民藝協団」に参加します。この協団は永続きはしませんでしたが、黒田はその後、柳の推薦で国画会に作品を出品し、また白樺派の作家や民藝の同人たちの知遇を得て次つぎと創意にあふれた作品を発表しました。

黒田の作品の特徴は、まず木工の仕事でいうと、素材の木材の特徴を活かすこと、朱漆、拭漆や溜塗、乾漆の塗装が入念であることです。また螺鈿《らでん》の仕事においても創意を活かし陳腐にならないこと。また柳の意見もあったのでしょう、朱漆、螺鈿とも棗《なつめ》、茶器の形状に工夫がこらされています。黒田の作品は手がかかっており、価格も高く民藝品とはいえませんが、彼の作風は、その後多くの木工家にとって規範となったともいえましょう。

黒田は四三年に皇居新宮殿の内部装飾と卓子、椅子の制作を受注し、家具類は飛騨高山の飛騨産業と、京都と金沢の美大生たちの協力を仰ぎ、納期間際に納入しました。

そして四五（一九七〇）年、黒田辰秋六五歳の時、木工芸において重要無形文化財保持者（人間国宝）に指定されました。黒田は民藝運動初期からの京都における中心的同人であり、その多彩な才能からも多くの友人や愛好家に恵まれましたが、その作風はあくまで黒田の個性そのものでした。

上田恒次について

上田は大正三（一九一四）年、京都市中京区の八代続く呉服商の家に生まれました。黒田のちょうど一〇歳下になりますが、小学生の時に兄から富本の『窯辺雑記』を与えられ、二年後京都市立第二工業学校陶磁器科に入学します。

それ以来柳、河井、黒田の地元にあって、必然的に民藝運動の強い影響を受け、まだ一七歳ながら雑誌「工藝」の創刊号からの読者になります。とくに河井の連載「陶技始末」が面白く入門を望み、一九歳の時に師事入門を許されました。そして昭和一二年に洛北に自らの窯を設け、「木野《きの》皿山《さらやま》窯」と名付け、その後益子の濱田窯で轆轤《ろくろ》の指導を受け、自らの腕を磨きます。

一八年から二一年までの戦時中は、濱田庄司、式場隆三郎、外村吉之介、河井武一らの満州民藝調査団に参加しています。そして戦後は国画会を中心に活動し、二三年に会員に推薦され、岡山天満屋で第一回の個展を開きます。

彼の得意とするところは主に磁器であり、のちに河井から伝授された練上手《ねりあげ》の手法でした。彼はやはり純粋な都びとだからでしょうか、作品は清楚かつ闊達であり、その造形表現には昔の都びとが好いた奥田《おくだ》頴川《えいせん》を思わせる趣すらあります。

練上手盒子、上田恒次、1955年頃。

昭和三六年に倉敷の大原美術館に富本、リーチ、河井、濱田の陶器館が開館した時のこと、彼らが木野皿山窯を訪れたさい、陶房でリーチが上田をそっと呼びとめ「君の仕事はいわゆる民藝ではないと言われるだろうが、それが嬉しく大切なんだ」と言ったといいます。「この示唆をたっぷり含んだリーチの言葉は彼を大いに励ました」と吉田孝次郎は『現代の陶芸』の上田恒次の項の解説に書いています。河井の膝下にいて自らの個性を生みだした上田に与えた、リーチの言葉の蘊蓄はまことに深いものがあります。

上田もまた京都民藝界の一人として多くの仲間に敬愛され、昭和六二年から一年余り、病に伏せるまで西郡辰三郎のあとを継いで京都民藝協会会長を務めました。

黒釉蓋物、河井武一、1955年頃。

河井武一について

武一は明治四一（一九〇八）年、島根県安来町に寛次郎の兄善左衛門の長男として生まれました。幼時より叔父寛次郎の陶器に触れて育ち、松江中学を出て、京都の第三高校の受験に失敗すると迷わず京都五条坂の叔父の工房に入門、陶芸修業の道に入ります。それはまさに昭和二年、柳たちによる民藝運動が具体的な形をとり始めた時でした。

五条坂の寛次郎の窯は河井家の名義ながら永いこと作家組合との共同運営であり、武一は戦後の独立まで、登り窯の最上段の素焼き用の室を与えられたといいます。しかし武一はいうまでもなく寛次郎にとってかけがえのない弟子であり片腕でした。そこで彼は型成型にしても練上手にしても黙々として習得し、柳宗悦の後押しもあって二四年、国画会会員に推挙されます。

そして二九年の神戸大丸での第一回個展を皮切りに、東京、大阪の高島屋、広島の天満屋などで年次個展を開きます。武一の作風は、その人柄にも似て控えめなところがあって好まれました。

三二年三月から年末にかけて、柳、河井、濱田の同意によって東京たくみで同人作家の作品頒布会をしたことがあります。それは河井が呉須《ごす》釉ぐい飲み、濱田が湯呑、芹沢が型染暦、棟方が磯鷲図版画、柳悦孝が手織卓布、船木研兒が灰落し、そして武一が呉須釉扁壺でした。最大の注文数が棟方の約九百点、河井、濱田がそれに次ぎ、盛況な企画でした。実はこの企画の実務担当は入社三年目の筆者でした。忘れえない思い出であります（参考資料『黒田辰秋の世界』世界文化社、『黒田辰秋展』日本経済新聞社、『現代の陶芸』一五巻・講談社、ほか）。

松江の船木道忠と研兒

早くから柳たちに見出され、昭和初期から協力したのは鳥取の牛ノ戸窯、島根の布志名《ふじな》窯、袖師《そでし》窯でした。しかしそのなかで布志名の湯町《ゆまち》窯（福間家）とは別に、独自な道を歩んだ船木父子について述べたいと思います。

道忠は明治三三（一九〇〇）年島根県玉湯村布志名に生まれました。

大正一〇年、東京の美術学校油絵科を卒業し家業をつぎます。昭和六年、販売店として開いた「陶雅洞」に大原孫三郎、總一郎を迎えたことから柳、河井、濱田を知り、民藝の仲間に入ります。九年には国画会賞を受けそのあとバーナード・リーチの来訪を受け二週にわたって共に作陶を行います。そして一〇年、東京たくみにて第一回個展を開催します。一二年にはパリ万国博覧会に食器として角鉢一ダースを出品し金賞を受けました。

戦後は、二二年の国画会工藝部の再開により会員に推挙されます。翌二三年、東京たくみにて個展を再開。二四年、島根県文化賞受賞。二五年より岡山天満屋、日本橋三越などで個

上／緑釉印刻燭台、舩木道忠、1959年。下／黄釉鳥絵大鉢、舩木研兒、1957年頃。

展を再開、また研兒との父子展も開催します。二九年、リーチ再来、三週間にわたり研修。三七年、島根県無形文化財保持者の指定を受けます。そして三八（一九六三）年一月二二日、松江市で狭心症のため急逝されました。享年六二歳でした。

さて次に舩木研兒について述べましょう。

研兒は昭和二年、道忠の長男として生まれました。

二〇年に島根師範学校を中退し作陶の道に専念します。

研兒の仕事は、父と暮し、共に作陶をする毎日でしたから作品も似ているように思われますが、明らかに見分けがつくのが面白いところです。

陶土のせいでしょうか、轆轤も型も厚みがありますが、黄釉や緑釉、白化粧の色合いが美しく、物によっては英国のスリップ・ウェアを想像させるよりも、イスパノ・モレスクやペルシアの古作を想わせる明るさがあります。

柳の親しい友人であり、GHQによる民藝館の接収を阻んでくれたアメリカ赤十字社のベス・ブレイク夫人が船木父子のファンで窯にも再々訪ねています。

研兒は父の没後、四二（一九六七）年から四三年にかけて渡英し、主にセント・アイヴスのリーチ工房で研修に励み、さらにフランス、イタリーも訪ねています。百貨店などにおける展覧会も活発に行いましたが、平成の初めごろ病を得て療養されていました。そして平成二七（二〇一五）年一一月逝去されました。享年八八歳でした。

白磁角鉢、瀧田項一、1949年。

瀧田項一の磁器の仕事

瀧田は昭和二年二月の生まれですから、船木研兒よりひと月ばかり後になります。栃木県那須郡烏山町の古い酒造店の長男として生をうけました。少年期から陶芸に興味を持ち、一九年四月、東京美術学校工芸科に入学、富本憲吉の指導をうけます。二二年三月、富本の紹介状をもって濱田庄司を訪ね入門を許されます。

しかしはじめから磁器の仕事を目指していた瀧田は、二七年、磁器の産地でもある福島県会津本郷の瀬戸町に窯をもち作陶を続けます。翌年には日本民藝館新作展で個人賞を受賞します。しかし三四年に国画会会員に推挙された後、アジア財団の推薦で西パキスタン・ラホールの芸術大学、そして三六年には東パキスタンのダッカ(今のバングラディッシュ)の芸術大学で講師として教鞭をとります。

その体験はその後のインド、イラン、ネパール、ヨーロッパ各地の民藝探索となり、瀧田の体内に今も生き続けていることでしょう。しかし彼の作風はいつでも端正で隙がありません。その点では最初の師、富本と似通ったところがないともいえません。

瀧田は生来の温厚さから日本民藝館の評議員や日本民藝協会の理事も永く勤めました。現在は生家に近い鳥山町に居を構え、子息の史宇《しう》と轆轤を並べ作陶三昧と聞いています。

酒津堤窯・武内晴二郎のこと

晴二郎は大正一〇(一九二一)年一〇月、のちに大原美術館館長となった武内潔真《きよみ》の次男として生まれました。少年期から大原美術館の蔵品に親しみますが、戦時中の一七年、中央大学経済学部に入学のあと学徒動員。そして中国戦線での負傷で左腕を失います。戦後は復学をあきらめ倉敷の羽島窯に協力し、また片腕での型物成型やスリップ・ウェアに取り組み、分厚い作りながら一応の成功をみたのでした。

そして三五年には倉敷に酒津堤《さかつつみ》窯を築きます。もとより彼もまた有能な職方の手を借りることはありましたが、しかし晴二郎の陶器は彼でしか出来ない特色と圧倒的な存在感がありました。それと同時に、晴二郎の優れた美意識が、作品を座右のものとして置きたくなる親近感を生むのです。

東京たくみでも三七年六月に、「酒津堤窯と武内晴二郎新作陶器展」を開いています。また彼の没後に大分経ってから、ご遺族から大阪日本民藝館に百点余りの遺作が寄贈され、その記念展覧会が開催されました。そのさい連動して図録制作のための即売展がたくみで開かれましたが、その盛況ぶりはかつてないものでした。

呉州地丸文鉄流鉢、武内晴二郎、1958年。

昨今、軽い陶器が好まれるなかで、あの重量感のある晴二郎の作が即日完売したことの驚きをいまなお忘れる事はできません（参考資料『現代の陶芸』一五巻・講談社、『武内晴二郎作品集』、ほか）。

倉敷ガラス・小谷真三の仕事

いま「民藝」といわれる日本の風土になじんだ手仕事の品を愛する人で、手吹きガラスの器を好む人は少なくありません。しかしかつてビードロといわれた手吹きガラスを日常の暮らしにとり戻したのは、倉敷の硝子工小谷真三でした。そして小谷の心に灯をともし、勇気づけ、その成長を見守り続けたのは倉敷民藝館館長の外村吉之介と接骨医坪井一志（岡山県民芸協会員）たちでした。

それまで東京や尼崎でクリスマス・ツリーのガラス球を吹いていた小谷が、その頃外村や濱田が海外のスペインやメキシコから持ち帰った手吹きガラスの器に魅せられて、日本でもできないかと頼まれたのがきっかけでした。その仕事は昭和三九年、「水島ガラス」として創業され、翌年「倉敷ガラス」と改名されました。

酒瓶、小谷真三、1985年頃。

小谷が恵まれたのは岡山、そして倉敷という土地の〝生活のなかにある美〟という思いが、何の屈託もなく息づいている土地柄であったことでしょう。いま小谷が回顧し、また多くの愛好家の方たちが語る倉敷の小谷ガラスをめぐる物語は、それだけで民藝運動とは何か、ということを教えてくれるのです。小谷はガラス作家としては、国内だけでなく国際的にも知られ、また倉敷芸術科学大学の教授を務めて若者たちの育成に当たっています（参考資料『小谷真三の仕事』里文出版、ほか）。

絞り染の再興と、片野元彦のこと

片野は明治三二（一八九九）年、名古屋市中区の薬種問屋の長男として生まれました。二〇歳の頃から画家を夢見て木村荘八、岸田劉生の指導を受けます。二一歳の時第八回草土社美術展に出品し初入選します。その頃、画業の傍ら手描きを主にした染物を始めます。昭和三〇年、愛知県立美術館の国展会場で芹沢ほか国画会工芸部の主な人達を知り、転機となります。翌年、柳が名古屋民藝協会結成と有松、鳴海地方の絞りの現況を視察するため来名し、片野が各工房を案内、そのおり柳から藍染絞りを再興するよう示唆を受け、柳の勧めで京都に河井寛次郎を訪ね、励ましを受けます。

また国展に「麻地絞帯」を、日本民藝館展に「藍染絞印花書棚掛」を出品、いずれも入選、以後恒例となります。

三二年には「民藝」六月号に「有松、鳴海の絞り」と題して寄稿しています。三四年には河井の勧めで神戸大丸、京都やまと民芸店で個展を開きました。

この後の片野は長女のかほりを片腕に、現代に広く愛用される藍染絞りを目指して精進し、作品集の編纂も進められましたが、五〇（一九七五）年七月中旬より病床に伏し、八月二二日自宅にて急逝しました。享年七六歳でした（参

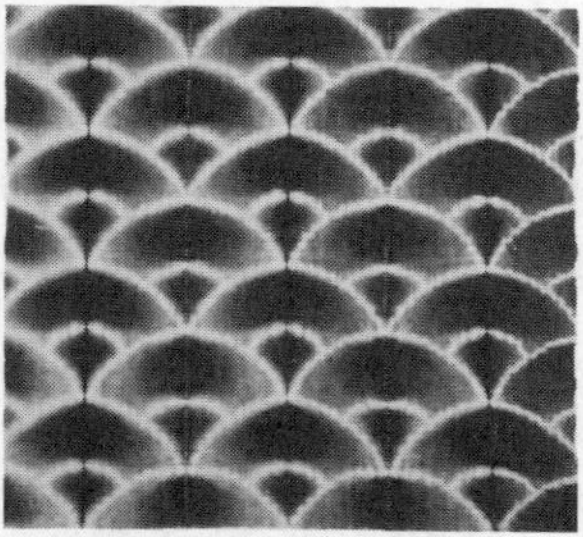

片野元彦絞集、裂十葉、1972年。

考資料『片野元彦作品集　絞と藍』草土社)。

白掛二彩打文蓋物、金城次郎、1969年。

沖縄民陶の金城次郎の仕事

沖縄は、民藝運動の人たちにとっては特別な地域でした。とくに昭和一四（一九三九）年、一五年に柳をはじめ民藝協会の人たちが大挙して訪問した際、新垣栄徳の窯職人として一同の注目を浴びたのが金城次郎でした。そのとき次郎は二六歳、職人として伸び盛りでした。戦後の二一年一月、壺屋の復興と共に自らの仕事場を持ち独立します。戦争で家財のすべてを失った人々は、毎日用いる器を一から揃えなければならず、壺屋は間もなく活況を呈しました。戦後の二六年、一一年振りに工芸の現況調査に渡琉した柳悦孝によれば、その頃の壺屋の品々は、近代以降の沖縄の歴史のなかでも、もっとも健全かつ生活的で、しかも美しさに充ちていたと記しています。

しかしそれもつかの間で、二七年に米軍によって本土との民間貿易が許可されると、当時一ドルが三六〇円だったこともあって、本土の瀬戸や有田から安価な食器が移入され、壺屋の上焼（施釉陶器）の売り上げが次第に落ち込んでいったのでした。

そこで濱田庄司は目利きの多い東京で壺屋の陶器、とりわけ金城次郎の作品を紹介したいと考え、濱田の選んだ「沖縄壺屋三人展」ということで、四七年五月、三越本店で小橋川仁王、新垣栄三郎、金城次郎の新作による展覧会が催されました。この会はある意味で次郎の披露会みたいなもので、金城次郎の名は次第に広まりました。

次郎の特色は形にせよ模様にせよ、いつでも自由闊達でこだわりがないことです。私もあるときに百を越える水滴をまとめて見たことがありますが、一つとして形状、模様に同じものがなく、自分の心のおもむくままに作るのです。そこにあの濱田庄司がほれ込んだのでしょう。

金城次郎は四七年に、市街地となった壺屋での登り窯の禁止により、読谷村《よみたんそん》に移って登り窯を築き、息子の敏男、婿の宮城智、そして島袋常秀らと共同の工房を作り、読谷壺屋窯と名付けました。そして次郎は昭和六〇年、沖縄ではじめての国の重要無形文化財保持者に指定されました（参考資料『現代の陶芸』一五巻・講談社、「民藝」六二八号）。

呉須印判手角皿、鈴木繁男、1955年頃。

鈴木繁男、柳とともにあったその多彩な仕事

鈴木は静岡の蒔絵師の家に生まれ少年期から絵を描くことを好み、画業を志したといいます。そして

一九歳の時に柳の『工藝の道』を読んで強い感銘を受けたというのは、柳の〝民藝〟に心を寄せた当時の多くの青年たちと同じでした。柳宗悦の膝下で書生として薫陶を受け、さらに芹沢銈介の仕事を学び、東京蒲田の芹沢を軸とした仕事の中で、沖縄壺屋の陶器の素地に赤絵を描いた皿が柳によって、日本民藝館の買い上げとなります。

その後民藝協会の琉球工芸文化調査団に参加し、沖縄に一か月滞在して琉球漆器の調査を行います。また一六年には柳の指示で岩手県衣川村に住み南部椀の調査を行い、その翌年からは二年続けて日本民藝館で開かれた「樺細工伝習会」に参加しました。そして戦後の民藝館の多難な時期には柳の元に駆けつけた鈴木でした。

また彼の戦前の労作は、何といっても雑誌「工藝」の表紙の漆絵でしょう。一七年一二月、鈴木作の「工藝」の表紙画三六点を貼った六曲一双の屏風が柳装案によって作られました。

戦後の鈴木の仕事は主に柳との相談により、各地民藝の現状調査と復興という、民藝運動にとってもっともさし迫った課題への取り組みでした。その主な事例を紹介しましょう。そのひとつは彼の郷里、静岡の久能うちわの復興であります。もう一つは静岡掛川の、葛の繊維を織り込み強化和紙で裏打ちをした葛布織の仕事であります。そして改良された葛布は二六年の「日本民藝協会新作展」に出品され今日まで、日本民藝館の館内壁面に用いられています。

さらに二八年には東京たくみの山本正三と初めて愛媛の砥部窯を訪れ、阿部祐工や梅野製陶所との縁を作ります。

昭和三〇年秋の日本民藝協会新作展では、鈴木絵付けによる角皿（梅野製陶所協力）が日本民藝館の買上げとなりました。その後静岡の磐田に登り窯を作り、自ら作陶に精を出しますが、窯の増築の際の事故で作陶を断念します。

このあとは「濱田庄司　目と手展」（五か所巡回）をはじめ大阪日本民芸館、駒場の日本民藝館の展示委員をつとめ、柳宗理が民藝館館長時代には特に信頼が厚く、日本民藝館理事や日本民藝協会常任理事などを勤めました。そして鈴木繁男は、平成一五年一二月一〇日死去、八九歳でした（参考資料『鈴木繁男作品集』大阪日本民芸館）。

家業としての伝統の継承者のこと

先祖から継承した家業としての手仕事は、地元の素材を用い、主に周辺地域の需要に応えるだけに、商品として造られるよりも地域の生活の必要に供する仕事であります。そういった継承された手仕事として、今なお親しまれているモノ作りの仕事について述べたいと思います。

その一つは陶業、つまりいわゆる瀬戸物作りの仕事であります。日本は古来、山岳の多い複雑な地形と、北海道から沖縄まで南北に長く気候も異なり、しかも幾つもの島々に分かれた国であります。ですから都市は別にして多くの地域は自給自足が原則でした。

食事の際の器も古代は土器を用い、奈良時代以降は漆器や木器が多く用いられました。室町時代からは中国から交易で大量の青磁などの陶磁器が入り支配階級の必需品となります。

しかし庶民の日常は木を刳った木器が普通でした。その後室町時代に高麗から、そしてあとを継いだ朝鮮からも陶磁器が輸入され、江戸時代初めにはその製法を学んで国内の陶磁器作りは大きく発展します。それらの中から、民藝、すなわち人々が日常に使う器作りに励む伝統民窯を紹介しましょう。

灰釉櫛描文皿、鈴木繁男、制作地・瀬戸本業窯、昭和。

瀬戸本業窯のこと

瀬戸は日本の窯業の中でも歴史は古く、鎌倉時代に瀬戸焼の祖といわれる加藤景正によってその基礎が作られたといいます。その後盛衰を経て、江戸時代中期に加藤民吉が九州肥前地方から磁器制作の手法を伝え、磁器の生産が盛んになりました。そしてそれまで陶業を世襲とし、長男以外の就業を許さなかった藩では、磁器業を次男以下に許し、従来の陶業を本業と称して区別しました。

瀬戸の本業窯は陶器ですから、作る品は昔ながらの暮しの必需品、擂鉢《こねばち》、手洗鉢、片口、石皿、飯碗、茶器、野花立そのほか日用に不可欠なものばかりでした。そして本業窯の仕事がきわめて健全であることを知った柳たちとの縁が、昭和三三年ごろから生まれ、鈴木繁男が石皿に櫛目の模様を付けるなど、その名は民藝の同人の間に広く知られることになりました。また、お盆のさいに墓地に供える野花立ての何気ない美しさも当時話題となりました。

そのころの本業窯の当主は、六代目の水野半次郎でした。江戸時代から代々の世襲で、当時五代目も健在でしたが、還暦を過ぎて長男に譲り、隠居されていました、四〇年代でしたでしょうか。「現代日本民藝展」のために窯出しに伺い沢山選んだあとで、抹茶を立てて下さいました。その時の茶碗は五代目作の白天目の碗で一五年前の作といわれました。以来毎日抹茶を立てているというその渋さと味わいは、今なお忘れられない思い出であります。

今は六代目も日常の仕事は七代目に譲っていますが、すでに八代目が育ちつつあって心強い限りです。水野家の本業窯は、水野半次郎の名で柳先生の晩年から「日本民藝館展」や毎日新聞主催の「日本陶芸展」に新作を出品され、たびたび受賞するなど、伝統民窯の代表のひとつといえましょう。

飴釉海鼠流筒蓋物、会津本郷宗像窯、昭和初期、日本民藝館所蔵。

会津本郷宗像窯のこと

宗像窯も歴史は古く、享保四（一七一九）年の創業と伝えられています。九州の宗像神社の系譜を継ぐともいいますが、東北のどこの焼物とも異なる独自の形態、釉薬を特色とし、永く近隣の住民に愛用されながら、主に勝手といわれる台所で用いることから粗物といわれていました。

その頃の窯の当主は本郷焼第六代宗像豊意でした。戦後の二四年頃でしょうか、福島県の物産観光課の推薦で身欠き鰊の漬物用の、鰊鉢といわれる角鉢を欧州の万国博覧会に出品し、部門の金賞を受賞したことがあります。

そんなことで前々から窯の名は知られていながら、雪深い土地柄のせいでしょうか、柳、河井、濱田、リーチたちが連れだって会津本郷窯を訪ねたのは昭和二九年五月のことでした。そしてその年一一月、日本民藝館展に初出品し入選します。それ以来、民藝館展の出品作や民藝同人の探索による古作品が集められ、東北民窯の代表作として展観されています。代表的なものとしては、「白釉青流し蓋物」、「飴釉切立蓋物」、「飴釉長角鰊鉢」などがあります。

しかしその頃は伝統民窯の苦難時代で、台所用雑器が次第に売れなくなり、現代的な作への転換も試行錯誤でしたが、民藝館展や「日本陶芸展」（毎日新聞社主催）への入選、受賞を繰り返すうち、地元福島県を代表する伝統の窯としての評価が定着し、現在は第七代目亮一を経て、第八代利浩が継承し、家族経営ながら着実に歩んでいます。

小石原焼・太田熊雄のこと

先にも書いたように、製陶業では長子継承が慣わしでした。太田熊雄は明治四五（一九一二）年、福岡県の小石原《こいしわら》皿山の窯元の五男として生まれ、幼少の頃耳疾を患って、それ以来難聴に悩みました。しかし彼は家業を手伝い、轆轤の上達も早く、二〇歳の頃には一家の重要な働き手となりました。

しかし大正の後半から昭和にかけての世界的な不況は皿山にも及び、九軒の窯元はほとんど休業し、しかし半農半陶のうえ山仕事もあってどうにか切り抜けたといいます。窯の跡継ぎでない熊雄は一人前の陶工になりたいと志を立て、縁があって雑誌「工藝」で柳の民藝論を読み、戦後は復員した窯元たちと皿山の復興に努めるなど次第に小石原の陶工として知られるようになります。そして昭和三三年、ベルギーのブリュッセル万国博覧会で熊雄の作品(虚無《こむ》僧蓋茶壺《そうふたちゃつぼ》、雲助《うんすけ》)がグランプリを受賞し熊雄にとっての転機となります。三四年、彼は自らの窯を築き、翌年正月に初窯を開きました。それ以後の熊雄の仕事は、伝統の品々に加えて、卓上の器も含め長男孝宏とともに作陶に励む日々を過ごしました。

飴釉黒白流貼付文窯変茶壺、太田熊雄、小石原、昭和。

柳と濱田の奥田頴川評

昭和五二(一九七七)年の三月末、穏やかな日差しの早春のある日、私は益子に濱田庄司を訪ねました。先生は四月一〇日の財団法人益子参考館の開館を前に、ひと通りの陳列を終えてその日は一休みの様子でした。益子参考館は、自身の作品と蒐集の工藝品を常陳し、益子の若い陶工たちの仕事の参考に供するために開設されたもので、濱田はその一日も早い公開を心待ちに

色絵角膳、奥田頴川、江戸時代。濱田庄司記念益子参考館蔵。

していました。先生は私が伺うと喜ばれ、係の人に一号館から三号館までの鍵を開けさせ、一つ一つの陳列品についての思いを話して下さいました。

そのなかで私が今日まで、濱田から与えられた公案として、一日といえども忘れることの出来ない話があります。濱田はある白磁赤絵の隅切膳を指して、「これは奥田頴川という作家の作だが、この自由で力強い筆使いはどうだ。決して中国の呉須赤絵の本歌の技に負けるものではない」と断言されました。そして頴川の隅切膳にまつわる話を語られました。しかし濱田が頴川や呉須赤絵について書いている文章はありません。その代わり柳宗悦には、頴川に関する重要な一節がありますので次に紹介しましょう。「私は眼を転じていわゆる上等品の中、美しい品を取り上げてみましょう。何がそれを美しくさせているかを省みてみましょう」。そしてこう述べています。
「日本の陶工の中で、作からいって一番傑出している一人は頴川です。私は彼の赤絵の素敵な美しさに心を引かれます。個人陶であり在銘陶でありますから、必然上手物なのです。だがどうして彼の作が美しいか。実に明清の下手な赤絵が彼の美の標的でした。彼が見、愛し、摸したのは支那の民器で、当時の貿易品たる安ものでした。（中略）
これを想い彼を想うと、「民藝の美」と「工藝の美」とは、ほとんど同意義になってくるのです」（参考資料　柳宗悦『民藝とは何か』民藝叢書第一篇・昭和書房、『日本の美術四　No.22
7　頴川、木米、道八』至文堂、「呉須赤絵・逸文」「たくみ」合本二号）。

河井寛次郎と博次、その純粋な思い

河井寛次郎は、柳宗悦にとってB・リーチ、濱田庄司とともにもっとも古くからの親密な友人でした。そして相互の信頼感も絶大なものがありました。

昭和三一年頃、柳館長の口利きで、「民藝作家作品頒布会」が企画され、新入社員の私が実務担当したことがあります。河井には呉須釉ぐい呑を数百個お願いし、制作には大変なご苦労をかけたことと今なお恐縮していますが、巨匠の方の作品がその頃はまだいくらかは身近であった時代でした。

ここで私が書かなければならないのは、河井寛次郎の婿養子、河井博次のことであります。

彼は旧姓荒川博、大正八（一九一九）年八月、京都西陣の繊維問屋に生まれ、京都府立第一中学校、東京商科大学（現一橋大学）を卒業。昭和一七年一〇月陸軍に入営、飛行師団付少尉となり、敗戦により除隊します。

昭和二一年、柳の仲立ちで寛次郎の長女須也子と結婚、博次は養嗣子となり陶業生活に入ります。持ち前の才能からグループ展や個展、父子展をはじめ日本民藝協会展や国画会展にも出品し、たびたび受賞されました。

またその間、アメリカに留学し、またインド、ネパール、メキシコ、ヨーロッパなどを探訪、その成果を国内でも展観するなど、昭和三〇年代から四〇年代にかけて、海外の民芸や、生活文化について草分け的存在でもありました。私も博次さんには何回かお会いしたことがありますが、若輩者に対していつでもフランクに話して下さり、親近感の溢れた方でした。

鉄地三彩鉢、河井博次、1963年頃。

しかし三八年に「日本民藝館賞」を受賞したときの「民藝」誌上の言葉に彼はこう書いています。

「現在生きているということ自体、それは私にとって不思議なことなのです。（中略）多くの友人を特攻隊に失った私にとって、その後の人生は私のものではないのです。戦いが終わって、私を――私如きものを――陶器の坐に据えて下さったのは柳先生なのです。（中略）唯ひたすら歩むしか方法のない道。柳先生の歩かれた道（中略）柳先生没後、私たちはどれだけの新しい道を開いたことでしょうか」（『民藝』三八年一二月号）。

博次は戦争体験から、一瞬、一日がどれほど大切であるかを知り、寛次郎からも必死で多くのものを受けとろうとしました。父もまた温かく褒めるべきは褒め、時には突き放したことでしょう。民藝関係には優れた方が多くいますが、河井博次もその一人でした。また寛次郎は柳の没後に「六十年前の今」という随筆を『民藝』誌に連載しております。この文章は民藝が生まれ育った時代の暮らしや思い出を豊かな言葉で綴ったもので、民藝の愛好家にとっては必読の名著と思います。

さて、ここで河井寛次郎と継嗣の博次の対談から、これからの民藝運動がどうあるべきかを探ってみたいと思います。また柳宗悦が亡くなってから二年余りのちに、『民藝』（三八年一一月号）で、寛次郎、博次の「父子対談・作り手の立場」が掲載されています。この率直な父子対談は、五〇年以上前の状況での対話でありながら、じつに的確に今日の社会を予測しています。

一つは民藝と機械化の問題。もう一つは伝統的な産地における名工の出現と並みの工人の評価の差別のこと。また本来民族の生活文化が民族性、地域性、歴史的多様性をもっている以上、民藝の民の意味に、民衆性だけではなく特に民族性を加味してもいいのではないか。いずれにせよ「民藝」という言葉、概念をもっとフレキシブルに、柔軟に捉えたいというこ板額があり私は気になっていました。実際に、五条坂の河井家の囲炉裏の傍に「民族造形研蒐点《けんしゅうてん》」という大きな板額があり私は気になっていました。しかし話題になることがないのはなぜでしょう。先日私は京都で博次の継嗣にあたる河井敏孝に解説をいただきました。河井寛次郎としては世界の民族造形に関する蒐集が、質的にも量的にもまだ不充分であることの、謙譲の意味での「研・蒐・点」ということで納得しました。

博次の言葉ですが、いま機械化、工業化が進んでいる国から日本に陶芸や手仕事を学ぶために来日する人が多いという話も出ました。しかしお二人の対談からさらに五〇年あまりたって、町や村邑に手仕事の職人の姿を見ることも少なくなりました。

またかつてのソ連の時代のような、いかなる宗教も認めない圧政から、諸民族が解放されたわけではありません。さらに一七世紀からのヨーロッパ列強によるイスラム、アフリカ、アジアへの侵略と恣意的な国境画定など、今日の民族紛争の種は遥か昔からのものでした。そういった中で、柳たちが戦前から取り組んだ琉球（沖縄）、アイヌ、台湾の高地族、朝鮮人などの伝統文化への敬意と対応は決して間違ってはいなかったと思います。

今、世界の四大大陸すべての地域で、多数者による少数者に対する差別、抑圧が際立っています。大国による少数民族の支配と同化を必然的なものとみる傾向も強いようです。さらに工業生産と流通、金融のグローバル化もそれを不可避なものとして、いずれは受け入れざるを得ないとする見方が支配的です。一八世紀以降の世界史を省みても、記述の多くは民族、国家間の争いの歴史であります。

百年近く前のこと、柳宗悦がイギリスに帰国したバーナード・リーチにあてた手紙で、大英帝国がアイルランド、エジプトなどの独立への熱望に、今なお抑圧をもって対応していることを強く非難しています。柳の民藝運動の揺籃期から、民藝の概念に、民衆性とともに民族性（地域性）、風土性（伝統）、そして融和性が含まれていることに改めて気づきます。

組織の活性化を目指して——深澤民藝館長に期待する

さて、柳宗理のあとを継いで日本民藝館館長になられた小林陽太郎も、七〇代半ばを過ぎて病に伏せることが多くなり、自分の元気なうちに後継者に引き継ぎたいという気持ちが強くなりました。しかし再び名前が挙げられた柚木沙弥郎、水尾比呂志もまた齢を重ね辞退されました。その後、岡崎理事長以下理事、評議員有志、民藝館幹部職員の臨時ミーティングで小林館長とも親しい三宅一生に相談することになり、小林館長自らがまず三宅と話し、信頼できる方として深澤直人を推薦されたというのが大よそのいきさつであります。

日本民藝館は今年の一〇月二四日に創立八〇周年を迎えます。この節目の大事な時に、さらなる着実な第一歩を踏み出すべく日本民藝館、各地民藝協会及び協会本部一同、力を合わせなければなりません。

民藝運動の足跡を省みても、今日よりさらに多難な道を踏み越えてきています。深澤館長を中心に、若い人たちの熱意と行動力も結集して、明るく希望に満ちた活動が展開されることを熱望しています。

あとがき

巻頭から書きついできたように、柳宗悦を軸としてすすめられた民藝運動は、常にその理念だけではなく、人びとのより良い暮しと未来を実現するための実体を兼ね備えた運動でした。しかしそれらの事柄ははじめから予期されたものではありませんその運動は、その時代に生きた多くの青年たちの、葛藤と努力と悦びに充ちた産物でもあったのです。「白樺」時代の揺籃期、そして朝鮮侵略への反省と、その後の朝鮮や琉球、アイヌ、台湾先住民の文化への関心と讃美。さらに国内では木喰上人の事績や庶民の生活文化への正しい評価と作者への指導など、柳を中心に多くの同人たちの献身的な努力によって、民藝復興の活動は支えられてきました。

そして、いま白樺時代から百年、『日本民藝美術館設立趣意書』の発表から九〇年、日本民藝館設立から八〇年という節目の年を省みると、その節目ごとに、新しい着想や展開がはかられ、組織もまた機能していることがわかります。

私はいま柳宗悦がもし存命されていたならば、世界の状況について何を語られるだろうか、宗教の混乱と腐敗についてどう諭されるだろうか、民族の共生についてどのように説かれるだろうか、といつも考えます。生活文化も、経済の仕組みも、宗教も、食べ物も、すべてはそれぞれの民族の証しなのです。

柳は著作『手仕事の日本』のなかで北は北海道、東北、南は沖縄まで、その気候、植栽、生活様式、伝統分化にいたるまで、どこの地方にも固有性や土地柄があってそれが文化の源であることを語っています。「民藝の美」は決して単なるデザインの問題ではないのです。民藝という思想は、土地柄と人々を大切にすることにほかなりません。

そういった視点からも、「民藝」をもう一度見直していきたいと思います。

二〇一六年四月

志賀直邦

本書は、日本民藝協会発行の雑誌「民藝」七二一号から七五七号に掲載された「「民藝運動九〇年」の歩み――「白樺」の時代と、民藝美の発見、その展開」に加筆し、再編集したものである。

気流の鳴る音　真木悠介

カスタネダの著書に描かれた異世界の論理に、人間ほんらいの生き方を探る。現代社会に抑圧された自我を、深部から解き放つ比較社会学的構想。

日本数寄　松岡正剛

「趣向」こそがニッポンだ。意匠に文様、連歌に能楽、織部に若冲……。時代を往還する取り合わせのキワと核心。（芳賀徹）

日本流　松岡正剛

日本文化に通底しているもの、失われつつあるものとは。唄、画、衣装、庭等を紹介しながら、多様で一途な「日本」を抽出する。（田中優子）

五輪書　宮本武蔵　佐藤正英校注／訳

苛烈な勝負を経て自得した兵法の奥義。広く人生の修養・鍛錬の書として読まれる。『兵法三十五か条の書』『独行道』を付した新訳・新校訂版。

森有正エッセー集成1　森有正　二宮正之編

普遍的な価値の追究。単行本『バビロンの流れのほとりにて』と『流れのほとりにて』に、日記（一九五四―五七年）を収録。（二宮正之）

柳宗悦コレクション（全3巻）　柳宗悦

民藝という美の標準を確立した柳は、よりよい社会の実現を目指す社会変革思想家でもあった。その斬新な思想の全貌を明らかにするシリーズ全3巻。

柳宗悦コレクション1　ひと　柳宗悦

白樺派の仲間、ロダン、ブレイク、トルストイ……柳思想の根底を、彼に影響を及ぼした人々との出会いから探るシリーズ第一巻。（中見真理）

柳宗悦コレクション2　もの　柳宗悦

柳宗悦の「もの」に関する叙述を集めたシリーズ第二巻。カラー口絵の他、日本民藝館所蔵の逸品の数々を新撮し、多数収録。（柚木沙弥郎）

柳宗悦コレクション3　こころ　柳宗悦

柳思想の最終到達点「美の宗教」に関する論考を収めたシリーズ最終巻。阿弥陀の慈悲行を実践しようとした宗教者・柳の姿が浮び上がる。（阿満利麿）

トポフィリア
イーフー・トゥアン
小野有五／阿部一訳
人間にとって場所は何を意味するか。トポフィリア＝場所愛をキーワードに人間の環境への認識・価値観を探究する。建築・都市・環境の必読書。

自然の家
フランク・ロイド・ライト
富岡義人訳
いかにして人間の住まいと自然は調和をとりうるか。建築家F・L・ライトの思想と美学が凝縮された名著を新訳。最新知見をもりこんだ解説付。

マルセイユのユニテ・ダビタシオン
ル・コルビュジエ
山名善之／戸田穣訳
近代建築の巨匠による集合住宅ユニテ・ダビタシオン。そこには住宅から都市まで、ル・コルビュジエの思想が集約されていた。充実の解説付。

都市への権利
アンリ・ルフェーヴル
森本和夫訳
都市現実は我々利用者のためにある！――産業化社会に抗するシチュアシオニスム運動の中、人間の主体性に基づく都市を提唱する。（南後由和）

場所の現象学
エドワード・レルフ
高野岳彦／阿部隆／石山美也子訳
〈没場所性〉が支配する現代において〈場所のセンス再生の可能性〉はあるのか。空間創出行為を実践的に理解しようとする社会的場所論の決定版。

都市景観の20世紀
エドワード・レルフ
高野岳彦／神谷浩夫／岩瀬寛之訳
都市計画と摩天楼を生んだ19世紀末からポストモダン終焉まで、都市の外見を構成してきた景観要素を考察。『場所の現象学』の著者が迫る都市景観の解読。

青山二郎全文集（上）
青山二郎
物を観ることを頭から切りはなし、眼に映った物だけを信じる「眼の哲学」を築き、美術、社会、人物の「真贋」の奥義を極める全エッセー集。

シュルレアリスムとは何か
巖谷國士
20世紀初頭に現れたシュルレアリスム――美術・文学を縦横にへめぐりつつ「自動筆記」「メルヘン」「ユートピア」をテーマに自在に語る入門書。

筆蝕の構造
石川九楊
電子化の波により激しく変容する言葉の世界。書き言葉が誕生する臨界域に踏み込み、書くという行為の坩堝に初めて照明をあてた画期的論考。

反オブジェクト　隈研吾

自己中心的で威圧的な建築を批判したかった——思想史的な検討を通し、新たな可能性を探る。いま最も世界の注目を集める建築家の思考と実践！

建築はどうあるべきか　ヴァルター・グロピウス　桐敷真次郎訳

美しく心地よい住まいや、調和のとれた街並みを、近代的な工法を用いて作り出そうと試みた、バウハウス初代校長最晩年の講演録。（深澤直人）

錯乱のニューヨーク　レム・コールハース　鈴木圭介訳

過剰な建築的欲望が作り出したニューヨーク／マンハッタンを総合的・批判的にとらえる伝説の名著。本書を読まずして建築を語るなかれ！（磯崎新）

S, M, L, XL+　レム・コールハース　太田佳代子／渡辺佐智江訳

世界的建築家の代表作がついに！　伝説の書のコア・エッセイにその後の主要作を加えた日本版オリジナル編集。彼の思索のエッセンスが詰まった一冊。

東京都市計画物語　越澤明

関東大震災の復興事業から東京オリンピックに向けての都市改造まで、四〇年にわたる都市計画の展開と挫折をたどりつつ新たな問題を提起する。

新版大東京案内（上）　今和次郎編纂

昭和初年の東京の姿を、都市フィールドワークの先駆者が活写した名著。上巻には交通機関や官庁、デパート、盛り場、遊興、味覚などを収録。

東京の空間人類学　陣内秀信

東京、このふしぎな都市空間を深層から探り、明快に解読した定番本。基層の地形、江戸の記憶、近代の都市造形が、ここに甦る。図版多数。（川本三郎）

東京の地霊《ゲニウス・ロキ》　鈴木博之

日本橋室町、紀尾井町、上野の森……。その土地に堆積した数奇な歴史・固有の記憶を軸に、都内13カ所の土地を考察する「東京物語」。（藤森照信／石山修武）

空間の経験　イーフー・トゥアン　山本浩訳

人間にとって空間と場所とは何か？　それはどんな経験なのか？　基本的なモチーフを提示する空間論の必読図書。（A・ベルク／小松和彦）

空海コレクション1
空海
宮坂宥勝監修
主著『十住心論』の精髄を略述した『秘蔵宝鑰』、及び顕密を比較対照して密教の特色を明らかにした『弁顕密二教論』の二篇を収録。（立川武蔵）

空海コレクション2
空海
宮坂宥勝監修
真言密教の根本思想『即身成仏義』『声字実相義』『吽字義』及び密教独自の解釈による『般若心経秘鍵』と『請来目録』を収録。（立川武蔵）

空海コレクション3 秘密曼荼羅十住心論（上）
福田亮成校訂・訳
日本仏教史上最も雄大な思想書。無明の世界から抜け出すための光明の道を、心の十の発展段階（十住心）として展開する。上巻は第五住心までを収録。

空海コレクション4 秘密曼荼羅十住心論（下）
福田亮成校訂・訳
下巻は、大乗仏教から密教へ。第六住心の唯識、第七中観、第八天台、第九華厳を経て、第十の法身大日如来の真実をさとる真言密教の奥義までを収録。

鎌倉仏教
佐藤弘夫
宗教とは何か。それは信念をいかに生きるかということだ。法然・親鸞・道元・日蓮らの足跡をたどり、鎌倉仏教を「生きた宗教」として鮮やかに捉える。

観無量寿経
佐藤春夫訳・注
石田充之解説
我が子に命狙われる「王舎城の悲劇」で有名な浄土仏教の根本経典。思い通りに生きることのできない我々を救う究極の教えを、名訳で読む。（阿満利麿）

増補 日蓮入門
末木文美士
多面的な思想家、日蓮。権力に挑む宗教家、内省的な理論家、大らかな夢想家など、人柄に触れつつ遺文を読解き、思想世界を探る。（花野充道）

反・仏教学
末木文美士
人間は本来的に、公共の秩序に収まらないものを抱えた存在だ。〈人間〉の領域＝倫理を超えた他者／死者との関わりを、仏教の視座から問う。

禅に生きる 鈴木大拙コレクション
鈴木大拙
守屋友江編訳
静的なイメージで語られることの多い大拙。しかし彼の仏教は、この世をよりよく生きていく力を与えるアクティブなものだった。その全貌に迫る著作選。

ちくま学芸文庫

民藝《みんげい》の歴史《れきし》

二〇一六年 五 月 十 日 第一刷発行
二〇二一年十二月二十五日 第二刷発行

著 者 志賀直邦（しが・なおくに）
発行者 喜入冬子
発行所 株式会社 筑摩書房
東京都台東区蔵前二―五―三 〒一一一―八七五五
電話番号 〇三―五六八七―二六〇一（代表）

装幀者 安野光雅
印刷所 三松堂印刷株式会社
製本所 三松堂印刷株式会社

乱丁・落丁本の場合は、送料小社負担でお取り替えいたします。
本書をコピー、スキャニング等の方法により無許諾で複製することは、法令に規定された場合を除いて禁止されています。請負業者等の第三者によるデジタル化は一切認められていませんので、ご注意ください。
© TOSHIKO SHIGA 2016 Printed in Japan
ISBN978-4-480-09734-7 C0139